国家科学技术学术著作出版基金资助出版

“十三五”国家重点出版物出版规划项目·重大出版工程规划
中国工程院重大咨询项目成果文库
当代公共安全科技发展丛书

公共安全领域中事故灾难综合治理问题研究

彭苏萍 等 著

科学出版社
北 京

内 容 简 介

公共安全是关系国计民生的重要领域。自2003年国家首次开展公共安全科技发展战略研究以来，在党和政府的高度重视下，生产领域公共安全问题的重点从矿山安全扩展到化工和危险化学品安全、电网安全、油气管网和生命线工程安全领域。本书从矿山安全、化工和危险化学品安全、电网安全及油气管网和生命线工程安全四个方面，深入研究我国事故灾难综合治理关键技术现状，结合经济社会发展对事故灾难综合治理的科技需求，提出事故灾难综合治理近中长期重点方向与任务，论述新时代事故灾难综合治理风险评价及预防体系。

本书适合于公共安全生产领域的生产管理人员、科研人员及高校研究生阅读与参考。

图书在版编目（CIP）数据

公共安全领域中事故灾难综合治理问题研究 / 彭苏萍等著. —北京：科学出版社，2020.5

（中国工程院重大咨询项目成果文库. 当代公共安全科技发展丛书）

"十三五"国家重点出版物出版规划项目·重大出版工程规划

ISBN 978-7-03-064804-4

Ⅰ. ①公… Ⅱ. ①彭… Ⅲ. ①突发事件–公共管理–研究–中国 Ⅳ. ①D63

中国版本图书馆CIP数据核字（2020）第062604号

责任编辑：郝 悦 / 责任校对：王丹妮

责任印制：霍 兵 / 封面设计：正典设计

科学出版社 出版

北京东黄城根北街16号

邮政编码：100717

http：//www.sciencep.com

三河市春园印刷有限公司印刷

科学出版社发行 各地新华书店经销

*

2020年5月第 一 版 开本：720×1000 1/16

2020年5月第一次印刷 印张：16 1/2

字数：333 000

定价：166.00元

（如有印装质量问题，我社负责调换）

“当代公共安全科技发展”丛书总序

公共安全以保障人民生命财产安全、社会安定有序和经济社会系统持续运行为核心目标，是总体国家安全的重要组成部分。党和国家领导人指出，公共安全建设对于构建和谐社会，推动全面小康建设，乃至于中华民族的伟大复兴都具有非常现实和深远的意义。

公共安全作为一个重要领域纳入国家经济社会发展规划和国家科技规划始于2003年开始的国家中长期科技发展规划的战略研究和纲要制定，党和国家高度重视，全社会普遍关注，民众积极参与，我国公共安全科技水平和保障能力迅速提升，成果显著。同时，必须清晰地看到，我国正处在公共安全事件易发、频发和多发期，维护公共安全的任务重要而艰巨。随着工业化、信息化、城镇化、市场化和国际化快速推进，各种变革调整速度之快、范围之广、影响之深前所未有。公共安全问题总量居高不下，复杂性加剧，潜在风险和新隐患增多，防控难度加大，给公共安全工作提出新的挑战。健全公共安全体系，全面提升公共安全保障能力，构建安全保障型社会是重大而紧迫的历史使命。

健全公共安全体系必须依靠创新。贯彻实施创新驱动发展的国家战略，大力推进公共安全保障的思路理念、体制机制、方法措施和技术装备创新，充分发挥科技创新在全面创新中的支撑和引领作用，实现国家公共安全治理体系和治理能力的现代化。公共安全的科技创新将力图在以下三方面取得突破：一是构建全方位、立体化公共安全网技术体系。面向国家公共安全保障的突出问题和重大需求，重点围绕共性基础科学问题、安全信息系统、社会安全综合治理、生产安全、城镇安全、重大基础设施安全、抵御和应对自然灾害、公共卫生安全、生物安全、农产品食品药品安全等方面的关键科技瓶颈问题开展研究和应用示范，建立公共安全风险评估、预防准备、监测预警、态势研判、救援处置、综合保障等关键环节的公共安全风险防控技术体系。二是构建标准化的公共安全应急技术装备体系。针对突发事件应对中人员救护和现场处置薄弱的问题，围绕公共安全应急的关键装备和应急服务，开展基础科学问题、共性关键技术、技术标准化和产业化等研究，研发出一批标准化、体系化、成套化的应急技术装备，服务于提升应急保障能力和培育形成新的应急产业经济增长点。三是建设代表国家水平、世界一流的国家实验室等不同类型研究基地。其中包括：能在实验室中再现公共安全事件灾害性耦合作用，再现承灾载体破坏，导致次生、衍生事件及事件链过程的大型试验基地；能对公共安全装备和产品进行检验和测试的检测认证中心；能对公共安全事件发生、发展和应对处置全过程进行动态模拟仿真、情景构建推演、态势研判、优化决策、指挥跟踪的专题数据库和先进显示系统。

健全公共安全体系必须重视增强安全韧性。韧性是国际组织和发达国家在涉安（涉及安全）领域广泛使用的概念，可以简单表述为在逆变环境中的承受、适应和迅速恢复的能力。美国在 2010 年《国家安全战略》、2014 年《国土安全报告》中均提出增强国家韧性，强调建设一个安全韧性的国家，使整个国家具有预防、保护、响应和恢复能力。英国制定了国家韧性计划，由首相担任部长级韧性小组组长，旨在提高英国遭受民事紧急情况时的应对和恢复能力。我国公共安全领域也需要实施增强从个人到国家诸多层面安全韧性的“强韧工程”：坚持问题导向和需求导向，做好顶层设计；辨识和防控突发事件风险，科学预警；认识和评价承灾载体的脆弱性，增强其抵御突发事件的能力；重视应急管理的复杂性，通过制度创新和能力建设，实现对突发事件的灵活应对和高效处置；重心下移，把基层作为公共安全主战场，夯实公共安全的社会基础，最大限度地减少突发事件造成的损失。

健全公共安全体系必须动员全社会参与。民众是公共安全保障的主体，既是公共安全保护的主要对象，又是实施公共安全保障的重要力量。公众参与对维护公共安全、预防和应对安全风险非常关键。在灾害事故来临时，公众第一时间的自救和互救对提高生存率发挥着不可替代的作用。要完善公共安全学科建设和教育体系，构建覆盖专业人才培养与基层民众科普的公共安全教育体系，建设一批公共安全体验、培训、演练基地。着力提高民众的安全意识、安全素质和自救互救能力。

“当代公共安全科技发展”丛书是在中国工程院重大咨询项目“国家公共安全科技发展战略研究”的支持下完成的。丛书汇聚了国内公共安全领域多位院士带领的研究团队的丰富研究成果，并得到众多专家学者的支持和参与。期待丛书的出版，能够为公共安全科技创新发展和安全保障型社会的构建增益其能！

丛书主编 范维澄

2020 年 1 月

前　言

在经济全球化与一体化的背景下，随着改革开放的持续深入，我国经济发展迅猛，取得了骄人的成绩。我国宏观经济指标全线飘红，经济增长实现了长期、持续、快速、平稳增长，在中外经济发展历史上都是绝无仅有的；人民物质文化生活水平全面提升，居民可支配收入持续高速增长，1978~2016 年，城镇居民人均可支配收入由 343.4 元增长到 33 616.2 元，农村居民人均纯收入由 133.6 元增长到 12 363.4 元，居民消费水平、恩格尔系数、住宅水平、交通通信支出在消费支出中的比重、高等学校毕业生人数、人口预期寿命随之得以快速增长；经济大国地位确立，2014 年我国 GDP（gross domestic product，国内生产总值）达 636 463 亿元，首次突破 60 万亿元，以美元计，亦首次突破 10 万亿美元大关，中国成为继美国之后又一个“10 万亿美元俱乐部”成员，同时 GDP 总量稳居世界第二。

但与此同时，我们也应清醒地看到，近年来国内各类公共安全事故频发，不仅给民众造成巨大经济与精神损失，也引起了不同程度的社会动荡和不安，导致公共安全问题日益尖锐，受到了社会公众的广泛关注。据国家统计局 2012~2017 年的数据，我国每年因突发公共安全事件而造成的非正常死亡人数超过 20 万，伤残人数超过 200 万；经济损失年均近 9 000 亿元，远高于中等发达国家同期水平。

广义上的公共安全问题是指自然灾害事故、人为事故和社会对抗引发的社会冲突行为，造成或可能造成严重危害后果和重大社会影响的事件。公共安全问题是经济和社会发展中的一个重大问题。根据其发生机理和过程，公共安全问题包括自然灾害类、事故灾难类、公共卫生事件类及社会安全事件类 4 类。其中，事故灾难类主要包括工矿商贸企业事故、交通运输事故、公共设施和设备事故、核辐射事故、环境污染事故和生态破坏事故等。近年来，正处于经济转型关键期的我国，由生产引起的事故灾难性危机事件频频发生，如 8・12 天津滨海新区爆炸事故、12・20 深圳山体滑坡、11・24 丰城电厂施工平台倒塌事故等。这些事件因意外出现而具有突然性，因冲突剧烈而具有震撼性，因后果严重而具有负面性，因影响广泛、久远而具有社会性，不但对事故当事人的人身、财产安全造成毁灭性打击，而且对社会大众心理也存在剧烈冲击，甚至影响之后政府的相关决策，改变行业的发展走势。自从 2003 年国家首次开展公共安全科技问题研究以来，结合我国经济、社会发展现状，在党和政府的高度重视下，生产领域公共安全问题的重点从矿山安全扩展到化工和危险化学品安全、电网安全、油气管网和生命线工程安全领域。

本书从矿山安全、化工和危险化学品安全、电网安全、油气管网和生命线工程安全四个方面，深入研究我国事故灾难综合治理关键技术现状，结合经济社会发展对事故灾难综合治理的科技需求，提出事故灾难综合治理近中长期的重点方向与任务，预测未来 5~10 年事故灾难综合治理科技发展规划研究领域制约经济社会发展的核心关键技术，并最终提出事故灾难综合治理科技发展规划研究领域关键技术选择建议，探讨新时代事故灾难的风险评估技术。

本书是中国工程院咨询研究项目“国家公共安全科技发展战略研究中事故灾难综合治理科技发展规划研究”课题的研究成果，由彭苏萍院士等撰写。其中，矿山安全部分由袁亮院士团队完成，主要执笔人周福宝、宋大钊、张路（学）等；化工和危险化学品安全部分由曹湘洪院士团队完成，主要执笔人王晓明、张晓熙、赵学良等；电网安全部分由李立浧院士团队完成，主要执笔人许爱东、戴栋、韩永霞等；油气管网和生命线工程安全部分由黄维和院士团队完成，主要执笔人郑洪龙、王婷、李明菲等；风险评估部分由刘晓菲、孙连英、王义保等撰写。最后由彭苏萍院士负责全书的统稿工作。

本书的出版将有助于明确公共安全领域中事故灾难综合治理科技问题的重点任务，对政府、有关部门、企业等各级社会机构的安全管理及应急处置实践工作具有重要的指导意义。

本书受 2016 年度国家科学技术学术著作出版基金资助，是在各领域专家学者前期大量工作的基础上完成的，在此对为本书的出版作出研究贡献的专家学者以及提供数据资料的企事业单位和个人表示衷心的感谢。

目　　录

第一章　矿山事故灾难综合治理关键技术现状

随着我国经济的发展及装备制造业的不断升级，事故灾难综合治理技术及装备取得了长足的发展，但与发达国家、金砖国家相比，在一些核心关键技术及关键指标等方面仍存在一定的差距。本书前四章通过开展较大规模的调查，分析矿山、化工和危险化学品、电网、油气管网和生命线工程等四个领域重大技术或重大产品的核心关键技术，其中重点分析我国与发达国家、金砖国家之间的技术指标差距及其影响，在此基础上，总体判断当前我国事故灾难综合治理领域的技术水平。

先进的技术及装备能够有效保证矿山安全生产。加大先进设备的研发力度，加快技术创新速度，提高矿井综合能力，增强防灾抗灾能力，能够为矿山安全、高效生产创造条件。近年来，随着我国装备制造业水平的整体提高，我国在矿山安全技术及装备领域也取得了长足的进步。然而，不可否认的是，由于工业化起步较晚，与从事矿业生产的主要发达国家相比，我国矿山事故灾难综合治理领域核心技术及关键指标整体上仍存在不小的差距，我们仍需向这些国家学习，从这些国家引进、消化并吸收大量先进技术。鉴于此，本章首先分析矿山事故灾难的主要事故类型，然后调研国外及国内事故灾难综合治理领域主要技术及装备的发展现状，在此基础上，分析国内外核心技术及关键指标的差异。

第一节　国外矿山事故灾难综合治理科技发展现状

一、矿井瓦斯治理技术及装备

1. 煤层水力压裂技术

水力压裂是一项石油天然气工业中提高油、气井生产能力的成熟技术，目前在美国多个煤田的瓦斯抽采工作中得到了广泛应用。水力压裂的基本原理：利用高压泵将高压水压入煤层，撑开煤层中原有的裂缝并使裂缝向四周发展。与此同时，在水中加入砂石、石英砂等，将其作为支撑剂送入被撑开的裂缝里。压裂结束后，压裂水返排而支撑剂仍然留在煤层中支撑裂缝。水力压裂可以大大增透煤体，提高瓦斯抽采效果。

压裂车和混砂车是水力压裂施工的主要技术装备，其专用的压裂车和混砂车多以成套设备即成套压裂机组的形式出现，压裂机组一般由压裂泵车、仪表车、配液撬、混砂车、输砂车和供液车等组配而成。目前具有代表性的混砂车有美国哈里伯顿的FBT-75混砂车（图1-1）、Fbrc l00 ARC混砂车及Stewart & Stevenson公司的 MC-100 型混砂车等。国外在混合罐结构、搅拌形式及进出液体方式上采用了新的结构设计。一般进口混砂车排量（砂泵）在 11~16 米³/分，输砂量为3.5 米³/分，砂比高达45%，转速达1 450~1 700 转/分。

图 1-1　哈里伯顿的 FBT-75 混砂车

2. 注氮驱替瓦斯技术

澳大利亚科研人员对煤层注氮驱替瓦斯进行了系统的研究。如图 1-2、图 1-3 所示，通过向煤体注入氮气，可以有效驱替煤矿中的二氧化碳和甲烷。

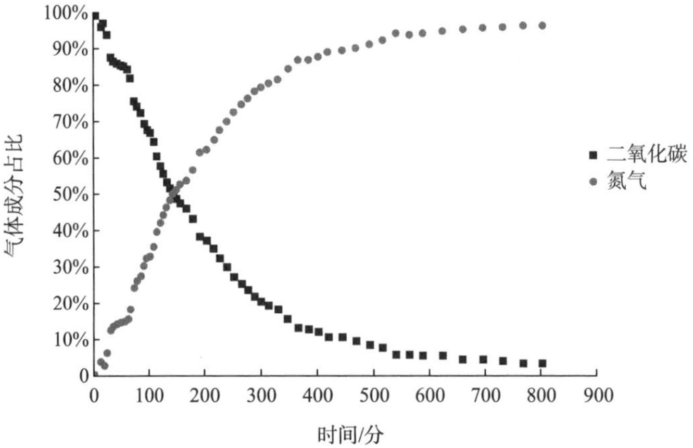

图 1-2　注氮对二氧化碳的驱替效果

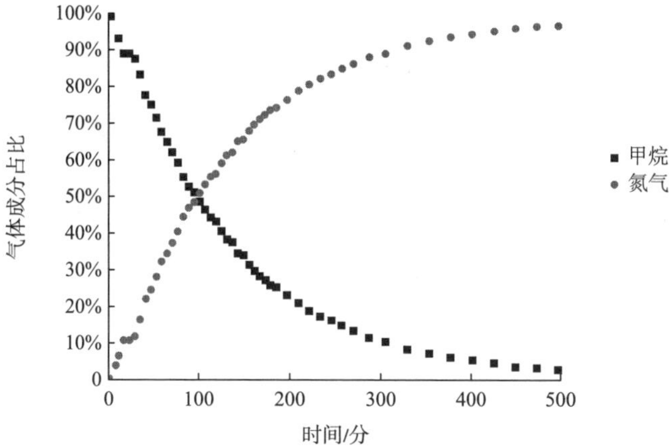

图 1-3 注氮对甲烷的驱替效果

2012 年，澳大利亚报道了通过地面向煤层注入氮气增强瓦斯抽采效率的工业性试验获得成功。现场试验发现从 2010 年开始，通过连续 4 个月向煤矿的煤层内注入 1 900 吨氮气，可增强地面瓦斯预抽效果，使得煤体瓦斯气体残存量降到可以忽略的程度。并利用现场数据进行了数值模拟，模拟结果也定性地显示注入氮气可有效驱替置换煤层中的瓦斯气体。图 1-4、图 1-5 分别为注氮地面布置及驱替效果。

图 1-4 地面注氮设备管路布置

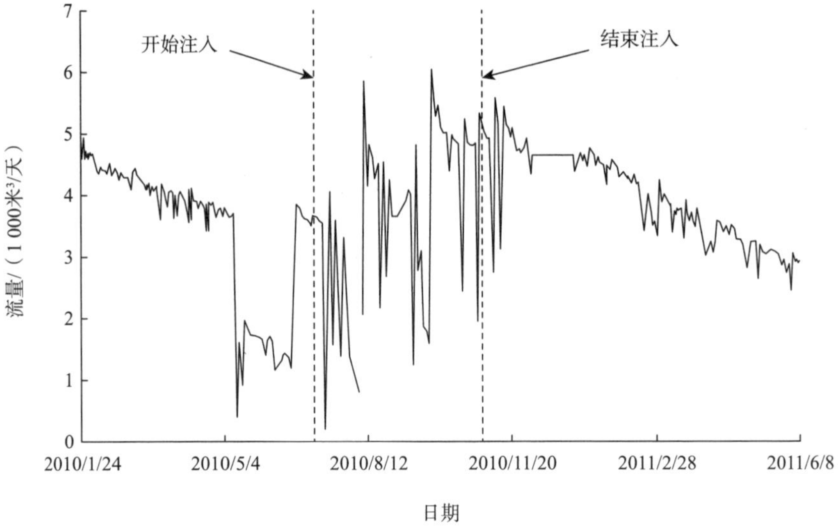

图 1-5 注入氮气后增强抽采效果图

目前，我国应鼓励开展从井下和地面注入氮气或压缩空气驱替瓦斯的基础实验和现场试验，开发新的注气技术和设备，增强瓦斯抽采效果。

3. 定向钻进技术

定向钻进技术起源于 20 世纪初，早在 1924 年，来自美国的安德森（Anderson）就设计了测斜仪。当时，定向造斜工具主要是造斜楔，定向钻进技术主要应用于纠正井斜和处理井内事故。20 世纪 30 年代，海底油田勘探开采的需要，促进了定向钻进技术的发展，人们才开始有意识地利用井弯现象，进行定向钻进，打定向井，实现勘探及开采石油的目的。

定向钻进通常应用在石油的勘探和开发中，但近几年随着煤炭行业的迅速发展，该项技术也越来越多地用于煤层气开采和采煤前的瓦斯抽放、排水及矿井探查等方面。定向钻进采集煤层气相比于传统垂直井，能顺着煤层的走势大大增加采气面积，从而提高采气效率和采气量。在煤炭领域使用这一技术的主要有美国、澳大利亚、欧洲、南非等国家和地区，而利用这一技术采集、利用煤层气的国家以美国和澳大利亚等为主。

目前，澳大利亚约有 20 个煤矿利用定向钻进技术进行瓦斯抽采。图 1-6 展示了澳大利亚井下定向钻进钻孔常见的几种布置方式。

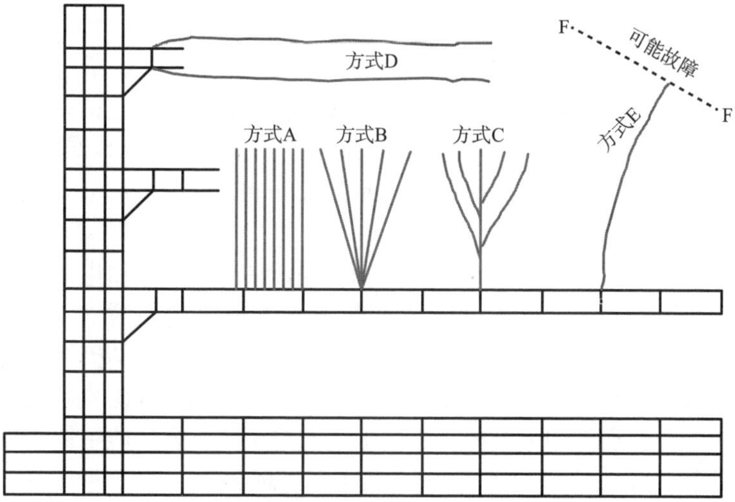

图 1-6　井下定向钻进钻孔常见的几种布置方式

随着定向钻进技术和随钻测井仪器的逐步开发，美国和澳大利亚部分企业的煤层气产量得到了大幅提高。美国某钻探公司生产统计，采用定向钻进采气量比传统的单一立井采气的初期产量可高出 10 倍，气井的生产寿命也会增加。根据对部分项目的价值估算，运用定向钻进技术进行商业采集煤层气的内部回报率为 15%~18%，明显高于传统立井采集法的内部回报率。

4. 地面钻井绞车及自动送钻装置

新型单轴传动绞车突破了多轴结构和链条传动的传统模式，简化了绞车结构，提高了传动效率，降低了钻井成本。绞车控制系统不仅采用了四象限控制技术，还集成了自动送钻和智能防碰系统（anti-collision system，ACS），大大地提高了现代绞车的技术经济指标和整体性能。德国 Wirth 公司、美国 NOV（National Oilwell Varco）公司、挪威 MH 公司的绞车及控制系统基本上代表了当今最先进的绞车型式。

德国 Wirth 公司齿轮传动绞车：GH 系列新一代单轴齿轮传动绞车，输入功率 735~2 940 千瓦，大钩提升载荷 1 451~9 051 千牛，最高提升速度 1.69~1.80 米/秒，最高钻井速度 56~69 米/时。Wirth 公司的绞车采用交流变频电驱动、四档齿轮变速器、带刹车、液控盘式刹车、计算机控多盘刹车、电磁涡流刹车、集成式自动送钻装置。该系列绞车采用四象限传动模式，使用频率控制的交流电动机可提高绞车的转速。系统通过一个 30~60 千瓦的交流电动机来实现其他的辅助驱动。在钻井过程中，自动化司钻控制电动机实现恒钻压自动送钻，保持设定的参数，使钻井工具的寿命得以大大增长。另外，在主电动机失效时，自动化司钻控制电动机还可作为应急装置，将井中钻具提起。绞车控制系统还包括一套智能ACS，用来优化游车上下运行过程中的安全和效率，它监控绞车独立的3个刹车系统。系统提供了整个提升系统动能的参数分析，并考虑了包括系统制动能力、钩载、游车的速度和位置等参数，在位于司钻控制室的ACS终端设定系统的上、下限值。两个可编程逻辑控制器（programmable logic controller，PLC）独立计算大钩的位置、速度和制动距离。

美国NOV公司单轴绞车：新型单轴齿轮传动绞车主要由电动机、单速齿轮减速器、盘式离合器、计算机控多盘刹车、单轴滚筒装置、AC（alternating current，交流电）变频调速控制系统、电子自动送钻装置及其控制系统、手动控制系统等组成。最新一代单轴ADS-10绞车，充分利用了交流变频控制技术，可不使用摩擦离合器而使用电动机再生制动来保持负荷。高性能可精确控制的空气冷却和水冷却伊顿（Eaton）组合盘式刹车可实现自动送钻，并且使该绞车唯一的刹车-空气冷却模块用于紧急制动和负载的静态控制，而水冷却模块用于钻井钢丝绳的均匀递送、游车运行、钻压以及其他钻井参数的动态控制。图1-7为NOV公司的液压绞车。

图1-7 NOV公司的液压绞车

挪威MH公司的绞车：研制的新型单轴齿轮传动绞车采用液压驱动、多个液压马达通过小齿轮与滚筒大内齿轮啮合单速传动、带刹车、液控盘式刹车、计算机控多盘刹车、集成式自动送钻装置。

5. 全自动地面钻井装备

钻机技术的集成化、信息化、智能化、自动化及完善的钻井专家系统，从根本上改变了钻井方式，大幅度提高了钻井效率。

国外自动化钻机都已配套了包括管柱传送与测量装置、二层台自动排放装置、井口自动化工具在内的钻井管柱自动化操作装置。挪威EDM、加拿大CANRIG、美国NOV等石油钻井设备公司都相继开发出自动滑道（钻井管柱输送及测量装置），实现了钻井管柱安全可靠地从地面台架自动输送到钻台，并同时完成其长度的测量和后续处理；目前应用较多的二层台立根排放装置主要有美国 NOV 公司、挪威 MH 公司（图 1-8）、挪威 EDM 钻井公司和加拿大 IDL 公司的产品。加拿大 IDL 公司研制的全自动钢铁井架工（图 1-9）可以从井口排放重达 5 448 千克的钻杆和钻铤。

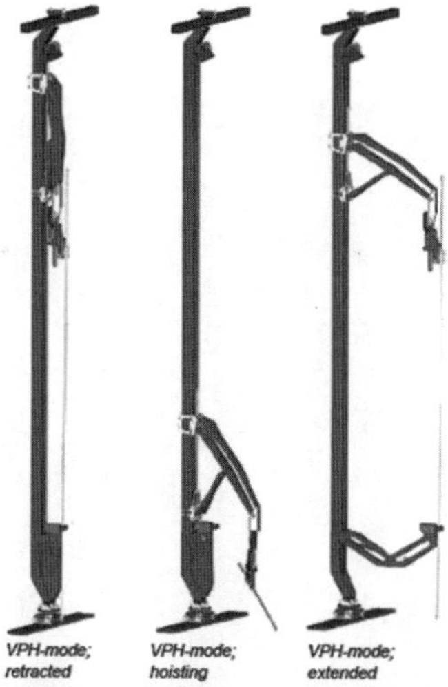

图 1-8　挪威 MH 公司二层台自动排放装置

图 1-9　加拿大 IDL 公司研制的全自动钢铁井架工

井口自动化工具包括自动化铁钻工（图 1-10）、动力卡瓦、液压吊卡、多功能机械手等。美国 NOV 公司的铁钻工产品最为成熟，代表了世界先进水平。国外铁钻工可归纳为手臂式铁钻工和轨道式铁钻工两种类型。动力卡瓦的生产厂家主要有美国的 DEN-CON 公司和 NOV 公司。动力卡瓦分为气动卡瓦和液动卡瓦两种，气动卡瓦应用更普遍一些。钻台多功能机械手的开发仍以美国 NOV 公司（图 1-11）较领先。现在国际上生产液压吊卡的厂家不多，主要有加拿大 TESCO 公司、美国 NOV 公司、德国 Wirth 公司等。

图 1-10 美国 NOV 公司自动化铁钻工

图 1-11　美国 NOV 公司多功能机械手

据统计，国外自动化的地面钻井装备可节约钻井时间的 12%~15%，减少钻井费用的 8%~10%，全钻机只需要 2~3 人进行操作，大大提高了钻井效率。

6. 一体化司钻控制系统

为最大限度地改进复杂钻井过程的钻进性能，保持稳定的钻井状态，提高起、下钻过程中钻机操作的安全性，降低司钻人为因素在钻井事故中的比例，提高钻井效率和安全性，国外研制出了集监视、命令和控制钻井设备为一体的高效率钻井操作环境——电子司钻。其中，最有代表性的为 V-ICIS Varco 集成控制和信息系统，如图 1-12 所示。

图 1-12　V-ICIS Varco 集成控制和信息系统

V-ICIS 集成了以下一些控制功能以及相应的触摸屏接口：自动送钻、顶驱、排管系统、铁钻工、压力控制、防喷器、节流管汇、导流器、自动泥浆系统、自动流体传送、泥浆化学混合、固控系统、绞车系统、SCR（silicon controlled rectifier，可控硅整流器）系统、钻井信息系统、其他设备及客户指定的设备。

7. 巷道钻机

阿特拉斯·科普克公司的Diamec U8 APC钻机（图1-13）采用全液压模块化设计、全自控化控制、远程实时通信与专家自诊断系统、岩性等地层条件的实时记录和传输，满足操作者舒适的人体工程学设计，方便运移，具备自我诊断和钻探记录功能。

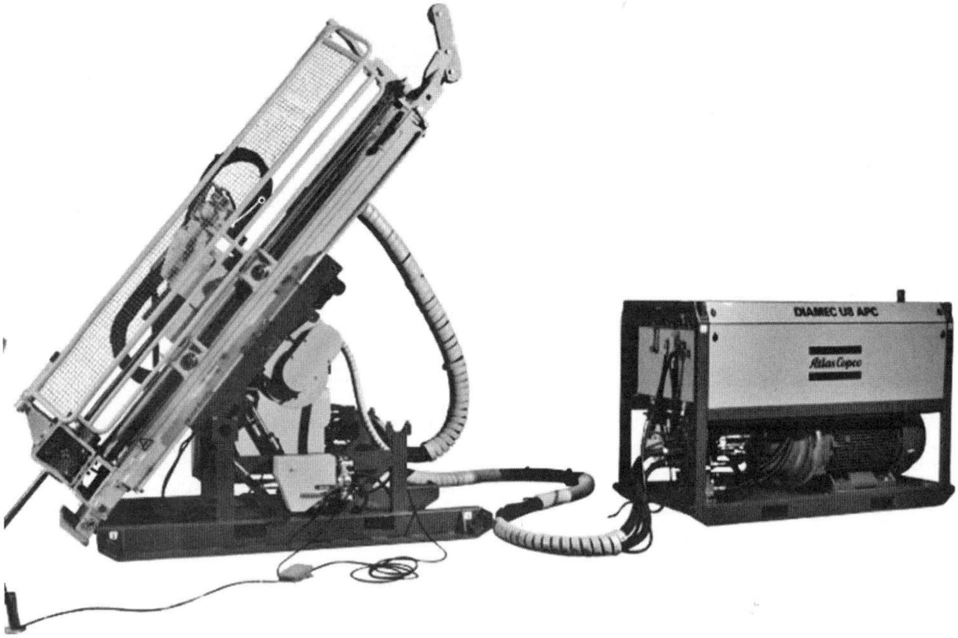

图1-13 Diamec U8 APC钻机

Diamec U8 APC钻机最大的特色在于拥有一个基于Windows系统操作界面的控制面板。面板显示钻进参数（如钻压、钻速、动力头钻速、泥浆量、钻进回次、钻进深度等）。操作界面分别采用模拟量和数字量显示钻进相关参数，以便操作者查看和定量调整钻进参数。

山特维克·哈哥拜地下钻探设备公司开发的ONRAM 1000/4 CCD全自控化钻机（图1-14）属于全液压岩芯钻机，可用于地表和地下钻探取芯工作。它集成了PC（personal computer，个人计算机）控制单元和在Windows下的可视操作环境。在钻进初期，操作者在具有Windows可视操作环境的触摸控制面板上，根据钻机的能力预设合理的钻进参数，然后将钻进操作转为Auto模式，此时操作者只需观察一个钻进操作循环和多次起下钻具过程。在整个自动钻进过程中，钻机会根据岩石的变化，自动在预设钻进参数的范围内补偿调整，以优化钻进。

图 1-14　ONRAM 1000/4 CCD 全自控化钻机

Sandvik DX800 是全液压自行式独立作业钻机，配备有防落石、防滚翻（FOPS&ROPS）驾驶室。可以采用38毫米、45毫米和51毫米（1.5英寸①、1.75英寸和2英寸）的接卸式钻杆，钻凿64~127毫米（2.5~5英寸）的垂直、倾斜及水平炮孔，如图1-15所示。

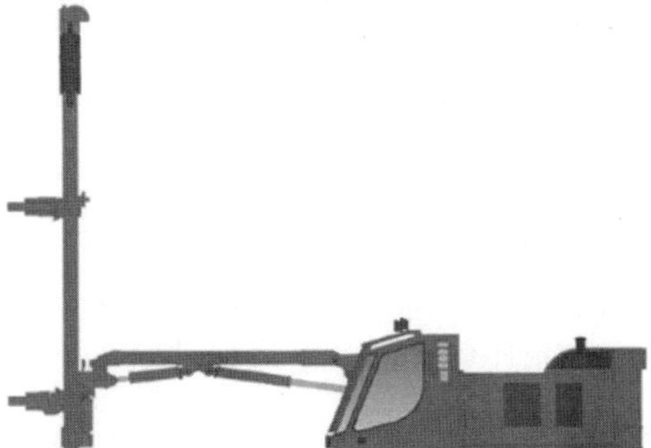

图 1-15　Sandvik DX800 液压钻机

DX800配备的HL800T液压顶锤式凿岩机，由于其强大的回转扭矩及洗孔能力、先进的控制系统，适用于硬岩和极破碎的岩石条件。凿岩机和钻臂安装在回转式上层机架上，从而使钻孔覆盖面积高达 17.6 平方米（配合选装件可达 26.4

① 1英寸=2.54厘米。

平方米）。

DHMS DL15 型钻机（图 1-16）主要用于本煤层瓦斯顺层抽采钻孔、临近层穿层抽采钻孔，以及排水钻孔、注浆钻孔、取芯钻孔等的钻进任务。DHMS DL15 型钻机具有尺寸紧凑、性能强劲（最大钻进推力达到 120 千牛，最大钻进回撤力达到 170 千牛）的特点，可广泛应用于狭小工作环境的困难掘进。

图 1-16　DHMS DL15 型钻机

DHMS DL15 型钻机能在岩层、煤层、裂隙带与松散层中钻进并能在钻孔中套管，选用适配钻机的不同钻杆类型与钻头类型，就可以钻进不同长度及不同直径的钻孔。

DHMS DL15 型钻机由电液驱动系统与钻进控制系统组成。钻机配备了安装在其上的结构紧凑的液压驱动单元，并配有所有必要的驱动元件、电源线和监测仪器。液压单元由几个压力调节轴向柱塞泵组成，为钻机提供强大的液压动力。压力介质选用范围很广，矿物油、生物油或水-乙二醇型难燃液压液都可以作为其压力介质。液压单元还包含一个冷却和过滤系统，并且自动监控液压的工作状态。

钻机的控制系统操作简单，并且能够应用自动钻进模式进行自动控制管理钻机钻进。

德国宝太克公司生产的 SBP1200 定向瓦斯钻机（图 1-17、图 1-18）适合井下在底板和顶板沿顺槽方向钻空间曲线孔，钻机性能强劲、结构紧凑，适用于长距离定向钻孔钻进任务。钻机采用液压驱动，具有结构紧凑和较大钻进力的特点。SBP1200 定向瓦斯钻机由 4 个系统组成：钻机机组及其液压系统、定向钻头和计算机测量系统、循环水系统、电气系统。4 个系统密切配合，为钻进提供强大动力，保证了钻进瓦斯抽放孔、深部煤炭开采钻探孔的高性能和效率。SBP1200 定向瓦斯钻机在国内煤矿井下的长距离预抽煤层钻孔中得到了广泛应用。

图 1-17　SBP1200 定向瓦斯钻机用计算机定向系统钻瓦斯孔

图 1-18　SBP1200 定向瓦斯钻机的井下辅助设备液压站

8. 新型顶驱钻井驱动仪器

国外顶驱（顶部驱动）钻井装置日益成熟，我国顶驱钻井装置与国外差距较大。作为现代钻机的重要组成部分，顶驱钻井装置在钻机自动化进程中实现了阶段性跨越。在 AC-SCR-DC 电动顶驱基础上，世界各国又开发了更先进的 AC 变频电驱动顶驱及液压顶驱。美国NOV公司、加拿大Tesco公司、挪威MH公司等的顶驱代表了世界先进水平，如图 1-19 所示。

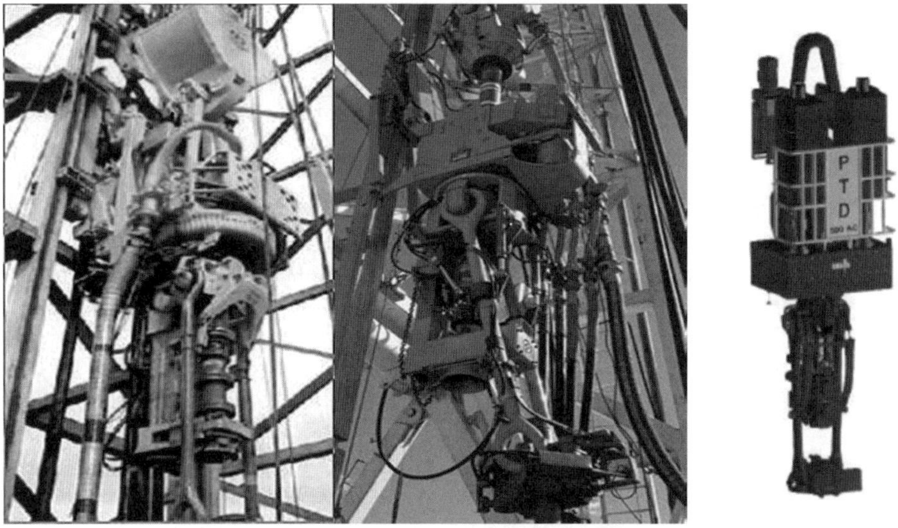

（a）NOV 公司顶驱　（b）Tesco 公司顶驱　（c）MH 公司顶驱

图 1-19　顶驱钻井装置

美国NOV公司顶驱：美国NOV公司是最早研究开发顶驱的公司之一，目前共有 7 种型号的系列顶驱，包括 TDS-1 型、TDS-4H（4S）型、TDS-6S 型、TDS-8SA 型、TDS-9SA 型、TDS-10SA 型、TDS-11SA 型。顶驱全部采用电驱动型式，其中，TDS-1 型、TDS-4H 型和 TDS-4S 型、TDS-6S 型顶驱采用 AC-SCR-DC 电驱动型式，串激或并激 DC 电动机；TDS-8SA 型、TDS-9SA 型、TDS-10SA 型和 TDS-11SA 型顶驱采用 AC 变频电驱动型式 AC 电动机；TDS-9SA 型和 TDS-11SA 型两种顶驱采用双 AC 电动机；其余顶驱均为一个电动机。双电动机结构紧凑、尺寸小，其显著特点是体积小、重量轻、搬迁和安装方便省时。在所有顶驱设备中，NOV 公司顶驱安装最省时。

加拿大 Tesco 公司顶驱：Tesco 公司是最早研发出轻便型液压顶驱的公司之一，目前共有 5 种型号的系列顶驱，即 150HMI 型、500HC/HCI 型、650HC/HCI 型、500ECI 型、650ECI 型。其中 150HMI 型、500HC/HCI 型、650HC/HCI 型采用液压驱动形式，500ECI 型、650ECI 型采用永磁同步电动机驱动形式。其中，前者在使用中一旦发生憋钻，由于泄压较慢，在释放钻杆上的反扭矩时只能慢慢倒转，不可能发生飞车现象；而且设置为钻杆上扣扭矩一半的反转扭矩，允许憋钻时倒转钻具，释放反扭矩。后者由于采用了永磁同步电动机形式的设计，重量仅为交流电机的 1/6，如果采用同步控制，还能在更小的体积下产生更大的马力①。

挪威 MH 公司顶驱：MH 公司主要生产 PTD 系列轻便式顶驱（包括 PTD-S350 型、PTD-410 型和 PTD-500 型等 3 种规格系列）和 DDM 系列重型顶驱［包括 DDM650HY 型、DDM650HY（750）型、DDM500DC/DDM650L-DC 型、DDM650DC（750）型、DDM650DC“Frontier”（750）型等 5 种规格系列］。为满足深水和超深水钻井需求，MH 公司开发完成了世界上承载能力最大的、具有 1 250 吨提升能力的顶部驱动装置。

9. 无线随钻测量系统

无线随钻测量系统把钻井技术、测井技术及油气藏工程技术融合为一体，在钻探过程中对定向、水平钻井的井眼轨迹实时监测，实时做出解释与决策，实时随钻测量和进行轨迹控制。随着定向井、丛式井及水平井技术的不断发展，无线随钻测量系统的应用也越来越广泛，其是定向、水平钻进的关键。国外无线随钻测量系统发展较早，逐步形成了哈里伯顿、斯伦贝谢和阿特拉斯三雄争霸的局面。英国 GEOLINK 公司、挪威国家石油公司等也有先进的产品问世。

哈里伯顿（图 1-20）和 GEOLINK 公司（图 1-21）无线随钻测量系统最高工作温度达 180℃，仪器外筒承压 170 兆帕，适用井眼尺寸为全孔径（3-3/8~9-1/2 英寸），能够满足极度恶劣环境的钻井需求。

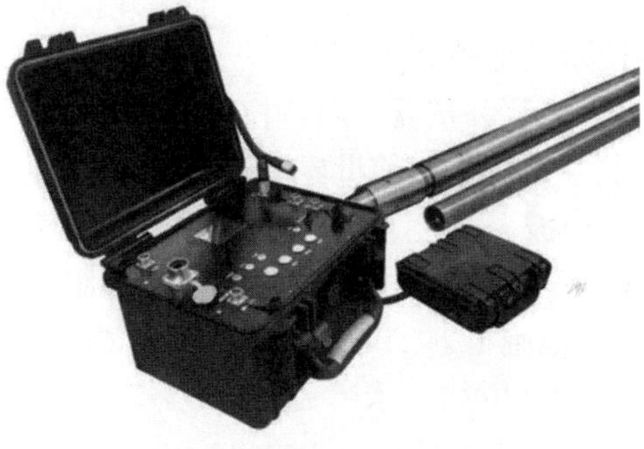

图 1-20　哈里伯顿无线随钻测量系统

① 1 马力=0.74 千瓦。

图 1-21 GEOLINK 公司无线随钻测量系统

10. 测井仪器

在煤层气勘探开发过程中，测井不仅是确定煤层的重要手段，也是解决一系列地质问题的重要手段。经过 70 多年的发展，特别是近十几年来，成像测井的新技术、新设备，如阵列感应成像测井、微电阻率扫描成像测井、偶极声波测井、核磁共振测井、模块式地层测试器等，以其针对性强、测量信息大且精度高的特点在煤层识别和评价中正日益发挥出重要作用，显示出其良好的应用前景。

美国及西欧等西方发达国家和地区一直处于测井技术的前沿，形成了哈里伯顿、斯伦贝谢和阿特拉斯三足鼎立的局面。

斯伦贝谢的 MAX-500 测井仪器、阿特拉斯的 5700 测井仪器（图 1-22）及哈里伯顿的 Excel 1200 测井系统是目前世界上较为先进的测井设备，可开展自然伽马、电阻率、放射性、声波、密度、中子及核磁测井。阿特拉斯的 5700 测井仪器最大工作温度 204℃，工作压力 137.9 兆帕，适用井眼直径 114~406.4 毫米，最大测速 18.3 米/分，测量范围 0.2~25 000 欧姆·米，精度 0.2~10 欧姆·米（±2%或 0.1 欧姆·米）/10~1 000 欧姆·米（±2%或 0.1 欧姆·米），稳定性为读数的±5%，可靠性为 98·%，探测半径在深侧向 1.14 米，浅侧向 0.432 米，垂直分辨率 0.610 米。

图 1-22　阿特拉斯的 5700 测井仪器

二、矿井火灾治理技术及设备

1. 气体监控系统

气体监控系统（air monitoring system，AMS）是一个能够精确测量井下空气状况的计算机网络系统，其将实时测量的一氧化碳数据连续传至地面 24 小时监控室，并在出现紧急情况时向矿工发出警报。系统能够将监控数据存储、编目，并可打印监控报告。

美国矩阵科技公司（Matrix）研发的井下空气无线监测系统（wireless air monitoring system，WAMS）可以对煤矿井下存在的潜在危险性气体（瓦斯）进行实时监测（图 1-23）。系统使用了高科技探测器，非常可靠且便于安装，与之配套的软件系统操作简单，便于维护。该系统可以将井下气体参数实时传输至地面。该系统集瓦斯传感器、报警器、地面控制和软件为一体，其最大特点是，在灾变的情况下依然可以监测井下空气的质量，并将数据传输到地面监测中心。

图 1-23 井下空气无线监测系统

Matrix 公司的大气监控系统是一套由无线传感器构成的矿井环境监控系统，其传感器由电池提供长时供电。由于美国仅强制要求井下一氧化碳气体浓度的连续监测，而通常情况下一氧化碳传感器功耗较低，故由电池提供长时供电是可行的。该系统能在灾变情况下将参数传到地面，是一款设计非常优秀的系统，值得借鉴学习。

美国隧道无线电公司（Tunnel Radio of America）现已推出首个检测瓦斯和二氧化碳气体的无线瓦斯监测系统。该系统使用射频识别（radio frequency identification，RFID）追踪技术，在煤矿井下设置大量传感器。矿井深处瓦斯主要源头的信息和井下人员位置的信息以无线方式传输到地面电脑。该公司发明的无线传感器由电池供电，全天 24 小时工作，可持续工作数月，其最大优点是克服了目前有线传感技术的缺点，井下哪里需要传感器，就可以准确设置在哪里。此外，一氧化碳传感器能在井下出现危险高温情况时向工人发出警报，让工人们有充足的时间对可能发生的火灾做出反应。

2. “Jet Engine”防灭火技术及装备

传统的低流量惰化系统效率较低、耗时较长，如 Tomlinson Boiler 锅炉机组产生大流量的惰性气体（12.5%的二氧化碳、75%的氮气和小于 2%的氧气），最高为 1 800 $米^3$/时，出口压力为 0.1 兆帕。但是对于大型矿井，综合考虑经济、安全和资源等因素，就需要更大流量的惰化系统，如图 1-24 所示的 GAG-3A Jet Engine 系统即矿井防灭火需要的一种大流量惰化系统。

图 1-24　GAG-3A Jet Engine 系统

“Jet Engine”防灭火技术起源于 20 世纪 70 年代的波兰采矿业，澳大利亚对其进行了改进，之后在美国一些煤矿实现广泛应用。它的设计借鉴了苏联在农业上应用的喷气式发动机技术，以航空燃油为燃料，在主机供风的情况下，通过启动点火和喷油室中三排喷嘴适量喷油，使空气在特制的燃烧室内进行急剧的氧化反应。排出高温燃烧气体产物，主要是空气中的氮气和水，以及二氧化碳和少量的一氧化碳和氢气。惰性气体经水套、烟道等喷水冷却后进入灾区以起到抑制瓦斯爆炸和消灭火灾的目的。

“Jet Engine”系统具有高效的燃烧设计，几乎可以消耗掉吸入燃烧器中的所有氧气，接近于理想状况下的完全燃烧，产生的废气几乎全部为惰性气体，消耗矿井大气中的氧气，阻止矿井火灾蔓延。该系统的主要技术参数如表 1-1 所示，产生的惰性气体主要成分见表 1-2。目前，系统硬件及运营由昆士兰矿产救援服务中心（Queensland Mines Rescue Service，QMRS）维护。

表 1-1　“Jet Engine”系统的主要技术参数

项目	参数
发动机转数/（转/分）	7 200~11 000
产气量/（$米^3$/时）	42 000~108 000
耗油量/（千克/分）	18~54
总供水量/（$米^3$/时）	54
烟道出口温度/℃	83
惰性气体含氧量	＜8%

表 1-2 产生的惰性气体主要成分

成分	含量
氮气	30%左右
二氧化碳	5%左右
氧气	<8%
水蒸气	62%左右

3. 可充气高倍数泡沫发生器

美国矿务局（U.S. Bureau of Mines）发明了一种可充气高倍数泡沫发生器（图 1-25）。该发生器包括便携式的充气袋，可用于 5~8 分钟内快速密封矿山火区；同时，发生器还提供了一个进料管，从而使灭火泡沫能够自由流到火灾现场，达到控制并扑灭火灾的目的。

图 1-25 可充气高倍数泡沫发生器实物图

可充气高倍数泡沫发生器的密封系统包括防水、阻燃、重量轻、便携的矩形充气袋，材质为厚 0.076 毫米的薄型织物（化学处理的防破裂尼龙材质），形状和大小取决于巷道外形。例如，对于高 2.1 米、宽 5.8 米的巷道，充气后的密封包宽 2.6 米，长 6.1 米，高 3.1 米，重量约 8.2 千克，可实现 5~8 分钟内快速充气密封巷道。质量分数为 2%的发泡剂，膨胀率可达 850∶1，泡沫能流动大于 183 米，提升高度大于 4.5%，可充满整个巷道。

4. 低温浆材灌注法

美国矿务局发明了一种低温浆材灌注法，低温浆体材料为液氮和颗粒状二氧化碳的混合浆体（混合配比为 3.1：1，混合温度为−180℃，汽化为气体时膨胀 700 倍），能有效吸收高温区域的热量，产生的低温压力气体将矸石堆内部的高温气体排出。低温浆材灌注模拟装置原理图如图 1-26 所示。

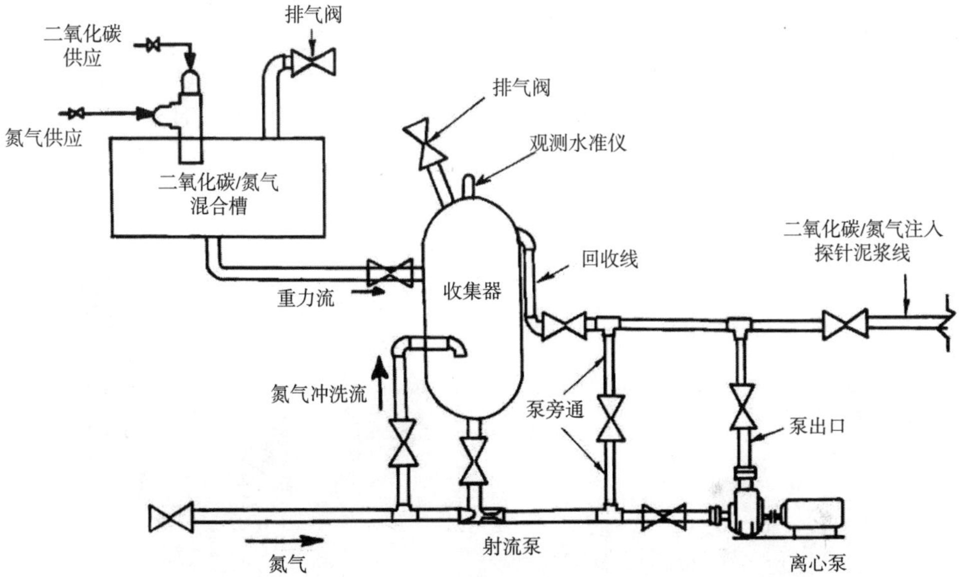

图 1-26　低温浆材灌注模拟装置原理图

该防灭火装置在美国 Midvale 镇的一个燃烧了近 30 年的煤矸石山进行了试验。将混有二氧化碳和−180℃液氮的泥浆颗粒注入高温区域，产生的低温压力气体将矸石堆里面的高温气体挤出。研究人员对两次低温注射的试验之前和之后进行了为期 30 天的温度监测。因所注低温泥浆量太少，最终未能将矸石山的火完全熄灭，但根据对其温度分布的分析可知部分高温区域温度已经下降。

5. 液氮防灭火技术及装备

液氮作为一种新型防灭火技术，具有灭火迅速、效果显著、安全可靠、操作简单等优点，如液氮注入温度低（−195.8℃），汽化后吸收的热量大（20℃环境温度下，液氮汽化热为423 千焦/千克），可以大大降低火区温度；由于注入的液氮有一定压力，液氮汽化后火区压力增加，减少了向火区的漏风，从而使高氧气体经可控漏风通道排出，使火区内氧含量大大降低；封闭火区注入氮气，使得火区气体惰化，兼有抑制爆炸的作用；低温液氮汽化为气体时，体积迅速膨胀（1吨的液氮汽化后约合 800 立方米的氮气），可充满封闭范围空间内，形成立体隔绝带。因此，液氮防灭火技术以其独特的优势，一直以来备受国内外的广泛关注。但由于目前主要方法是将汽化液氮输送到井下火区，此种方法注氮量大，对注氮管路损伤小，但是仅仅将液氮汽化为常态氮加以利用，难以真正发挥液氮降温的作用，极大地制约了液氮防灭火技术的规模化应用。加之大量液氮来源相对匮乏，运输不便且价格昂贵，关键技术尚未解决，因此，多年来液氮防灭火技术仅处于试验及井下局部应用阶段。

2005 年，澳大利亚纽斯坦煤矿（Newstan Colliery）利用液氮汽化防治煤炭自燃，如图 1-27 所示。40 吨的液氮储罐，汽化速率最大为 20 吨/时，出口氮气流量由 1 000 米^3 /时提高至 10 000 米^3 /时以上。

图 1-27 澳大利亚纽斯坦煤矿液氮防灭火

6. 便携式气相色谱仪

美国安捷伦公司生产的 Agilent 490 便携式气相色谱仪采用了高精度热导检测器及微电子系统技术，能够在事故现场快速、准确地进行矿山不同浓度气体的分析化验，可同时分析 O_2、H_2、N_2、CO、CO_2、CH_4、C_2H_6、C_2H_4、C_2H_2、C_3H_8、C_4H_{10} 等 11 种危险气体，检测时间小于 120 秒，浓度范围从百万分之一到 100%，见图 1-28。该色谱仪便携、智能、操作简便，可以放置在应急指挥车中或人工携带至现场采样检测，在矿山事故救援和矿山安全领域得到认可并广泛应用。该色谱仪体积较小，方便携带，但非防爆产品，可方便在地面使用。可以考虑矿用化后，就近安装在采空区，进行气体检测，减少束管长距离抽气漏气带来的不准确性。

图 1-28　Agilent 490 便携式气相色谱仪

7. 热成像摄像机

美国 FLIR 公司的 B620/660 红外热像仪（图 1-29）包含有一像素为 640×480 的高分辨率探测器，能够精准、清晰地探测煤自燃位置，热灵敏度小于 30 毫开，能够捕捉细微的图像细节和温差信息，集成有 320 万像素可见光摄像机，在井下照明不足的地方也可生成清晰的可视图像，并且可以连续拍摄图像，利用 FLIR Reporter 软件自动将其结合为一幅大图像。

图 1-29　美国 FLIR 公司的 B620/660 红外热像仪

8. 封闭火区技术

目前，全美矿业主要采用的密闭墙有以下几类：带有钢筋的实心混凝土密闭墙；没有钢筋加强的快速成型的可泵凝胶密闭墙；没有钢筋加强的空心混凝土预制块密闭墙；高强度纤维充填的密闭墙以及木制密闭墙。美国还在国家职业安全卫生研究所（National Institute for Occupational Safety and Health，NIOSH）的实验矿井 Lake Lynn Experimental Mine 进行了全尺寸爆炸实验，主要实验项目如下：爆炸对密闭墙强度的测试与记录；爆炸对密闭墙破坏模式的影响与分析；各种不同密闭墙的抗击能力测试；等等。

2006 年初发生的 Sago 煤矿瓦斯爆炸事故，就是一封闭采空区内的爆炸完全破坏了密闭墙，使得爆炸冲击波与一氧化碳气体在井下生产区域内传播，进而造成了人员的伤亡。美国联邦矿山安全健康监察局（Mine Safety and Health Administration，MSHA）认为隔离采空区密闭墙的强度不够是造成该事故扩大的主要原因。美国法律规定：对于煤矿采空区的管理，可以保持通风状态，也可以进行完全密闭。在 2006 年之前，法律要求密闭墙必须能承受 20 磅/英寸^2（0.138 兆帕）的爆炸压力。然而 Sago 煤矿的事故使人们认识到这个标准是远远不够的，需要提高相应的要求。因此，密闭墙究竟应该抗击多大的冲击强度，成为一个行业探讨的问题。美国国家职业安全卫生研究所受政府专门的研究基金支持，对这一问题进行了系统的研究。2008 年，美国煤矿安全法律正式修改成如下要求：

如果密闭区内气体被矿方进行专门监测并保持惰性状态，密闭墙的强度应该不低于 50 磅/英寸^2（0.345 兆帕）；

如果密闭区内气体未被矿方进行专门的监测，密闭墙的强度应该不低于 120 磅/英寸^2（0.827 兆帕）；

如果密闭区内气体未被专门监测并且封闭区内的气体存在爆炸的条件，密闭墙的强度必须要高于 120 磅/英寸^2（0.827 兆帕）。

9. 快速通风控制装置

VENTSTOP 快速通风控制装置可以在煤矿井下快速膨胀，形成密闭墙，起到堵风的作用，并且适应任何开口尺寸，可以放置在水平、倾斜或垂直的漏风处；地面的接触面积大，从而使其能够在高压下保持稳定；可以重复使用；面料的品质高，经久耐用，如图 1-30 所示。

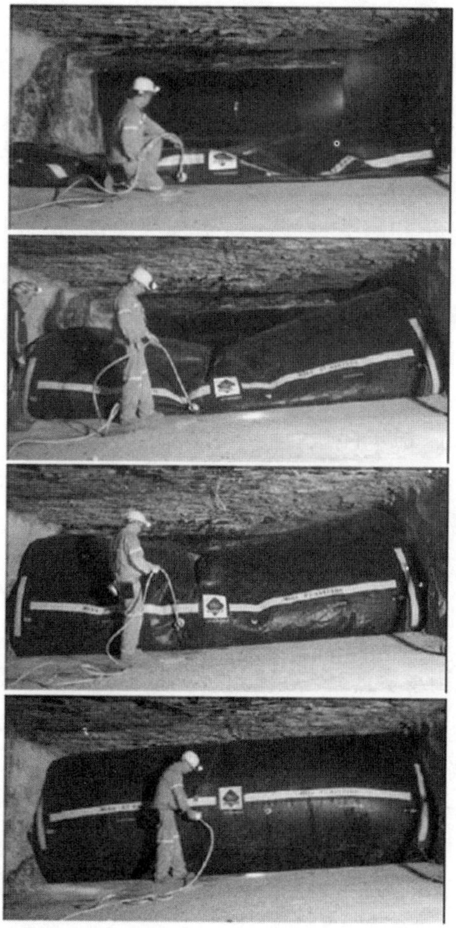

图 1-30　VENTSTOP 快速通风控制装置

10. 巴斯夫硬泡聚氨酯材料

井下火区封闭还常会使用聚氨酯材料。聚氨酯是一种新型的具有独特性能和多方面用途的快速封闭材料，聚氨酯材料以多元醇和异氰酸酯为基料加聚而成，具有气密性好、黏结力强、可发泡膨胀、耐高温、防渗水隔潮等特点。

巴斯夫硬泡聚氨酯 Elastospray™ 具有以下优点。

（1）优异的防水性能。聚氨酯硬泡保温材料连续自结的表皮能达到 95%以上的高强度互联壁闭孔，具有理想的不透水性和良好的水蒸气渗透阻，采用现场直接喷涂技术，可以形成一层无接缝的连续防水层，在异型施工中亦能有效避免水渗漏。

（2）理想的强度。聚氨酯硬泡保温材料密度大于 55 千克/米^3 时，其抗压强度大于 300 千帕。

（3）良好的阻燃性能。聚氨酯硬泡保温材料遇火后表面炭化，离明火自熄，抑制火焰蔓延。挤塑聚苯乙烯（extruded polystyrene，EPS）和可发性聚苯乙烯（expanded polystyrene，XPS）遇火燃烧后，由于温度升高，软化收缩，并产生熔滴，火势随熔滴蔓延。

（4）超常的耐老化和耐久性能。与聚苯乙烯等有机材料相比，聚氨酯硬泡保温材料的耐老化性能更加稳定，低温−50℃不脆，高温 150℃不流淌，不黏连，具有良好的热稳定性，可在 130℃下长期使用。聚氨酯硬泡保温材料可耐弱酸、弱碱等化学物质侵蚀。材料空隙结构稳定，吸水率低，耐冻融。其综合使用寿命长，30 年内几乎无变化。

（5）自黏强度高、稳定性强、成型时间短。

三、矿井水害防治技术及设备

欧洲是现代采矿业的发源地，在排水设备设计制造领域走在世界前列。但目前其采矿业已经衰落，已经废弃和关闭的矿井大量积水，对环境带来诸多负面影响。欧洲国家目前强调水资源环境功能和价值的保护，主要研究焦点集中在矿井水的处理机理及技术、废弃矿井水排泄对环境影响及治理上。美国矿产资源丰富，虽然经过长期开采，一些矿井废弃或关闭，但仍有大量矿产正在和有待开发，研究重点不仅包括对前期污染的治理，还包括对现有开采和将来开发过程中水资源保护问题的立法和技术探讨。澳大利亚、印度、南非等国家地质和水文地质条件相对简单，研究重点更多地集中在矿井水的利用和露天采坑积水湖的治理和利用上。

1. 基于 GIS 的矿井水探测

美国西弗吉利尼亚大学对匹兹堡煤田废弃矿井充水情况的观测表明，废弃矿井水位回升速率相当迅速。研究人员认为，匹兹堡煤田废弃矿井水是一种有害水体，但同样也是一种重要资源，需采取主动监测、预测和洁净处理的治理方法。

由于匹兹堡煤田采煤活动已历时两个多世纪，矿图资料尤其是前期资料不够健全，已有矿图依据的测绘坐标体系和比例尺大小各不相同，同时纸质图件（包括透明纸和薄膜图）精度差异很大，故研究人员利用 GIS（geographic information system，地理信息系统）技术，修改变形的原始纸质图件，统一坐标体系，完成了图件的合并，并重点填绘了采区轮廓和各类煤柱的位置。

2. 基于电磁探测技术的矿井水害防治

瞬变电磁法（transient electromagnetic method，TEM）是利用不接地回线（磁偶源）或接地线极（电偶源）向地下发送一次电磁场，在一次场的间歇期间，测量地下介质产生的感应二次场，通过分析各物理场值的变化规律和空间分布特征，从而推断探测范围内的地质信息与水文分布情况的方法。

矿井（全空间）瞬变电磁法的基本原理与地面瞬变电磁法原理基本一致，不同的是矿井瞬变电磁法是在地下几百米深度的岩层或煤层巷道内进行，由于巷道空间几何尺寸的限制，矿井瞬变电磁法不可能像地面瞬变电磁法那样采用大回线探测装置，只能采用边长小于 3 米的多匝小回线进行探测。地面瞬变电磁法为半空间瞬变响应，这种瞬变响应主要来自地表以下半空间地层；而矿井瞬变电磁法为全空间瞬变响应，这种瞬变响应来自回线平面上下（或两侧）地层，即双“烟圈效应”。

电磁勘探主要采用加拿大 Geonics 公司生产的 PROTEM67D 瞬变电磁仪器，以及中国安徽惠州地下灾害研究设计院生产的 YCS360 型矿用多通道瞬变电磁仪、重庆地质仪器厂生产的 DUK-2A 型 120 道高密度电法仪器，对测区开展水害勘探工作。图 1-31 为瞬变电磁法勘探结果示意图。

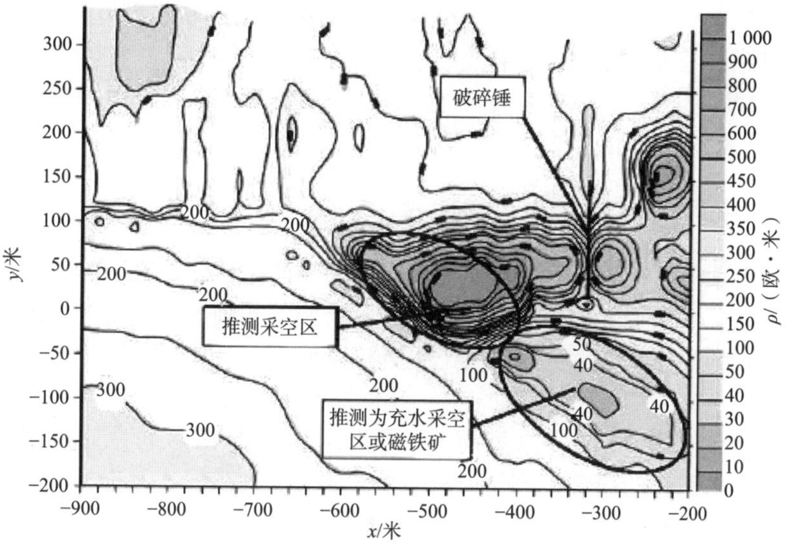

图 1-31　瞬变电磁法勘探结果示意图

3. 矿井水渗透与涌出预测系统

德国 DMT 公司研发了矿井水渗透与涌出预测系统（图 1-32）。该系统采用了特殊的矿井水渗透与涌出数值模型，结合地质化学反应模型，可以模拟矿井水的流动并预测矿井涌水量的变化。

图 1-32 矿井水渗透与涌出预测系统

该系统可以根据井下具体地质资料分析矿井水的涌出位置并预测涌水量，从而可以实现对矿井排水系统的优化，如优化排水系统管道的布置和调节泵运行工况，减少排水系统的能耗以提高排水效率。同时，该系统还能预测地表降水或者河流湖泊的渗流对矿井涌水量的影响，从而可以实现对山洪暴发等导致的突水事故提供预警。目前，矿井水渗透与涌出预测系统在国内尚无应用，对于国内突水涌水严重的矿井具有很高的应用价值。

4. 大功率潜水电泵

德国里茨公司在潜水电泵行业处于世界领先地位，生产的 HDM 潜水电泵产品可靠性强、寿命长、使用成本低。该公司研制的无轴向力和双吸结构泵能够大大提高水泵的效率，在大负载情况下提升流量值，水泵和电机效率分别超过 85% 和 90%。

里茨公司的每台 HDM 大型潜水电泵都是根据用户的实际需求研制的。针对矿山抢险排水工作的需要，该公司发明了大功率、高扬程、大流量的潜水电泵。功率可达 4 000 千瓦以上，流量达 1 000 $米^3$/时，扬程 800~1 000 米。20 世纪 80 年代初，煤炭工业部曾为开滦排水站配备了扬程为 800 米的里茨泵，历经 30 余年至今仍在正常使用，体现了该公司优良的产品质量。在国家和区域矿山应急救援队建设中，引进了 3 套流量为 1 000 $米^3$/时，扬程为 800 米及 1 000 米的潜水电泵，储备在开滦队，用于全国深井水灾事故排水救援。

四、矿压治理技术及装备

1. 巷道支护设备

美国 JENNMAR（捷马）J-SAND Prop 是一种轻便、高效的支护设备，它可以支撑 35~100 吨的重量，支护高程可在 4~9 英尺[①]调节（图 1-33）。

图 1-33　美国 JENNMAR（捷马）J-SAND Prop

美国 JENNMAR（捷马）Omni 150 是一种单级液压支架，工作介质为水。随着顶板压力的增加，支架中水的压力也随之增加。当达到屈服压力时，水通过活塞进入支柱中的空洞。该装置的优点是结构轻便，便于安装，可以恒定阻力支撑并且不能过度扩张。

2. 地应力测量

迄今为止，地应力测量方法虽然种类较多，但尚未形成统一的分类标准。根据测量数据特点，地应力测量大体分为绝对应力测量和相对应力测量。前者主要是确定地壳应力背景值，即主应力的大小和方向；后者则是观测应力随时间变化的动态变化规律，通常也称为地应力监测。根据测量基本原理，绝对应力测量方法又可分为直接测量法和间接测量法。直接测量法就是利用测量仪器直接测量和记录各种应力量，并由这些应力量和原岩应力的相互关系直接换算得到原岩应力值。间接测量法则是借助某些传感元件或媒介，测量和记录与岩体相关物理量的变化（如密度、泊松比、弹性波速等变化），之后通过相应的公式换算间接得到

① 1 英尺=30.48 厘米。

原岩应力值。目前，较为常用的绝对应力测量方法主要有套芯应力解除法、水压致裂法、应变恢复法、钻孔崩落法、声发射法（acoustic emission，AE）等。其中，水压致裂法、钻孔崩落法、声发射法属于直接测量方法，套芯应力解除法、应变恢复法属于间接测量方法。相对应力测量方法包括压磁法、压容法、体应变法、分量应变法及差应变法等。其中，最为常用的方法是钻孔应变测量，它包括钻孔分量应变法和钻孔体积应变法。

1）套芯应力解除法

套芯应力解除法是2003年国际岩石力学学会（International Society for Rock Mechanics，ISRM）推荐的一种地应力测量方法，也是当前国内外最为常用的一种地应力测量方法。它以平面应力状态为理论基础，假定岩体是连续、均匀、各向同性、线弹性的。套芯应力解除法测量程序图见图1-34。

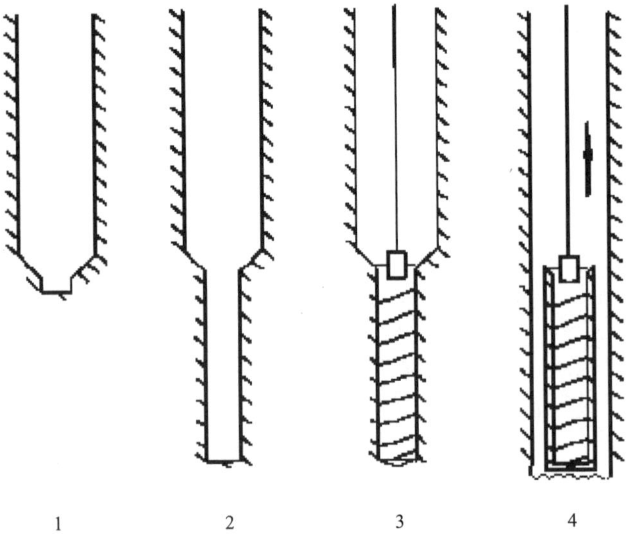

图1-34 套芯应力解除法测量程序图

目前，主要采用的套芯应力解除法有空芯包体应力解除法和压磁应力解除法。空芯包体应力解除法采用空芯包体应变计进行测量，压磁应力解除法采用以铁磁体磁致伸缩原理为基础设计的传感器进行应力测量。压磁应力解除法地应力测量技术最早起源于瑞典，经过中国地质科学院地质力学研究所的长期改进和创新，该方法已在国内许多重大工程应用中取得了良好的效果。相比较而言，空芯包体应力解除法操作简单，经济实用，精确度较高，且可测量三维应力状态，但是其测量深度较浅（仅数十米），且多用于隧道、矿山、地下硐室安全设计等方面。压磁应力解除法是一种平面测量方法，在3个相互正交的钻孔中可测得三维应力值，其测量探头稳定性好、灵敏度高，测量深度大（可达100~200米），多用于对变形控制要求较高的隧道、硐室及核废料处置等工程中。

2）水压致裂法

水压致裂法是通过在钻孔中封隔一小段钻孔，向封隔段注入高压流体（通常为水），并通过孔壁岩体的胀裂来确定地应力的一种方法（单回路水压致裂测量系统见图 1-35）。由于该方法可以在无须岩石力学参数的情况下直接测量应力值，特别是可以直接确定最小主应力值，再加上其具有操作简单、测量深度较大等优点，因此应用非常广泛。2003 年，国际岩石力学学会推荐了经典水压致裂法（hydraulic fracturing，HF）和原生裂隙水压致裂法（hydraulic testing of pre-existing fractures，HTPF）。

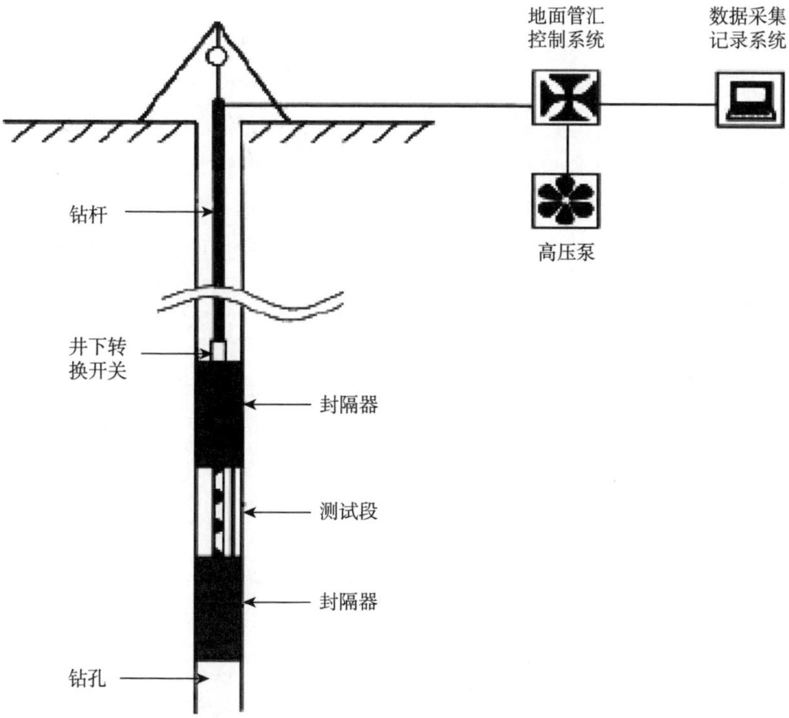

图 1-35　单回路水压致裂测量系统

经典水压致裂法假设岩体为理想、非渗透性且有一个主应力为垂直方向，大小等于上覆岩层重量。严格意义上讲，经典水压致裂法是一种平面测量方法，若要获取全应力张量，需采用三孔交汇测量。经典水压致裂法选择岩性完整的测试段，进行 3~5 个压裂循环试验并生成压力–时间曲线，最小水平主应力大小可从曲线中分析得到。该方法的关键是停止供压的时间点的确定，国际岩石力学学会推荐至少采用两种方法保证其可靠性。孔壁的破裂方向即最大水平主应力方向，一般用带有定位系统的印模器确定，但也可用地球物理成像技术记录裂隙方向。

当岩体中存在较多原生裂隙时，可以选用原生裂隙水压致裂法。该方法是经典水压致裂法的发展，能够估算全应力张量，且不涉及孔隙压力、钻孔方向和材料属性等参数，若裂隙间距大于 50 米，需假设应力梯度，这会增加测试次数。作为目前能完整测量深部地应力的最有效方法，水压致裂法广泛应用于水电、石油、地热及科研钻探中。

3）应变恢复法

应变恢复法的原理是岩芯从周围岩体分离后即发生体积恢复（一部分是立即发生的弹性恢复，一部分是随时间推移缓慢发生的滞弹性恢复），且各方向的应变恢复量与之前所受压力正相关。应变恢复法可分为滞弹性应变恢复法和微分应变曲线分析法。目前，该技术在日本的发展较为成熟，并在科研及工程中取得了较好的应用效果。滞弹性应变恢复法通过对岩芯在径向和轴向测量应变恢复，可获得主应变方向，进而得到主应力方向，但对主应力值的估计较为困难，需要针对不同岩性建立准确的本构模型。微分应变曲线分析法认为，解除应力后，定位岩芯将随着膨胀而出现微裂隙，裂隙分布和原岩应力方向有关，裂隙密度与原岩应力大小成正比。通过对试件正交面上应变片施加静水压力、记录各应变片的应变值并描绘应变-压力曲线，可以分析得到 3 个主应力方向及比值。若已知其中一个主应力大小（通常假设垂直应力为上覆层岩体重量），即可确定另外两个主应力大小。滞弹性应变恢复法岩芯定向费用较高，且影响测量结果的因素很多。微分应变曲线分析法操作复杂，仅为二维测量。但在一些大深度钻井条件下，当水压致裂法和应力解除法无法有效实施时，或者当需要其他方法的补充性数据来确保测量结果可信度时，应变恢复法具有较高的应用价值。

4）钻孔崩落法

钻孔崩落指大深度的钻孔孔壁自然坍塌、掉块现象。同一地区井孔深部孔壁多发生塌陷，且具有相似的优势坍塌方位。钻孔孔壁挤压应力最大集中区通过剪切破碎而形成崩落，崩落的方向与最小水平主应力平行。有学者认为，可利用崩落形状和岩石强度参数来确定水平主应力的大小，以及根据孔壁崩落的深度和宽度来估算应力值。崩落方位可以用井下光学辅助工具描述。钻孔崩落法的优点是速度较快，而且能在使用其他手段效率较低的深孔乃至超深孔获取有效信息，但也有很多不足，如需要有崩落段的存在、岩体的各向异性会扰乱崩落方位、损害已获信息的有效性、尚无令人满意的理论与方法确定应力值的大小等。钻孔崩落法广泛应用于石油工业及科研深钻中，如德国大陆深钻计划项目、日本大洋钻探计划和中国大陆科学钻探工程等。

5）声发射法

声发射是材料内部储存的应变能快速释放时所产生的弹性波现象。德国人 J.

Kaiser 研究发现，多晶金属的应力从其历史最高水平释放后，再重新加载时，若应力未达到先前的最大应力值，则很少有声发射产生；当应力达到并超过历史最高水平后，则产生大量声发射，这一现象叫作 Kaiser 效应。我们把从材料重新加载时由几乎不产生声发射到声发射大量产生的转折点称为 Kaiser 点，该点对应的应力即材料先前受到的最大应力。据此，在实验室对岩石试件进行 6 个以上不同方向的单轴压缩试验，可获得 6 个以上不同方向的压应力，并进一步根据弹性理论确定岩石取芯点的全应力张量。岩芯的定位多采用古地磁法。由于声发射与弹性波传播有关，且高强度的脆性岩石通常具有较明显的 Kaiser 效应，而多孔隙低强度及塑性岩体的 Kaiser 效应往往不明显，所以一般不建议用声发射法测定比较软弱疏松及塑性岩体中的应力。然而，M. Seto 通过试验认为，即使脆弱的岩芯，若采用多次加载也可以较好地分辨出 Kaiser 点，这为利用声发射法测定软弱疏松岩体提供了可能。目前，声发射法在矿山和油田等工程中应用较多。

3. 基于微震的冲击地压（岩爆）监测监控

目前，世界上用于矿山的微震监测系统主要有加拿大 ESG 公司的 HMSi 微震监测系统、PALADIN 微震监测系统，波兰 EMAG 公司的 ARAMIS M/E 微震监测系统，南非 ISS 公司的微震监测系统。这里主要以南非 ISS 公司的微震监测系统为例加以说明。

ISS 微震监测系统包括井下数据控制中心、微震检测与数据采集单元、传感器、通信单元等硬件，以及计时系统软件，数据采集、过滤及传输软件，数据分析软件，数据解释与可视化软件。

井下数据控制中心连续采集、处理及分析微震数据，进行数据储存并通过光纤将其传输到地面的中心监控计算机上。微震检测与数据采集单元是 ISS 公司第四代数字微震监测系统的重要组成部分，通过有线或无线连接传感器，每个微震检测与数据采集单元（QS）可连接6个通道的传感器。传感器用于感应微地震信号并将其传送至QS，分单分量和三分量两类，采用的传感器固有频率为4.5 赫兹（单分量）和 14.0 赫兹（三分量），可用频率范围为 4~2 000 赫兹（单分量）和 12~2 000 赫兹（三分量）。通信单元通过调制解调器和同步通信电缆将 QS 和井下数据控制中心连成一体。

计时系统软件主要包括系统配置、执行数据采集及故障在线诊断等功能；数据采集、过滤及传输软件能采集井下各种声源信号，数据处理软件具有相位选择、地震定位、量级计算等功能；数据分析与可视化软件是微震数据可视化与分析软件包，可运行于 Windows 和 Linux 平台，具有三维交互、事件滤波与显示、历时分析、绘制事件动态图等功能。

在选择了监测系统的基础上，设计了多个微震系统传感器布置方案，通过对各个方案的系统定位误差及灵敏度进行分析后，最终确定在 1 331 米、1 391 米、1 451 米水平 3 个中段布置 4 套 QS（24 通道）监测系统，其中 1 451 米水平中段布置一套 QS（1 个三分量、3 个单分量传感器），1 391 米水平中段布置两套 QS（4 个三分量传感器），1 331 米水平中段布置一套 QS（1 个三分量、3 个单分量传感器）。微震监测系统构成及布置图如图 1-36 所示。

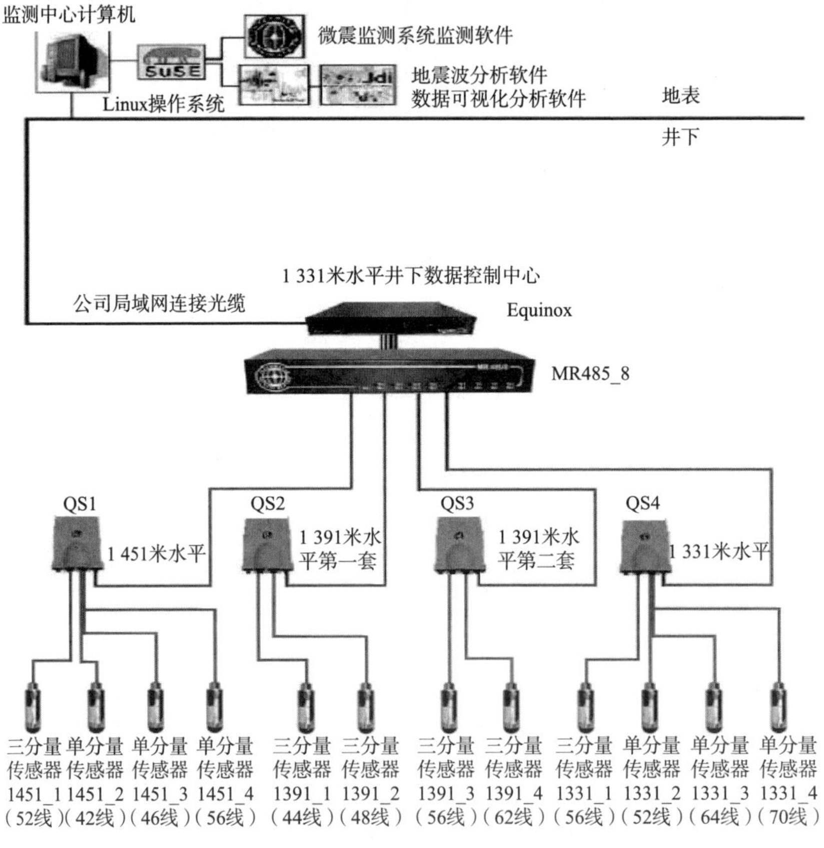

图 1-36 微震监测系统构成及布置图

4. 采煤工作面围压监测技术

国外早在 20 世纪 50 年代就开展了巨厚煤层高强度开采工作，如南斯拉夫 RLV 矿单一煤层厚度达 140 米，采用分层放顶煤技术，分层高度达 7.5~12 米。20 世纪 70 年代，德国、波兰开始开展大采高支架的研发工作，支架阻力≤5 000 千牛，高度≤6 米；80 年代，澳大利亚开始开展大采高支架的研发工作，高度≤4.5 米；90 年代以来，美国开始开展大采高支架的研发工作，高度≤6 米，阻力≤12 000 千牛。目前发达国家煤矿工作面割煤高度一般低于 6.0 米。

综合国外煤矿安全监测技术的发展状况，20 世纪 60 年代中期，最有代表性的是法国的 CTT6340 及波兰的 CMM-20、CMC-1 煤矿环境监测系统，特点是采用空分制传输信息的方式。煤矿监控技术发展到第二代产品的主要特征是采用频分制传输方式，使电缆芯线的使用数量大大减少。伴随着各种大规模集成电路的出现，以时分制传输和分布式微处理器技术为核心的第三代煤矿安全监测系统相继出现，其中最具代表性的是英国的 MINOS 系统和美国的 DAN6400 系统。第四代煤矿监测系统的主要技术特征为开放性、集约化和网络化，其中最具有代表性的是加拿大森透里昂 600 型煤矿监测系统。

目前，国外研究开发出了支持多种互联标准的煤矿安全监控系统，具有终端节点自组网的功能，便于实现矿井参数的上传及其内外通信。单纯从技术角度讲，我国的超大采高综采和大采综放等高强度采煤工艺已领先发达国家。但是由于煤层赋存条件限制和电子信息技术起步较晚，我国煤矿的灾害监测监控技术仍落后于发达国家。

5. 井下防爆槽波地震监测系统

德国 DMT 公司研发的新一代防爆槽波地震监测系统 Summit Ⅱ Ex（图 1-37、图 1-38）是世界上最先进的槽波地震监测系统。槽波地震探测技术主要应用于探测煤层厚度变化，矸石层分布，大、小断层，陷落柱，剥蚀带，古河床冲刷带，岩墙，老窑，以及评估煤层的高瓦斯带等。槽波地震仪 Summit Ⅱ Ex 具有高有效性、高精确性、高分辨率等特点。井下槽波勘探精度高，可发现尺寸 1~2 米或更小的地质异常和断距为煤厚 1/3 的断层；并且槽波探测距离大，透射槽波探测距离为煤厚的 300 倍，反射槽波探测距离为煤厚的 100 倍。在德国、西班牙、波兰、英国、俄罗斯等欧洲产煤国得到广泛应用。

图 1-37　Summit Ⅱ Ex 井下防爆槽波地震仪

图 1-38　Summit Ⅱ Ex 井下防爆槽波地震监测中心站

河南义马煤业（集团）有限责任公司和河北煤炭科学研究院在 2010 年分别订购了新一代防爆槽波地震仪 Summit Ⅱ Ex。河南义马煤业（集团）有限责任公司定购的 60 道槽波地震仪已于 2010 年 7 月完成验收，在两个工作面实测验收结果表明，仪器性能先进、轻便、操作简单，工作非常稳定，观测结果理想。

五、矿井防尘降尘技术及设备

1. 尼尔森 SR75 大喷枪

SR 系列大喷枪——慢速翻转系列喷枪，无论是在降尘、污水处理还是在喷灌机尾枪等领域，均已成为世界领域中的首选产品，特别是在降尘和污水处理方面。SR 系列大喷枪拥有双臂驱动及专利双驱匙头机构。SR 系列大喷枪反转时与向前移动时拥有相同的旋转速度——稳定慢速。与反转速度较快的喷枪相比，SR 系列大喷枪能有效减小由于震荡和撞击施加到支承装置上的过大压力和应力（图 1-39）。

图 1-39　尼尔森 SR75 大喷枪

该产品无须任何调节，安装更方便，有多种喷嘴可选择，应用环境广，独特的枪阀一体，使其更实用、更安全，轴承重型密封，特别适用于粉尘环境中应用，喷枪底座及关键部件采用铜或不锈钢等优质材料制成，延长了使用寿命。该设备采用垂直摆臂驱动方式，工作中喷枪旋转缓慢，稳定无剧烈反冲，最大限度减少对喷枪连接处的震动，独特的流道及仰角设计使喷枪的射程及喷洒均匀性达到最优，喷枪所有关键活动部件均采用密封轴承设计，使喷枪不需要定期进行润滑，喷枪的使用寿命更长，维护更加简单。

2. 连续式个人粉尘检测器

美国煤矿粉尘条例规定所有煤矿必须使用连续式个人粉尘检测器（continuous personal dust monitor，CPDM）（图 1-40）。它可实时测定并显示粉尘浓度，且不受湿度干扰，因此可以帮助煤矿对粉尘来源加以定位，从而有效改进防尘措施。

图 1-40　连续式个人粉尘检测器

美国 Thermo Fisher 公司受美国国家职业安全卫生研究所和美国联邦矿山安全健康监察局安全技术中心委托，开发了 PDM3600 型携带式矿山专用粉尘检测仪。PDM3600 独特的设计将矿工的矿灯系统及粉尘采样、过滤和分析系统合二为一。电池操作的泵吸式 PDM 分析仪可在工人呼吸区域连续抽取气体，去除大颗粒物后测量收集在滤膜上的粉尘质量。粉尘暴露数据将被存储于数据采集器中并且每分钟可以采集 5 个相关数据。测量结果将快速精确计算出等同于标准称重分析的粉尘暴露级别。PDM3600 可以显示最后 30 分钟的暴露率和从开始记录到整个过程的粉尘浓度平均值。数据处理软件可编程、存储和浏览数据记录结果。目前，我国煤矿井下还没有使用此类装置。

3. 便携式煤尘爆炸性测量仪

受美国联邦矿山安全健康监察局委托，美国 Sensidyne 公司和美国国家职业安全卫生研究所合作研发了 CDEM-1000 便携式煤尘爆炸性测量仪（图 1-41）。该测量仪可以实时测量井下粉尘（包括煤尘、岩尘混合物）浓度，并对是否达到爆炸范围进行分析和预判。该测量仪便于随身携带和操作。

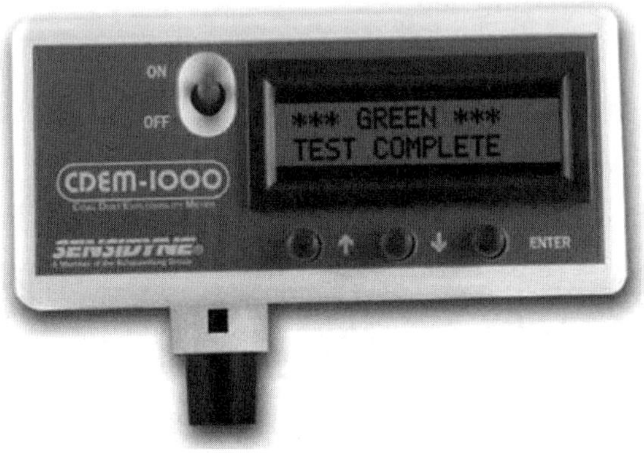

图 1-41 CDEM-1000 便携式煤尘爆炸性测量仪

4. 除尘添加剂

DT-10 是一种直接添加到采煤机喷水系统中使用的高效化学制剂。它是对传统喷水降尘方法的完善，主要应用于井下煤矿开采和转运过程中粉尘浓度控制，特别是对空气中水难以捕捉的可吸入粉尘效果明显。DT-10 捕捉到的粉尘能够迅速凝聚，快速沉降，随煤炭自然输送。该产品的降尘率可达 85%~96%，节水可达到 10%~20%，并且对环境无污染。

美国 Mid Countinent 矿在开采一个 24 米的煤层时，采用 Joy 3LS Machine 采煤机，每班产量 8 000 吨。在开采过程中，工作面的喷水量 22~24 吨/时，粉尘浓度高于标准规定，对工人和机械都造成一定的损伤。在水中添加 DT-10 后，水量将减少到 19 吨/时，其消耗量减少了 20%，粉尘的浓度降低到 1.4~1.7 毫米/米^3 。改善了矿工工作环境，提高了煤矿安全生产系数。

5. 工作面降尘措施

在操作时，要使隔尘器臂平行于采煤机的顶端顺槽，保持平行状态有利于防止灰尘的扩散，控制“煤层云”不侵入采煤机司机周围，保持较好的工作环境，尤其是在长壁采煤面时，如图 1-42 所示。

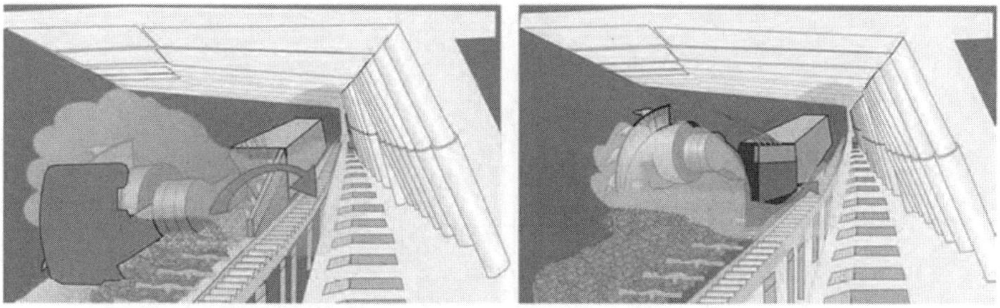

图 1-42　优化采煤机喷头喷水模式

在刮板输送机下方放置毛刷，可以将黏结在输送机皮带上的煤尘清理干净，如图 1-43 所示。

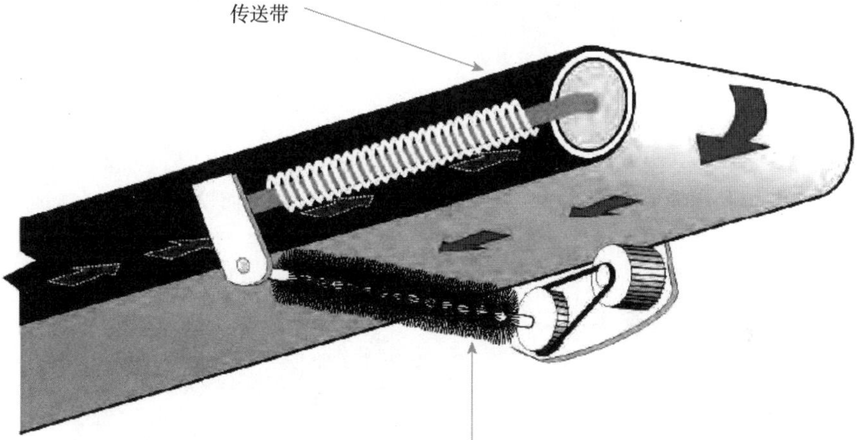

图 1-43　刮板输送机降尘

工业真空旋风便携式柴油动力 12DC 吸尘器（图 1-44）可以选择柴油或者电作为动力，利用液压装置进行升降。采用 32 级过滤器，80 马力三级柴油机，采用固态、可编程定时器电路板反向脉冲空气过滤清洁系统，并且有液压驱动卸压推进器，车身表面装有 DOT（U.S. Department of Transportation，美国交通运输部）认证的挂车照明和反射识别带。

柴油动力 6DC 吸尘器可以选择柴油或者电作为动力，利用液压装置进行升降。采用 9 层过滤，23 马力柴油发动机，过滤 5 微米颗粒的效率达到 99.8 %。采用固态、可编程定时器电路板反向脉冲空气过滤清洁系统，并且用液压驱动卸压推进器，车身表面装有 DOT 认证的挂车照明和反射识别带。

图 1-44 工业真空旋风便携式柴油动力 12DC 吸尘器

“Dust Beast”由精细的喷嘴、高压阀和大风扇电机组成，如图 1-45 所示。该机器可以用于采矿场和采石场的粉尘控制。搭载的电机为 30 千瓦，风扇将空气吸入并且通过细喷嘴和高压阀产生微细雾珠。该仪器方便移动、容易操作，可以更有效地大面积控制风尘。

图 1-45 “Dust Beast”粉尘抑制器

六、矿山应急救援技术及装备

（一）常规应急救援技术及装备

1. 救援指挥车

美国的应急救援指挥车（图 1-46）装备了卫星电话、卫星电视、移动电话、计算机工作站、GPS（global positioning system，全球定位系统）、光盘、无线通信系统、便携式发电机、绘图机和打印机等装备，用于事故现场与外界的信息沟通与协调。

（a）外观　　（b）内部布置

图 1-46　应急救援指挥车外观及内部布置

2. 救援钻机装备

美国雪姆 T 系列快速钻机在实施矿山灾害治理、灾害事故救援中，具有先进性和适应性。其主要特点：一是行动迅速。车载钻机正常行驶速度可达 100 千米/时，到达工作现场后只需 1~2 小时准备即可开钻。二是钻进高效。钻进速度是传统钻机的 5 倍以上。三是成井直径大。最小直径为 190~216 毫米，一般为 311~500 毫米，目前最大为 1 000~1 500 毫米。四是定位准确。通过钻机配套监控照相测斜系统，使钻进方向沿既定目标钻进，最终准确中靶，地面透巷准确率为 100%。五是适应性强。可在−40℃、缺水、缺电条件下正常工作。

德国宝峨公司研发生产的 RB 系列多功能车载钻机是另一种具有国际先进水平的多功能车载钻机，如 RBT90 型，其提升力达 90 吨，最大加压力 20 吨，可钻进直径 700 毫米、深达 700 米的钻孔［图 1-47（a）］。该钻机能够应用泥浆钻进正循环、泥浆气举反循环钻进、潜孔锤钻进、潜孔锤反循环钻进、绳索取芯钻进等各种工艺。该钻机整体设计合理，设备安装紧凑，使用范围较大。当矿山发生透水、冒顶等事故造成人员被困井下时，可使用该钻机从地面直接向被困人员所在位置钻进救援孔。先使用较小的钻头，快速形成导向孔，准确透巷后，向被困人员通风供氧、输送食物和饮水，延长被困人员生存时间，然后用较大的钻头进行扩孔至 700 毫米，下放小型提升舱将被困人员一一救出。

另外，德国宝峨公司生产的 ABS 系列钻机是一种专门用于水平钻进的钻机，能够用于矿山和隧道抢险救援等水平钻孔的施工。其中 ABS800 型车载钻机最大推进力为 1 265 千牛，最大扭矩达 27.8 千牛·米，最大钻孔直径 1 020 毫米［图 1-47（b）］。钻机工作之前，应先在钻机后部设置好支撑面，以提供钻机推进时所必需的反力；然后再采用螺旋钻杆和大直径钢护筒，沿导向钻杆方向钻出要求的钻孔直径，形成救生通道。如果钻孔精度要求较高且套管推进距离较长，可采用电子测量仪控制导向钻杆的钻进，以保证钻孔准确地达到目的位置。

（a）RBT90 型全液压多功能车载钻机

（b）ABS800 型车载钻机

图 1-47　车载钻机

日本矿研 KZ-1500 车载抢险钻机，配备高性能动力头，可套管钻进，最大钻深 1 500 米，可形成内径不小于 600 毫米的贯通通道，顺利救出被困人员。除抢险外，该钻机还广泛应用于地质调查、矿产开发等工程。

3. 快速垂直钻进及救生胶囊成套救援技术

地面快速垂直钻进救援，是近些年兴起的矿山事故救灾新技术，在美国、智利等国已实现了技术突破并成功应用于实践。2002 年 7 月 24 日，美国宾夕法尼亚州丘克里克煤矿发生透水事故，9 人被困煤矿井下距离地面垂直深度超过 300 米的巷道中。救援队应用快速垂直钻机从地面进行钻孔救人。48 小时完成小钻孔施工，通过小钻孔给灾区人员供氧、提供通信联系。经过近 78 小时的努力，9 名矿工全部通过大钻孔下放的救生舱被救出地面。

垂直钻机配有钻机钻进轨迹跟踪系统，使钻进方向沿既定目标钻进，最终准确中靶，地面透巷准确率为100%。特制的救生舱外形如子弹，长2.5米，内部高度约 1.9 米，直径大约 70 厘米，重 250 千克，里面装备供氧、通信和逃生设备（图 1-48）。它实际上是一个由铁丝网围起来的笼子，上部白色，下部红色，中间是蓝色的铁笼，只能容纳一人在其间站立。它的形状和颜色类似胶囊，因此媒体用“胶囊”形容它。

图 1-48　快速垂直钻进及救生胶囊成套救援设备

4. 车载地震定位系统

美国研发的车载地震定位系统可以通过探测煤矿井下被困矿工产生的震动波来对其定位。被困矿工可以通过敲击顶板、地板和煤（岩）壁产生震动信号。该系统可以探测 1 500 英尺（457.2 米）范围内的震动信号，监测约 0.5 平方英里（1.29 平方千米）范围内的煤矿（图 1-49）。但是，该系统只生产了一台样机，目前没有继续发展。

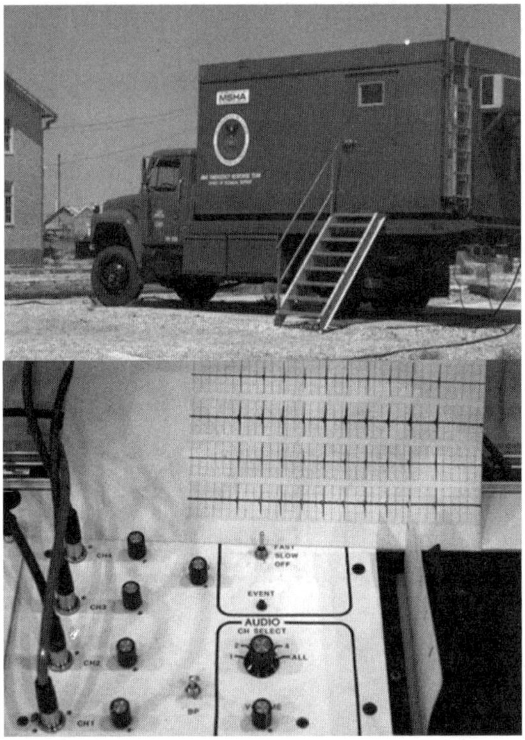

图 1-49 车载地震定位系统

5. 遥控救援机器人

搜救机器人第一次大规模参与现场救援的应用案例发生在美国“9·11”事件后，当时有 Talon、Solem、PACKBOT、VGTV、MicroTracs、SPAWARUrbot 等六种机器人参与了救援工作（图 1-50）。在这次救援任务中，机器人的主要任务包括在废墟中搜索可能有幸存者的空间，并监控现场的结构变化，防止发生倒塌危及现场救援人员。在这一阶段中，随着操作人员熟练程度的增加及现场经验的积累，机器人系统的优越性逐渐表现出来。机器人通过深入现场近距离侦察、摄像，从而确定残存墙体的稳定性和发生倒塌的可能性；同时，机器人通过自身携带的不同类型探测器，测量一氧化碳、硫化氢、挥发性有机物的浓度和现场温度，形成现场环境危险情况的基础数据。十几名不同专业、不同领域的专家进行现场分析，并研究、指导现场的救援工作，大大加快了工作进度，并保证了人员的安全，体现出明显的优势。

（a）Talon

（b）Solem

（c）PACKBOT

（d）VGTV

（e）MicroTracs

（f）SPAWARUrbot

图 1-50　参与“9・11”事件救援的几种搜救机器人

为了支援发生灾害后矿山救护队的救援工作，澳大利亚、日本于 20 世纪 80 年代末及 90 年代初分别研制了被称作“井下灾害救援支持系统”的机器人车。在以月球车行走机构为基础的车体上搭载了各种传感器、电视摄像机、隔爆及本安型电源、发送及接收装置等。当井下发生事故后，有线或无线遥控的无人小车可深入灾区 800 米，连续工作 6 小时，向操作站发回现场情形及各种环境参数，作为救护队制订救援计划的依据。图 1-51 为澳大利亚联邦科学与工业研究组织（Commonwealth Scientific and Industrial Research Organisation，CSIRO）采矿自动化所在 20 世纪 90 年代研制的 Numbat 矿井侦查机器人。

图 1-51 Numbat 矿井侦查机器人

美国智能系统和机器人中心开发的矿井探索机器人 Ratler，用于灾难后的现场侦查工作。它采用电传遥控方式，有主动红外摄像机、无线射频信号收发器、陀螺仪、危险气体传感器等装备。

美国南佛罗里达大学研制的Simbot矿井搜索机器人（图1-52）小巧灵活，携带数字低照度摄像机、基本气体监视组件，能够通过一个钻出的小洞钻进矿井，越过碎石和烂泥，并使用其携带的传感器发现受害矿工，探测氧气、甲烷气体含量，生成矿井地图。

图 1-52 Simbot 矿井搜索机器人

卡内基梅隆大学机器人研究所开发的全自主矿井探测机器人 Groundhog 的主要用途是探测井下环境，精确绘制井下立体地图。机械结构采用四轮导向、液压驱动，可实现零半径转弯，最高速度可达 10 千米/时。机器人装备了激光测距传感器、夜视摄像机、气体探测传感器、陀螺仪，能够对矿井下的环境进行综合性的测量，建立矿井的立体模型。

Cave Crawler 是卡内基梅隆大学机器人研究所设计的第二代移动煤矿救灾机器人（图 1-53）。Cave Crawler 内部采用类似于“勇气号”火星车的齿轮差动机构，左右的轮子采用摇杆式移动系统，并且通过差动机构连接左右两摇杆与机器人主车体，将机器人左右摇杆的摆角进行线性平均，并转化为机器人主车体的摆角输出，这样可以保持机器人主车体的相对平衡，当某一车轮抬起时，整个车体的摆动角度是车轮抬起角度的一半，这样能够有效地减小地形变化对主车体的影响；同时这种设计可以使机器人较为均匀地向各个车轮分配车体重量，并且各车轮能随着地面的起伏被动地自由调整位置，提高机器人的运行平稳性、抗颠覆能力和越障能力。该机器人相比 Groundhog，具有更小、更快的特点。

图 1-53　Cave Crawler 机器人

Remotec 公司的 ANDROS Wolverine 机器人，绰号 V2（图 1-54），可以穿过不允许矿工通过的地下复杂的矿井环境。V2 高约 50 英寸（1.27 米），重量超过 1 200 磅（544 千克）。这种机器人依靠防爆电机驱动履带来推动，这样的设计非常类似于军事坦克。它配备了先进的导航系统、监视摄像机、照明设备、危险气体探测器、夜视摄像头、双向语音通信系统及机械臂。这款经特别防爆设计的机器人的造价是 26.5 万美元。V2 可以从一个安全的位置进行远程操作，并能向前探索 5 000 英尺（大约 1.5 千米），能通过矿用光纤传送重要的现场信息。远程控制端可以查看实时信息，包括视频、可燃或有毒气体的浓度。V2 可以在煤矿中完成救护或回收作业，为矿山救援队提供有力的支持，保证救护队员的健康和安全。在矿井爆炸、水灾、瓦斯突出和其他所有重大风险情况下，V2 都能深入煤矿。

图 1-54 V2 煤矿救援机器人

美国圣地亚国家实验室针对煤矿救援研制了一款名为“双子座”的矿山救援机器人（图 1-55）。其外形尺寸为 610 毫米×216 毫米×305 毫米，采用无线遥控方式控制。

图 1-55 “双子座”矿山救援机器人

美国 iRobot 公司研制了 PackBot 系列机器人，其能适应崎岖不平的地形环境和爬楼梯，主要执行侦察、寻找幸存者、勘探化学品泄漏等任务。InuKtun 公司研制了机器人 MicroVGTV，其机身可变位，采用电缆控制，含有直视的彩色摄像头，并带有微型话筒和扬声器，可用于与压在废墟中的幸存者通话，适用于在小的孔洞和空间中执行任务。除了前面的中小型救灾机器人，微型救灾机器人也正在研究中，美国加利福尼亚大学伯克利分校研制出世界上第一个苍蝇机器人，它通过装在脑袋上的微型传感器与微型摄像机，可以到倒塌的建筑物废墟底下或其他灾难场所寻找幸存者。

6. 微型飞行机器装置探测器

微型和纳米航空飞行器定义为“非常小，超轻型飞行器系统”，其最大翼展长度为 15 厘米，重量不到 20 克（图 1-56）。微型飞行器不同于传统概念上的飞机，它是微机电系统集成技术的产物。目前系统的飞行时间通常是大约 1 小时或更少，美国航空环境公司研制和生产的微型固定翼飞行器（“黄蜂”）采用锂电池，已经创造了一项最长时间 107 分钟的飞行记录。微型飞行器最早是出于军事目的而研制的，用来追踪任何大小的军事目标及收集情报。目前其应用范围已经大大拓展，在建筑火灾中，由于派出的飞行器成功传送人员定位信息而使得被困人员获得营救。这是其在救灾活动过程中最为成功的应用。类似地，微型飞行器也可以尝试用在煤矿抢险救灾的活动中，但是其姿态控制系统、微型飞行器的动力、充电电池能量有限是亟待解决的问题。

图 1-56　微型飞行机器装置探测器

7. 全自动便携式（伤员）安全鉴别分类仪

如果发生事故，尤其是偏远矿区发生事故，应急响应必须迅速有效。智能化生命救护系统能够在专业救援人员到来之前提供迅速、准确的现场救护和诊断。美国霍尼韦尔（Honeywell 公司）的智能化生命救护系统公司推出一款全自动便携式“（伤员）安全鉴别分类仪”。分类仪采用无线上网（Wi-Fi）、全球移动通信系统（global system for mobile communications，GSM）、第三代移动通信技术（3G）、便携式卫星通信设备等多种通信技术将伤员的情况提供给医护人员。医护人员再利用图像和生命体征来评估伤员的状况，使伤员在数分钟内就能得到及时诊治。

霍尼韦尔公司称，“（伤员）安全鉴别分类仪”的界面操作简易明了，内有详尽的医疗和药品数据库，便于非医疗专业人员使用，非常适于在偏僻矿山应急响应工作中使用。

8. 快速掘进救援成套技术

德国 HUTTE 公司生产的 BOHRTECHNIK HBR505D 定向钻机如图 1-57 所示。施工时在钻头内装上传感器，传感器随时将钻头到达的位置信号发射给地面的导向仪，在导向仪上显示出钻头的顶角、深度和工具面向角，技术人员根据所显示的数据对钻孔轨迹加以调整控制。

图 1-57　BOHRTECHNIK HBR505D 定向钻机

导向钻以全液压动力头钻机为主，它可调节钻头射入角度。按照设计钻孔轨迹，采用高压水流喷射，将钻头钻入土层，导向仪准确地定向控制着钻头的角度和深度。它利用非对称钻头斜面反力作用改变钻进方向。钻头在预定轨迹的另一端露出土层后，再换上扩孔钻头进行扩孔。当钻头到达预定目标后，再进行回拉，这样往返数次，直到将钻孔扩大到所铺设管线的直径为止，然后将施工需要的管线带入地层。

定向钻机一般采用履带式底盘，类似挖掘机，上车可做 360°回转。但又与挖掘机不同——上车及底盘可相对于履带仰俯 8°~18.5°，为实现此动作，底盘与履带采用铰接，并有一液压缸驱动底盘仰俯。

它的工作机构包括液压动力单元、钻杆和钻头及辅助机构，液压动力单元是核心。整个工作机构置于推进导轨上，推进导轨通过连杆机构（支撑大臂）与上车相连，连杆机构用以调整推进导轨的支撑点高度和相对于水平面的夹角。

1）凯斯 60 系列水平定向钻机

美国凯斯 60 系列新型水平定向钻机于 2000 年 3 月正式投放中国市场。凯斯公司的水平定向钻机从以人为本的设计理念出发，打破了传统定向钻机的框框。它的主要特点如下。

（1）六缸发动机作为主动力，提供强劲的后备能力。迄今为止，只有凯斯公司的 6030 钻机采用六缸发动机，作为这一级别定向钻机的主动力。六缸发动机提供了充足的后备功率，136 千牛的给进、回拖力是同档机型中最高的。

（2）倍力推拉驱动机构，输出高效率的钻进动力。凯斯 6010 和 6030 定向钻机可分别输出 52 千牛和 136 千牛的给进、回拖力，突破了传统钻机性能级别的限制。高效率的推拉，是通过配备具有专利的凯斯倍力推拉系统实现的。倍力推拉系统以其独特的结构，达到了双倍的承载能力，各主要部件的载荷降低 50 千牛，延长了推拉链条的寿命，提高了设备的可靠性和安全性。

（3）独立的给进、回拖和扭矩液压系统。定向钻机在给进、回拖力和扭矩的输出上都采用一套液压系统，带来的隐患是，当工程需要扭矩和回拖力同时达到最大时，一套液压系统就不能提供充足的出力。凯斯 60 系列钻机将这一部分改为两套独立的液压系统后，可以分别提供给进、回拖和扭矩需要的动力。两套液压油路钻机工作时，给进、回拖和扭矩均可同时达到最大，并始终保持这一工作状态。这是其在同类钻机中所特有的。

（4）整体优化、以人为本，为操作者提供最大的便利。凯斯对 60 系列钻机的整体优化，不仅体现在施工抗风险能力的提高上，同时也兼顾操作者使用机器时的舒适、方便、易维护。根据人体工程学设计的操作椅，全天候的电子控制面板，降低操作人员的工作强度；平推式钻杆装载机构，新颖、简捷、可靠；上掀式整体机罩方便保养、维修；多孔位锚桩机构和分立后支撑定位，遇到复杂地形时仍然可以稳固钻机，场地适应性更好；获得专利的泥浆喷射系统，施工效率更高；独特的负载反馈系统，设备更安全、经济、可靠；整体式底盘，结构更加坚固等。这样的优化在 60 系列钻机中还有多处。

2）DHMS 公司 DL15 型钻机

DHMS DL15 型钻机主要应用在本煤层瓦斯顺层抽采钻孔、临近层穿层抽采钻孔，以及排水钻孔、注浆钻孔、取芯钻孔等钻进任务中。其具有尺寸紧凑、性能强劲的特点，可以广泛应用于各种困难的钻进任务与狭小的工作环境，如在钻进瓦斯抽放孔、深部煤炭开采的钻探孔中都能保证高性能和高效率。其最大钻进推力达到 120 千牛，最大钻进回撤力达到 170 千牛。

DHMS DL15 型钻机能在岩层、煤层、裂隙带与松散层进行钻进并能在钻孔中套管。选用适配钻机的不同钻杆类型与钻头类型就可以钻进不同长度不同直径的钻孔。

DHMS DL15 型钻机由电液驱动系统与钻进控制系统组成。钻机配备了安装在其上的结构紧凑的液压驱动单元，并配有所有必要的驱动元件、电源线和监测仪器。液压单元由几个压力调节轴向柱塞泵组成，为钻机提供了强大的液压动力。压力介质选用范围广，矿物油、生物油或水-乙二醇型难燃液压液都可以作为其压力介质。液压单元还包含一个冷却和过滤系统，并且可以自动监控液压的工作状态。

钻机的控制系统具有方便和易于操作的特点，并且能够应用自动钻进模式进行自动控制管理钻机钻进。

（二）井下（应急）通信联络和人员定位系统

1. 矿山物联网技术

1999 年美国麻省理工学院首次提出物联网的概念，物联网指把所有物品通过 RFID 等信息传感器设备与互联网连接起来，实现智能化识别和管理的网络。2009 年，美国将物联网与新能源定义为美国摆脱金融危机、振兴经济的两大核心武器。

2010 年美国 Digi 公司在全球率先推出完整的构建物联网无线平台——iDigi 平台。它是一种低流量机对机（machine to machine，M2M）服务平台，包含了完整的硬件、软件解决方案和服务、无线现场勘测和优化服务、无线架构服务等要素，融合了多种最新无线技术，能够提供针对所有主流网络中的 DIGI 网关的即开即用的连通性、集中管理网关和终端设备以及应用集成的 WEB 服务协议。

据介绍，iDigi 平台不仅是产品，还是服务，是一种可覆盖上百万台设备的 M2M 网络管理系统。它降低了构建安全、灵活、高性价比解决方案的门槛，实现了远程设备和企业级应用的无缝连接。按照需要服务的平台，客户只需要为涉及的平台设备付费，无须基础架构方面的投资。通过标准的 WEB 服务，客户可以摆脱费时耗力的设备和应用连接工作。

物联网已成为世界各国构建创新发展新模式和重塑国家长期竞争力的先导领域。欧盟是公认的世界物联网发展的领头羊，其围绕物联网技术和应用做了不少创新性工作，最具代表性的有两件大事：一是发表了《布莱德宣言》；二是提出了《欧盟物联网行动计划》。

物联网在德国矿山信息化领域得到了快速并且广泛的应用。德国鲁尔集团矿山系统有限公司（RAG Mining Solutions GmbH）是德国鲁尔集团的全资子公司，主要经营地下深层煤层开采的技术咨询、工程服务及人员培训等，同时也经营与煤矿相关的二手采矿机械设备。德国采矿核心理念是基于对采矿经验的积累。此外，德国鲁尔集团矿山系统有限公司在企业员工安全、健康和环境保护等众多领域也独显优势。长期以来，德国的煤层开采是在复杂的地质条件及高温高压下进行的，在采矿安全与工程应用方面首屈一指。随着科学技术在煤矿领域的应用以及企业理念的不断推陈出新，煤矿操作流程一体化、自动化开采模式在鲁尔区得到推广应用。鲁尔集团矿山系统有限公司凭借其自身优势研发并推广矿山物联网实际应用及理念，使其成为数字化、可视化矿山。

德国贝克公司和德国 PSI 公司的矿山物联网设备通过现场采用大量的传感器来实现底层设备的自动化，并通过可靠的控制元件和信息化技术，获取系统采集基础设备完备的状态信息及现场工作人员的相关信息，能够对设备的运行状况及人员相关信息进行全方位检测，大幅提高了现场设备的可靠性，保障了人员安全，增加了效率和效益。

矿山物联网基础设备见图 1-58。

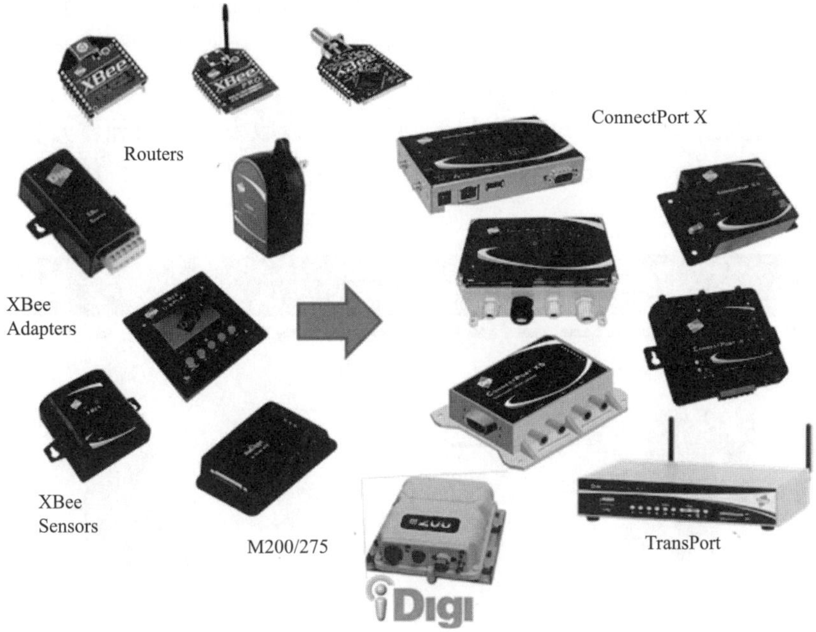

图 1-58　矿山物联网基础设备

2. 中频井下应急通信系统

2006 年《矿工法》出台后，美国国家职业安全卫生研究所支持研发了包括中频通信技术在内的多种无线通信和追踪技术。实验表明，中频通信系统无须井下电力系统的支持，在矿难条件下比其他通信系统更具可靠性。

目前，美国多数矿井通信系统使用与地面通信系统类似的手持高频无线电台。这种高频系统要求在井下建设相应的通信线网，这些线网在冒顶和爆炸等灾害发生时极易受损。对比之下，中频通信系统（MF 系统）使用矿井现有的导体进行通信，如行车钢轨或井下电缆等，这些材质在遭受险情时无疑更加可靠。2006 年 12 月，美国国家职业安全卫生研究所与美国陆军部签署跨部门合作协议，对早先库塔科技公司为军方研制的中频通信系统进行评估，希望将这项技术应用到矿井应急通信领域中。

中频通信系统在 300~3 000 千赫兹频段运行。在井下，中频信号独有的特性使它能够附着在附近的金属导体上。因此，与传统的高频通信系统不同，中频信号无须特别的导线支持就能够在井下传播很远的距离。中频信号可以传播到井下常见的多种导体上，从电话线到铁轨等。只要中频信号附着在良好导体上，就可以传播数里之遥。中频信号可以同时在多重导体介质之间传递的特点，赋予了它多渠道应急通信能力，足以将井下信号传出井外，这将提高矿井失去电力供应情况下井下应急通信的成功概率。井下中频通信系统包含至少三个部分：中频收发机、导体介质和中频接收机（图 1-59）。中频收发机可以同时作为收信器和发信器，能让工人用同一部机器执行两种操作。为方便联络，使用时工人应尽量与他们借以收发信息的导体介质处于同一位置；工人手持收发机离导体越近，中频信号就沿介质传得越远，接收发送中频信号都是这样。

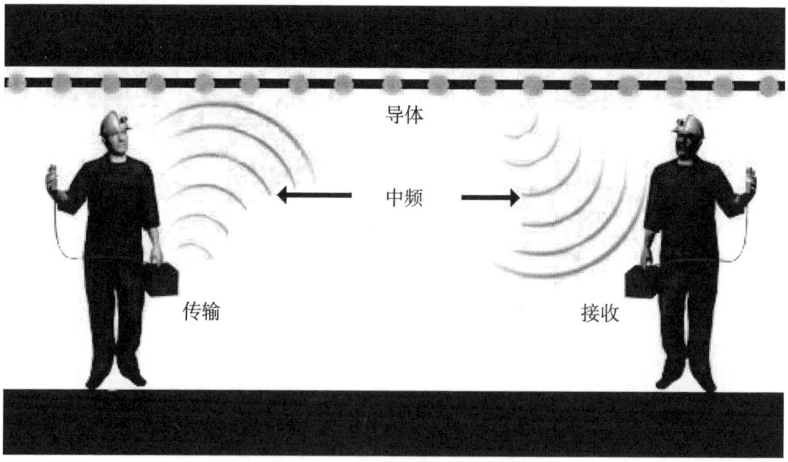

图 1-59 中频通信系统示意图

2009 年，库塔科技公司向美国国家职业安全卫生研究所提供了第一套中频通信试用机，用以确定该项技术是否能与全向天线及本质安全小型电池结合起来达到令人满意的通信效果。试用机在数个井工煤矿进行了测试，测得的中频信号沿导体的最大传播距离为 5 英里（约 8 千米），途中无须借助通电设备进行信号放大。需要说明的是，每次测试都会因煤矿各自不同的条件而存在差异。另外，金属导体的结构设置也会对信号传输产生影响。

移动中频电台尺寸为 12 英寸×12 英寸×6 英寸（约 30 厘米×30 厘米×15 厘米）（图 1-60），集成度较高，可以搬动自如，但在井下使用仍有不便。解决方式之一是将中频电台预先放置在井下的各关键位置，方便工人井下逃生时使用。2010 年，该产品取得美国联邦矿山安全健康监察局的许可认证，目前已在多个煤矿应用。

图 1-60　移动中频电台

该中频井下应急通信系统采用波导方式进行信号传输。我国煤矿井下不利于无线信号传输的主要因素有：第一，电磁干扰，由于井下使用大量的大功率设备而绝大多数矿井没有有效的谐波治理手段，故井下空间电磁干扰强度大、频谱宽、范围广，且电磁环境呈不规则波动状态；第二，煤壁吸收，由于煤体具有半导体特性，对特定频段的无线信号具有吸收作用；第三，多径效应，由于井下大量使用金属材料，无线信号传输的多径效应十分显著，这也是煤矿井下电磁环境中最为恶劣的干扰条件。

中频通信系统在 300~3 000 千赫兹频段运行，根据以往实验经验，此波段范围内在井下运行时会受到矿井不利条件影响，具体影响程度视不同矿井条件而异。采用波导方式可在一定程度上改善通信质量，但在不同矿井的实际通信效果仍需实验确定。美国煤矿井下的金属构件远少于我国煤矿，所以其应用效果好于我国矿井。

3. 超低频透地通信系统

超低频透地通信系统以分层大地作为传输媒介，由于其信道特性完全不受矿井灾害的影响，该系统被认为是最可靠的生产和灾后应急通信手段。目前，洛克希德·马丁空间系统公司（美国著名的航空航天公司）和 Vital Alert 公司都研发了超低频透地通信系统。前者研发的无线磁力通信系统通过电磁波传递声音、文字等信号，能够轻松穿透厚重的煤炭、岩石，实现井上、井下的轻松通信，从而很好地解决了事故发生后井下工人与地面救援人员相联系的问题。然而，受到超低频信号的固有限制，设备的通信限制在 450 米的范围和 1 000 比特/秒的数据传输带宽。但是，在紧急事件发生时，透地产品与现有的泄漏电缆系统及无线 MESH 网络系统相比，仍不失为一种更好的无线网络选择方案。透地系统比其他通信系统部署更快、更有效，能够在新建区域和难以直接服务区域建立理想的链接，从而达到扩展网络有效覆盖范围的效果。

Vital Alert 公司研发的 Canary™Link-IS 本安隔爆型透地系统利用磁导（VLF-超低频）和先进的无线数字通信技术，在信号处于屏蔽状态的矿井环境中，仍能够保证双向语音、数据文本信息的通信。该系统利用磁导技术、先进的数字和超低频无线通信技术，可以穿透岩石层和固体等其他介质，提供可靠的双向语音通信及文本数据的传输。该系统可应用于紧急预警系统，实现地面与井下的双向实时通信。同时，无线透地设备配有标准的音频和数据接口，方便与各种通信设备之间的连接。产品可以在高温、高压力等复杂恶劣的井下环境中与 RFID 读卡器、传感器共用，对人员和设备进行追踪定位。

在非煤矿地质条件下，洛克希德·马丁空间系统公司研发的通信设备，是目前能了解到的性能最好的透地通信系统。Vital Alert 公司相对要略差一点。Vital Alert 公司的超低频透地通信系统仍在持续研发过程中，国内相关技术人员在与该公司技术人员的直接技术交流中了解到，在煤矿地质条件下，透地距离仍不十分确定，尤其是在透地通信路径中遇有液态水和采空区时，通信距离有一定差别。

建议采用合作或引进消化吸收等方式，进一步开展在国内复杂的矿井地质条件下的实际应用实验。

4. Wi-Fi 无线通信和定位系统

美国无线电通信公司（American Radio Communications）主要从事井下语音通信及应急救援等方面产品的研发，在矿用语音通信、应急搜救方面具有其独特的优势，在全球拥有 300 多家矿山用户。该公司的应急通信系统采用 500 米间隔声光报警，同时支持应急电话呼叫、群呼和应急广播。系统所采用的是以 RFID 为基础的人员定位系统，与我国当前井下人员定位系统结构一致：以有无源卡/有源卡+读卡器+Wi-Fi+通信网络+应用服务器的方式进行井下人员定位。与我国的区别在于：读卡器由工人携带，读取间距为 30 米的射频卡，然后通过 Wi-Fi 将信息传送给井下骨干网络，最后到达地面信息接收处理中心。该公司研发的应急搜救双向通信系统基本原理如下：在井下应急避难硐室预设透地通信设备，当井下灾害发生时，通过该设备以低速（200 比特/秒）与地面进行通信，同时接收地面发出的应急通信信息。

美国霍尼韦尔公司开发的“煤矿井下人员管理系统”应用无线射频技术，能够从地面实时监测井下人员、设备所在位置，统计井下人员数量和分布情况，对人员闯入采空区等禁区、工作面超员、工作超时等情况进行报警，查询任一人员在指定时间段的活动轨迹。一旦矿井发生透水、坍塌或火灾等突发事故，该系统可快速检索井下人员的所在位置，从而为营救争取宝贵时间。同时可根据预先的设置即时启动向政府主管部门报告的程序。

装在矿工安全帽上的无线射频识别卡（RFID tag）将识别信号发射到煤矿井下所有关键地点设置的读卡器，读卡器再将井下所有矿工的位置发射到地面，对井下人员实施全员追踪。井下每名矿工的信息和位置都显示在电子矿图和表格上，随时对矿工的位置进行更新。煤矿井下所有矿工和参观人员均须佩戴追踪卡，以便在发生紧急情况时系统及时了解每个人的位置。

另外，美国 L-3 通信公司、Active 技术公司和 Venture 设计公司等也都研发了基于 Wi-Fi 的无线通信和定位系统。

国内厂家人员定位系统的产品与上述产品大同小异，在技术指标上也相差不多，国内产品的主要问题在于工艺设计及产品的可靠性有待提高。基于 Wi-Fi 或无线通信网络的人员定位系统目前国内也已开发完成并使用，定位精度也可达到 30~50 米。

5. 井下作业人员精确定位技术

澳大利亚镁思锑技术公司（MST）开发的 IMPact 人员定位系统：基于地下的 Wi-Fi 网络的跟踪系统，专门用于地下矿井和隧道工程中。该系统跟踪功能主要采用有源标签，这些标签安装在车辆及其他设备中或由人员携带。该定位系统的单独通信基础设施不仅能够支持跟踪，还能够通过 VoIP MinePhone 实现双向通信，通过 IP 摄像机实现视频流图像。IMPact 人员定位系统的关键组成部分有：

（1）RFID 标签发送一个唯一的 ID，接收器记录这些 ID。

（2）接收器可以传输这些数据到位于中央控制室/通信机房的 PC 机。接收器实际上是 Wi-Fi 网络的接入点。接收器一旦到位，可以允许 VoIP 电话等其他设备发挥作用。使用 PDA（personal digital assistant，掌上电脑）的地下矿井，基本上可以兼容任何 Wi-Fi 的外围设备。

（3）MineDash 软件系统，会记录所有标签登录状态和实时的已知位置。该软件为用户提供了强大的排序、过滤和搜索工具（可以实现数据的全面记录），以及丰富的报表生成工具。

矿井发生冒顶或爆炸后，矿山救护队最艰巨的一项任务就是搜寻幸存者，并与他们沟通情况。如果没有较为准确的井下人员行踪信息，从地面向井下打救援孔就可能弊大于利。现有的射频识别追踪技术的精确度在 50~500 英尺（15.2~152 米），对于救援作业几乎毫无用处，而采用卫星定位的GPS不能穿透地层直达井下。

过去数年，已解密的军用“惯性导航”（inertial navigation）新技术提高了井下定位系统的定位精度。美国英赛特产品开发股份有限公司研发的新型追踪和通信系统采用“惯性导航”技术，无须外部参照物，即可追踪井下矿工的行进方向和速度，精度在25英尺（7.6米）以内。其中，追踪设备已于2011年2月被美国联邦矿山安全健康监察局批准投入使用，实现了语音或短信双向通信。

6. 矿工个人应急装备无线通信技术

澳大利亚联邦科学与工业研究院在第二次世界大战期间开始率先研究无线电物理学，并将研究成果应用于矿山通信。20 世纪 90 年代早期，澳大利亚成功推出了个人应急设备：矿工个人应急装备（personal emergence device，PED）的无线电技术。该设备上装有一块可显示 32 个字符的小型显示屏，可以像寻呼机一样收到井上传来的信息。目前，大约 95%的澳大利亚井工煤矿都给矿工随身配备了该设备。澳大利亚镁思锑技术公司研发的 PED 矿用人员救生通信系统基于超低频无线通信技术，无线信号可直接穿透地层，不受地理环境限制，可以应用在矿用安全数据传输、人员救生等重要场合。该系统在地表通过发射机和大型环状天线向地下发射超低频无线电信号，在井下通过便携式接收机接收无线信号。系统由井上和井下两部分组成：井上部分，PC 主机、PED 信号调制器、PED 信号发射机、环状天线等；井下部分，PED 信号接收设备。

系统工作原理和基本参数：

（1）系统主机安装有 PED 控制管理系统，用于综合管理整个系统。

（2）PED 信号调制器接收系统主机发送的数字信号，调制为 PED 模拟信号，传送至信号发射机；接收信号发射机的警报信号并传送至系统主机。

（3）信号发射机将 PED 信号处理放大后，发送到外部的环状天线上。

（4）井下通过便携式的各种 PED 信号接收设备接收无线信号，获取信息。

7. 井下应急双向通信技术

一直以来，由于地质条件的限制，传统的无线电技术无法穿透数百米的岩石将信号传送到井下，所以现有的井下通信都是依靠电力和电缆设施来实现的，且只能实现单向通信。发生事故时，井下电缆遭到破坏，救护队无法确定受困矿工的位置。目前，澳大利亚联邦科学与工业研究院科学家成功地试验了无线电通信技术，能够使信号穿过数百米深的井下岩石。该技术还可以预先设置信息内容，矿工即使在受伤的情况下，也可以通过按动按钮来传递消息，从而确定矿工的位置，准确范围在 35 米左右，并在紧急情况发生时为救护队员救援提供指导信息。

澳大利亚镁思锑技术公司开发的 IMPact 矿用无线通信系统（图 1-61），基于工业以太网的井下通信系统，以光缆有线网络为骨干，以无线网络为延伸，在井下设立若干基站，通过无线局域网络覆盖井下巷道，在井下建立有线与无线混合型的局域网。利用矿用本安手机、矿用本安型定位标识卡等终端接入设备来实现语音通信和定位管理等功能。

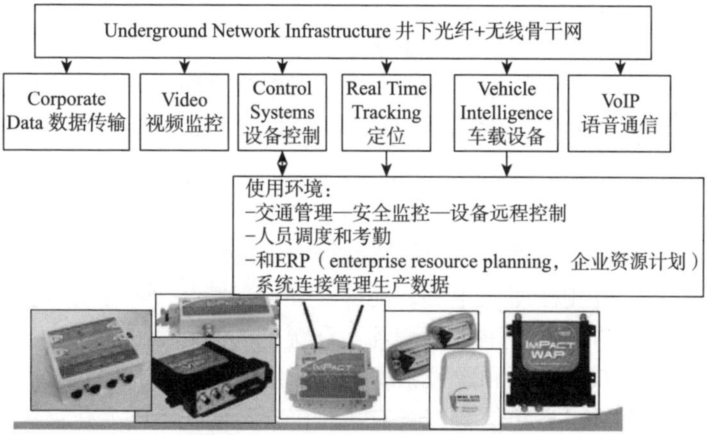

图 1-61　井下应急双向通信技术

系统组成部分：

（1）井上部分：光网络交换机、不间断电源（含电池组）、系统主机、备机、语音网关等。

（2）井下部分：NS40 矿用本安型通信基站（KT112-F）、MP70 矿用本安型手机（KT112-S）、T2 矿用本安型定位标识卡（KJ530-K）、矿用直流稳压电源、JB1X 矿用本安型通信接线盒（XHH2/3）等主要设备。

另外，澳大利亚镁思锑技术公司研发井下 Wi-Fi 通信系统，成功地将无线局域网技术应用到矿山平时生产通信、调度和监控领域，功能强大，应用广泛。

8. “Nexsys”煤矿井下实时风险管理系统

“Nexsys”煤矿井下实时风险管理系统由澳大利亚联邦科学与工业研究院和日本煤炭能源中心（JCOAL）开发，该系统主要包括以下组成部分：

（1）“Nexsys”软件系统。

（2）电子捕获报告系统。

（3）一套基于以太网的光纤和本质安全（IECEx.ia）通信设备，适合在潜在爆炸性气体环境中使用。

“Nexsys”可以直接从现有的专有系统源信息（如 Citect、罗克韦尔公司、Safegas 及其他公司的设备）中读取信息，也可以直接连接到各种传感器网络获取信息。然后，它按照预先确定的规则，集成或解释获得的数据，然后可以启动一个相应的动作。井下信息和实时风险情况可以持续地以二维、三维甚至四维的方式在矿井网络的任何地方显示，并通过手持无线设备，如袖珍掌上电脑获取。通过光纤和无线接入点，“Nexsys”实现井下互联网互联互通，数据共享，视频流和多用户同时使用的技术优势。

“Nexsys”包括以下主要组成部分：

（1）一台 5 口、10 和/或 100 速、多模或单模全面管理的以太网交换机。

（2）一台通用串行以太网协议的转换器，用来连接任何串行通信设备或 PLC 到以太网。

（3）一台 RF（无线电频率）桥，用来将 433 兆赫兹范围内信号和其他无线设备（人员和设备定位装置、岩层传感器等）连接到光纤网络。

（4）一台 IP56 电子平板电脑，能够捕捉、存储和传输手写的法定的副本和正在撰写的维护报告副本。IP56 代表粉尘和湿度的国际保护标准。

基于以太网的双向寻呼和定位系统正在开发中，其将允许 Nexsys™系统自主定位，并向井下人员发送短信，以响应在“正常”情况下的变化。

七、安全监测监控技术及装备

（一）井下救灾通信技术

1. 有线通信技术

有线通信，虽然在某些性能方面不如无线通信，但其性价比目前还是能受到一些煤矿的青睐的，目前，声能电话机和电能救灾电话就是已经应用到矿山中的通信设备。

1）声能电话机

声能电话机，是只使用声能而没有电源的一种特殊通信设备。多年来，声能电话机的投入和使用，已成为矿山救护队佩戴负压氧气呼吸器进入灾区工作时专用的通信设备。

PXS-1 型声能电话机有两种组合方式。

（1）手握式对手握式电话机的安装形式如图 1-62 所示。手握式电话机由发话器、受话器、发电机组成。日常工作联络或指挥所用时，可选用手握式电话机的这种形式。

图 1-62　手握式对手握式电话机的安装形式

（2）手握式和氧气呼吸器面罩式电话机的安装形式如图 1-63 所示。面罩由发受话器组成。通话时为便于多人收听，可配备扩大器、对讲扩大器。在抢险救灾时，可选用将发话器、受话器全部安装在面罩中，将扩大器固定在腰间的安装形式。

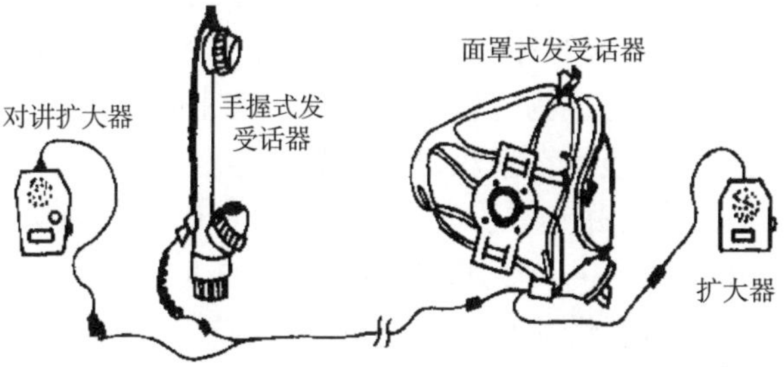

图 1-63　手握式和氧气呼吸器面罩式电话机的安装形式

PXS-1 型手握式声能电话机由发话器、受话器组成，可配救护仪器面罩、扩大器、对讲扩大器。通话时，发话器中与平衡电枢连接的金属膜片发出振动，产生输出电压，这个信号在接话端的受话器中由膜拟转能器转换成音频信号发出，同时音频信号进入扩大器中放大，使周围人员也能听到声音。当 PXS-1 型手握式声能电话机按第二种安装方式组装时，还增加了呼叫系统（声频发电机），用手轻轻拨动时，可发出 0.6~1.50 千赫兹的调制信号，电压 1.5 伏、电流 0.5 毫安的音频信号。

2）电能救灾电话

电能救灾电话，就是利用蓄电池的电能进行通话联系的防爆灾区电话，是正压氧气呼吸器配套使用的通信设备，并适用于所有环境下的通信。它能使新鲜风流基地指挥员与抢救现场矿山救护队直接通话，保证通信畅通无阻。目前有很多种电能救灾电话已投入救护市场，下面以 JZ-I 型救灾电话为例进行讲解。

JZ-I 型救灾电话是矿用本质安全型救灾电话。它由两台或多台救灾电话通信盒（简称通信盒）、一台或多台绕线架（含 500 米通信电缆）组成。仪器结构紧凑、使用方便，同时具有防爆功能，可以在具有甲烷和煤尘环境下使用。

2. PED 井下无线透地通信系统

PED 井下无线透地通信系统是世界上唯一一套可实现超低频穿透岩石层进行传输的无线急救通信系统。PED 系统是井下无线通信与救援系统的简称，它是一套可实现超低频信号穿透岩层进行传输的无线通信系统，在井下任何地点都可以接收信号，同时设计中充分考虑了防爆、噪声、灰尘等因素的影响。该系统的最初用意是为了井下急救，即当井下有紧急情况发生时，在其他通信方式（如井下电话）完全中断时，通过 PED 系统强大的发射系统和超低频信号，使其信号可以穿透岩层（经实践应用，该信号可以穿透岩层达 3 千米）并可达到井下任何位置，能够迅速有效地与井下人员进行通信，是一种理想的煤矿井下无线寻呼通信系统。

PED 系统的工作原理是采用超低频透地通信方式，系统信号在功率发射机中被放大，经过长达数十千米的环形天线传输，信号穿透岩层传达到井下的接收机。接收装置与矿灯帽电池连为一体，当有信号传来时，矿灯闪烁，同时接收机鸣叫，一条中文信息就会显示在接收机的液晶板上。

一套完整的 PED 系统由传输系统、PED 软件、PED 接收机 3 部分组成。

传输系统由 IBM 兼容机、专用调制器、 PED 呼叫软件、PED 超低频发射机、环形天线五部分组成（图 1-64）。这种组成方式可以提高系统的可靠性，易于维护和发现错误。另外，系统还设有天线安全保护装置、PED 保护器（闪电保护装置）、与环形天线匹配的变压器、不间断电源。

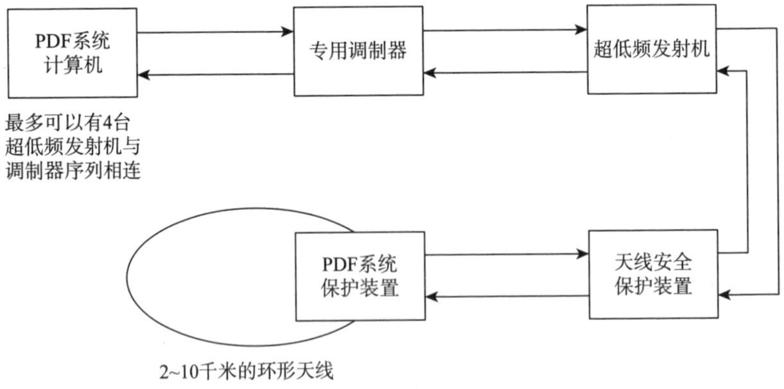

图 1-64 PED 传输系统组

运行 PED 呼叫软件的计算机控制着整个传输系统。当覆盖范围内有接收机时，便可接收到从系统平台发出的信息。当事故发生时，被困人员可以按下接收机上的紧急呼叫按钮，固化在模块内的紧急呼叫信息通过其内置天线向外发出一超低频信号，环形天线感应后，反馈至发射机（此时发射机具有接收功能），经放大、调制解调生成一特定信号至系统平台的监控系统，为判断被困人员是否生存提供可靠信息。当有威胁全矿安全事故发生时，通过按下安装在调制解调器上的紧急呼叫按钮，固化在调制解调器内的信息便直接通过发射机、天线向接收机传送，工作人员在接到紧急信息后迅速撤离，可以实现紧急避险。

为了保证系统安全稳定工作，在 PED 传输系统还设计了安全保护装置，分别是 PED 保护装置（闪电保护装置）、不间断电源和天线安全保护装置。

PED 系统软件即 PED 井下无线急救与通信系统人机用户接口软件，与 PED 系统专用调制器、超低频发射机、环形天线、PED 接收机配套使用，是运行在地面 IBM-PC 计算机上的井下信息呼叫软件。PED 系统软件主要包括呼叫软件、网络软件和通话软件。

PED 系统可以和以下任何或全部接收设备进行通信：便携式接收机、车辆接收机、控制接收机和爆破接收机。背带式 PED 接收机与矿工的灯帽电池连为一体，它可以显示多达 32 个字节的信息。

作为一套井下无线通信设备，PED 系统可以与井下任何个人、群组进行联系，也可以面向井下全部接收机发送公共信息，包括：要求接收人和另外某人进行联系；要求撤离或疏散；要求前往另一位置；发布故障指令；要求携带某设备前往指定地点的指令。由此可见，PED 系统可以大大提高井下通信网络的通信能力，尤其是它可以将信息迅速准确地传达给井下的每一个人，无论他正处于什么位置，这无疑能增加井下工作的安全系数，提高井下的工作效益。

3. 井下感应式救灾通信系统

该救援通信系统由一个设置在地面指挥部的远程控制装置、一个设置在井下的基站和若干个便携式无线电手机组成。它可以由一个基站和若干个便携式无线电手机组成井下无线通信系统，帮助基地和进入灾区工作的救护小队建立有效的通信联系；还可以与地面程控交换机相连，构成全矿井的救灾指挥通信系统。

井下感应式救灾通信系统组成及原理如图 1-65 所示。

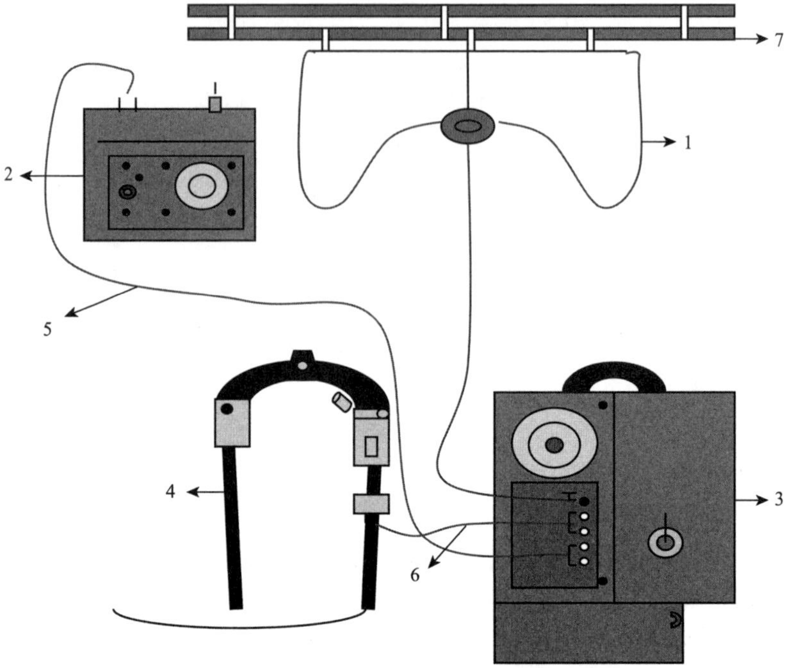

图 1-65 井下感应式救灾通信系统组成及原理

1-环形天线；2-远程控制器；3-基站；4-无线电手机；5-电缆线；6-生命线；7-电缆或水管

工作原理：

（1）该系统由 1 个基站、1 个远程控制装置、3 个便携式无线电手机和环形天线等组成。

（2）当井下发生事故时，将基站安装在使用便携式无线电手机地点的就近安全位置。

（3）将远程控制装置安装在地面的操作室（如调度室）中，并通过一对专用电线与基站连接。

（4）建立与地面的连接后，便携式无线电接收器便可以开始移动工作。

4. “小灵通”PAS 无线通信系统

“小灵通”又名无线 PAS（personal access phone system，个人接入电话系统），它采用了微蜂窝技术，以无线方式接入固定电话网，依托固定电话网提供通信服务。它具有移动电话的便利，固定电话的价格，发展空间非常广阔。且实践证明，该设备在矿山通信中安全可靠，运行效果良好。

井下无线通信系统由网络管理系统 NMS（net work management system）、基站控制器 CSC（cell station controller）、基站 CS（cell station）和用户终端 PAS

（简称 PS）组成。无线通信原理如图 1-66 所示。根据无线通信原理并结合上湾煤矿的实际情况，无线通信系统的框图如图 1-67 所示。

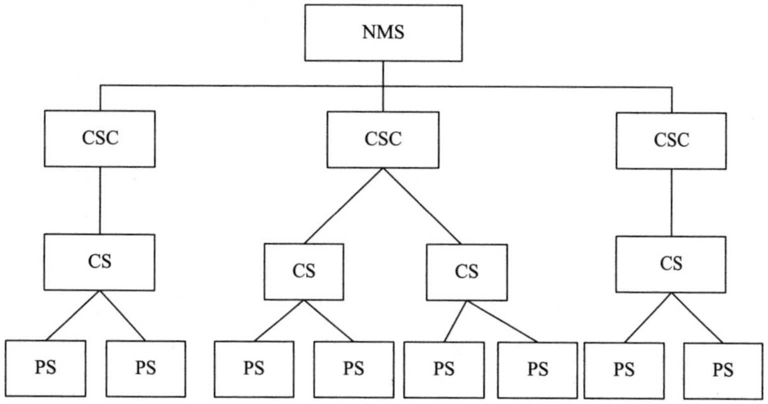

图 1-66　无线通信原理

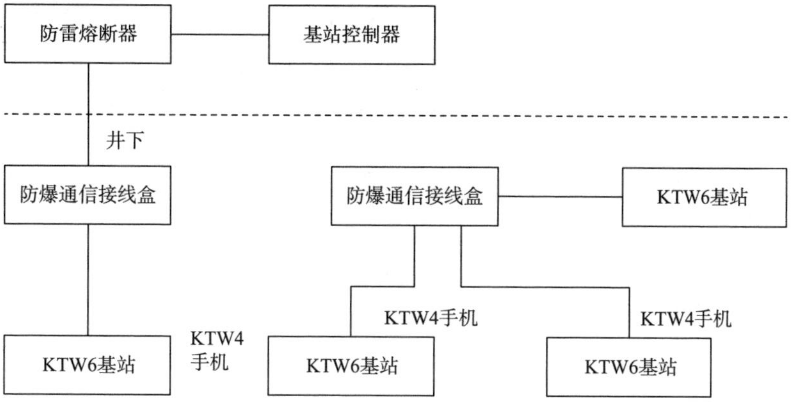

图 1-67　无线通信系统的框图

“小灵通”的网络由基站、“小灵通”手机和公众交换电话网组成。AicCO Ex 防爆无线调度系统中的无线接口的模块是基站，系统根据井下使用环境、覆盖及话务量要求安装 10 毫瓦基站，还可以为不同基站配置不同增益值及方向的天线。系统应用的 RP-Ex 10 毫瓦基站是室外型基站，它不需要本地供电，可以通过和基站控制器连接的传输线获得远供馈电。

基站（RP）分为 10 毫瓦与 200 毫瓦两种型号。井下 10 毫瓦的基站（RP）就是 KTW6。KTW6 安装在巷道壁上。天线与基站间用 50 欧姆同轴电缆连接。井下基站具有防爆外壳，通常作为无人看管的免维护设备，因此设备具有极高的可靠性。

PAS 无线通信系统具有以下特点：

（1）PAS 无线通信系统可以实现全双向通话，即系统内部井上、下点对点的全双向通话。长期以来，通信网络布局相对重视井下固定作业地点，客观上忽视了移动大的作业地点，如卷扬机房、变电站、水泵房等。在安全生产条件相对较差、危险性较大的采场、掘进采煤等作业场所，由于生产周期短、移动性大，没有安装通信设施。许多煤矿的井下通信是多部电话串接的，即点对面方式的。从其中任一部电话都可以打到地面，而从地面打往指定的井下某部电话则往往难以实现。所以，许多矿山在地面用电话寻找井下某个工作面的工人很困难，更谈不上在地面直接、即时指挥在井下作业面的工人。

（2）PAS 无线通信系统可以对井下人员定位，井下人员在巷道的位置大多是动态的，而有些巷道长达几十千米，因此，对人员定位是很重要的，尤其在突发事件时迅速判断险区人员、数量、位置、身份。先进的通信设备能有效防止安全事故的发生。当井下某处发现塌方、透水等事故前兆时，通过先进的通信系统，可及时通知其他作业地点的工作人员迅速撤离危险区域，避免人身伤亡事故发生。特别是井下发生大面积的塌方、冒顶、透水事故后，先进、健全的通信系统，可以有效地组织指挥所有井下人员按指定路线安全撤离，减少人员伤亡，降低事故损失。

（3）PAS 无线通信系统具有统计报表、考勤功能，提供监视区域内的人数、工作区间历史记录和实时记录的统计报表。

（4）PAS 无线通信系统具备向携带手机人员发送短信指令功能和实现语音信箱、语音留言查询功能。

（5）系统能根据实际需要覆盖井下巷道。

（6）交换机支持的附加业务。

5. 无线电漏泄通信系统

在井下利用漏泄电缆进行射频信号的传输、辐射和接收，是实现稳定可靠的移动通信的首选方案，由于地层对电磁波的吸收十分严重，地下无线通信的发展远远滞后于陆地、海上和空中。矿井漏泄通信系统是在无线电技术的不断进展和现代化、集约化的煤炭生产需求下发展起来的，特别是近年来随着矿井生产规模的不断扩大和生产管理水平的不断提高，煤炭生产的管理者和操作者都对基于漏泄通信技术的矿井移动通信系统产生了越来越强烈的需求，因此无线电漏泄通信技术完全适应煤矿井下巷道、装备和作业的特点。

要在井下建立漏泄通信系统，首先要在地下巷道中敷设一条射频同轴电缆（即漏泄电缆）。这种电缆以穿孔、开槽或疏编等方法，有规则地破坏电缆屏蔽层的完整性。这样，当漏泄电缆接在基地台天线输出口时，在电缆周围就会形成一个均匀连续的电磁场，即漏泄电缆起了天线传输作用，利用巷道中电缆周围的电磁场，就可以沿漏泄电缆进行双向移动通信。漏泄通信系统模型如图 1-68 所示。

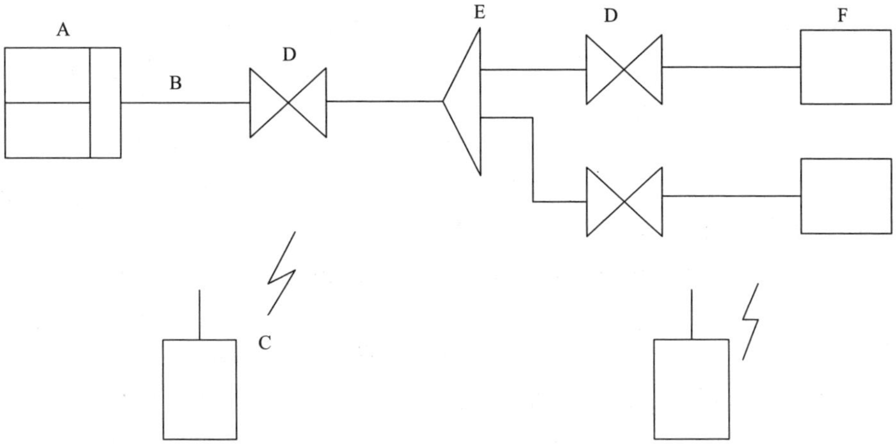

图 1-68 漏泄通信系统模型

A-基地台；B-漏泄电缆；C-移动台；D-双向中继放大器；E-功率分配器；F-负载盒（终端）

其中双向中继放大器用于补偿频道信号在漏泄电缆中轴向传输时所产生的损耗；功率分配器用于在井巷分叉时实现信号的分支或汇合；负载盒的作用是使系统保持阻抗匹配。

利用天线共用技术，还可以将多个不同频率的基地台通过射频汇接系统汇接至一根漏泄电缆上，这样，就可以组成一个多信道漏泄通信系统。实际上每个基地台独立工作，互不干扰，特别适合井下不同职能部门的通信联系，也可以把信道分为井下和井上两部分，从而实现与地面联网。一个两信道的通信系统中1 信道具有地面井下联网和打有线电话功能，2 信道则仅限于井下无线通信。多信道通信系统示意图见图 1-69。

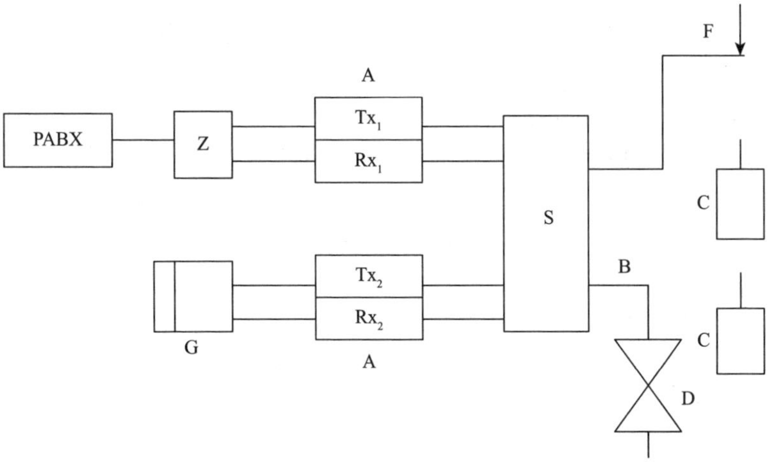

图 1-69 多信道通信系统示意图

A-基地台（Tx 表示发射机、Rx 表示接收机）；B-漏泄电缆；C-移动台；D-双向中继放大器；Z-无线转接器；G-调度电话；F-地面天线；S-射频汇接器井下漏泄通信系统是按照每个矿井的具体巷道布局和功能要求而独立设计的，随着矿井变化而扩展，但漏泄通信系统的扩展是有限制的，因为随着中继放大器的逐渐增多，系统的累计噪声会递增，从而使射频信号的信噪比逐渐恶化，但系统分支长度在 10 千米以内时，可取得满意的通信效果。若用户对漏泄通信系统的功能要求比较单一，可以组建单信道通信系统。如想实现多个相互独立、互不干扰的无线通信网络，则可根据具体要求，组建多信道通信系统。由于井下的环境不如地面，通常将基站设在地面，基站设在地面还有利于井下与地面联网。每个信道移动台的容量与信道的话务量及工作方式有关，一般来说，一个信道容纳 20 个左右的移动台，能保持较好的通信效果。在漏泄通信系统中，由于电缆中 150 兆赫兹频段的信号传输损耗约为 60 分贝/千米，每个双向中继放大器的增益为 17~20 分贝，因而每 300 米安装一个双向中继放大器，当附近有功率分配器时，还应适当缩小安装距离。

无线电漏泄通信系统具有以下主要特点：

（1）组网能力强——适用于各种规模的矿井井下巷道、地下金属矿、地下工程等无线电移动电话通信网。

（2）通信距离远——基地站到移动电台的通话距离可以达到 15 000 米。

（3）功能先进——具有通话、记忆、打点三重功能，保证信号质量、不会有误操作。

（4）可靠性强——传输通道高度可靠，平均无故障工作时间大于 2.5 万小时。

（5）灵活性强——在人车运行中，手持电台可以随时随地与基地站通话或打点。

（6）简洁、便利、快捷的竖井检修系统——在竖井检修中，检修人员可以直接与绞车司机进行打点、语音通话联系，避免误操作。漏泄通信在矿井抢险救灾中，可争取宝贵的时间，把灾害损失降低到最小。

利用漏泄通信技术，可以实现井下大巷机车、斜井人车、竖井井筒检修的无线移动通信。其防爆形式为矿用本质安全型，允许在有煤尘、甲烷等爆炸性气体的矿井环境中，用于完成语音、打点信号的传递。在斜井巷道和竖井井筒范围内，及时、灵活、快捷地传送各种语音及打点信号。

无线电漏泄通信系统较有线通信和光纤通信系统而言，故障排查、处理方便，传输速率快，频带宽，误码低，初期资金投入适中，特别是使用方便灵活，非常适合于井下移动设备或移动作业岗位。随着矿井自动化水平的不断提高，固定岗位人员不断减少，取而代之的将是大量流动性巡检、维护人员，因此移动性通信装备是首选，也是必须配备的。无线电漏泄通信系统将在煤矿井下发挥巨大的、不可替代的作用。

该系统技术先进，具有如下特点：

（1）漏泄通信解决了无线电波在矿井巷道等非自由空间传输距离近的问题。
（2）实现了语音通信、数据通信和视频传输共享漏泄电缆传输。
（3）由于使用了漏泄通信技术，监测监控系统整体性能大大提高。

6. 扩频通信技术

扩频通信技术即扩展频谱通信，是一种信息传输方式，其信号所占有的频带宽度远大于所传信息必需的最小带宽。扩频通信（spread spectrum communication）与光纤通信、卫星通信一同被誉为进入信息时代的三大高技术通信传输方式。扩频通信技术是应用频谱展宽技术，实现加密、选址通信的一门科学，扩频通信是将要传送的信息数据用伪随机编码调制，实现频谱扩展后再进行传输。接收端采用相同编码进行解调及相关处理，恢复原始信息数据。扩频通信是现代通信系统中新的通信方式，它具有较强的抗干扰、抗衰落和抗多径性能，频谱利用率高，已广泛应用于军事通信和民用通信的各个领域。

在扩频通信系统中，信号格式的设计思想与传统的窄带概念是信息论的奠基者 Claude E. Shannon 在 20 世纪 40 年代提出的。

无线传输信道容量的理论公式：

$$C = W\log_2\left(1+\frac{P}{N}\right)$$

式中，C 为信道可能传输的最大信息速率，即信道容量；W 为信道带宽；N 为白噪声的平均功率；P 为信号的平均功率。我们从上式看出：在信噪比很小的条件下，可以用增加信道带宽的办法来提高系统的抗干扰性能，以保持信道容量不变。换句话讲，在信道容量相同的条件下，宽带系统比窄带系统的抗干扰性要好，所以当信噪比太小而不能保证通信质量时，可采用增加带宽的方法来改善通信质量。设 Bs 表示传输信号时所占有的带宽（信号带宽），Bo 表示原始信号带宽（信息带宽），则我们可以把通信系统按 Bs/Bo 的比值分为三类：

$$\frac{\mathrm{Bs}}{\mathrm{Bo}} \Rightarrow \begin{cases} 1\sim2, & \text{窄带通信} \\ 50\sim100, & \text{宽带通信} \\ >100, & \text{扩频通信} \end{cases}$$

扩频通信系统的物理模型如图 1-70 所示。信源产生的信号经过第一次调制——信息调制（如信源编码）后成为数字信号，再进行第二次调制——扩频调制，即用一个扩频码将数字信号扩展到很宽的频带上，然后进行第三次调制，将经扩频调制的信号搬移到射频并发送出去。在接收端，接收的信号经混频后得到一个中频信号，再用本地扩频码进行相关解扩，恢复成窄带信号，然后进行解调，将数字信号还原。在接收过程中，要求本地产生的扩频码与发端所用的扩频码完全同步。

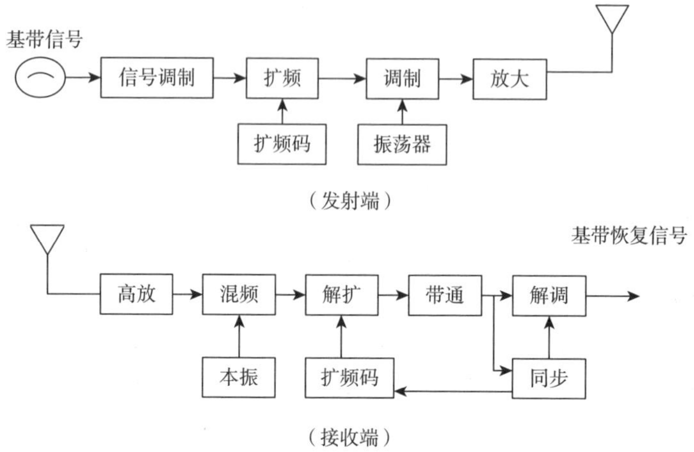

图 1-70 扩频通信系统的物理模型

目前扩频通信系统的基本工作方式有直接序列扩频（direct sequence spread spectrum，DS-SS）、跳频扩频（frequency hopping spread spectrum，FH-SS）、跳时扩频（time hopping spread spectrum，TH-SS）、脉冲线性扩频（chirp spread spectrum，Chirp-SS，简称切普扩频）和混合扩频（如 FH/DS、DS/TH）等 5 种，其中民用较多的是直接序列扩频和跳频扩频。

直接序列扩频就是用一种伪随机的码序列（简称 PN 码或伪码），即由伪随机码产生器产生一高速伪随机码 c（t），将信息码 a（t）与伪随机码 c（t）进行相乘或模二加，产生一个扩频序列。

扩频信号是不可预测的伪随机的宽带信号，其带宽远大于欲传输数据（信息）带宽，同时，接收机中必须有与宽带载波同步的副本。由于扩频信号的上述特点，扩频系统具有以下特点。

1）抗干扰性强

由于扩频信号的不可预测性，扩频系统具有很高的抗干扰能力。因为干扰者难以通过观察改善其干扰性能，而只能采用发射同被干扰信号不匹配的干扰技术，因此，干扰起不了太大作用；由于扩频通信系统在传输过程中扩展了信号带宽，所以即使信噪比很低，甚至是有用信号功率低于干扰信号功率的情况下仍能够高质量地不受干扰地进行通信，扩展的频谱越宽，其抗干扰性越强。简单地说，如果信号频谱展宽 10 倍，那么干扰方面需要在更宽的频带上去进行干扰，分散了干扰功率，从而在总功率不变的条件下，其干扰强度只有原来的 1/10。另外，由于接收端采用扩频码序列进行相关检测，空中即使有同类信号进行干扰，如果不能检测出有用信号的码序列，干扰也起不了太大作用，因此抗干扰性能强是扩频通信的最突出的优点。

2）低截获性

扩频信号的功率相当于均匀地被分布在很宽的频带上，以至于被传输信号的功率密度很低，使侦察接收机难以监测到。因此，扩频通信系统具有低截获概率性。

3）抗多路径干扰性能好

多路径干扰是由于在电波传播过程中，遇到各种非期望反射体（如电离层、高山、建筑物等）引起反射或散射，这些反射或散射信号同直达路径信号在接收端相互干涉造成干扰。多路径干扰在雷达和通信中都有严重影响。由于在扩频通信系统中增加了扩频调制与解扩过程，这样可以利用扩频码序列间的相关特性，在接收端解扩时用相关技术从多径信号中分离出最强的有用信号，或将多径信号中的相同码序列信号叠加，这样就可以有效地消除无线通信中多径干涉造成的信号衰落现象，因而扩频通信系统具有良好的抗多径衰落特性。

4）保密性好，对各种窄带通信系统的干扰很小

在一定的发射功率下，由于扩频信号分布在很宽的频带内，无线信道中有用信号功率谱密度极低，这样信号可以在强噪声背景下，甚至是有用信号被噪声淹没的情况下进行可靠通信，使外界很难截获传送的信息，想进一步检测出信号的特征参数就更难了。所以，扩频系统可实现隐蔽通信；同时，对不同用户使用不同的码，旁人无法窃听他们的通信，因而扩频系统具有高的保密性。

另外，由于扩频信号具有很低的功率谱密度，它对目前使用的各种窄带通信系统的干扰很小。

5）易于实现码分多址

在通信系统中，可充分利用扩频调制中所使用的扩频码序列之间良好的自相关特性和互相关特性，在接收端利用相关检测技术进行解扩，则在分配给不同用户不同码型的情况下，系统可以区分不同用户的信号，这样在同一频带上许多用户可以同时通话而互不干扰。

6）能精确地定时和测距

在扩频通信中如果扩展频谱很宽，则意味着所采用的扩频码速很高，每个码片占用的时间就很短。当发射出去的扩频信号在被测物体反射回来后，在接收端解调出扩频码序列，然后比较收发两个码序列相位之差，就可以精确测出扩频信号往返的时间差，从而算出二者之间的距离。测量的精度取决于码片宽度，也就是扩频谱的宽度。码片越窄，扩展的频谱越宽，精度越高。

正因为扩频通信有上述的这些优点，扩频技术已广泛应用于蜂窝电话、无绳电话、微波通信、无线数据通信、遥测、监控、报警等系统中。

7. 间断传输技术

间断传输技术又称非连续传输技术（discontinuous transmission，DTx），它是数字蜂窝移动通信系统十分重要的功能之一，通过动态检测输入端的有话音时段和无话音时段，改变话音编码速率，以降低无话音时段的信息传输流量，同时自动调整发射机的开和关，即在输入端有话音时才打开发射机，无话音时自动关闭发射机。这样可以减小系统干扰、提高通话质量、降低移动台电源消耗。该技术特别适用于环境恶劣、干扰噪声大的煤矿井下通信。

据统计，人们在通话时只有 35%~40%的时间在讲话。因此，通信系统完全可以在这段时间内关闭发射机而不发射信号，DTx 正是基于该技术。要实现 DTx 技术，首先要检测出输入端当前是否含有话音编码信息，即当前输入信号是否包含话音。这就涉及 DTx 的最重要的两个功能组成部分——话音活性检测（voice activity detector，VAD）和舒适噪声产生（comfort noise generation，CNG）。

VAD 功能对于 DTx 技术的实现起着关键作用，它既要能判断出叠加噪声的话音，又要能判断出不含话音的噪声，检测结果用一个标明有无话音的标志来表示。此标志用于 DTx 的控制和操作，VAD=1 表示有话音，VAD=0 表示无话音，VAD 算法的原理如图 1-71 所示。VAD 就是一个能量检测器，在输入端设定某一阀门值，当输入信号的能量大于该值时，就判断为话音信号；当输入信号的能量低于该值时，就判断为噪声。通过调整背景噪声电平可以控制话音活性检测的灵敏度，但阀门值的设置必须适中。通常情况下，阀门值主要根据在不同背景噪声环境下的话音激活程度、剪音的严重程度及误检率来确定。

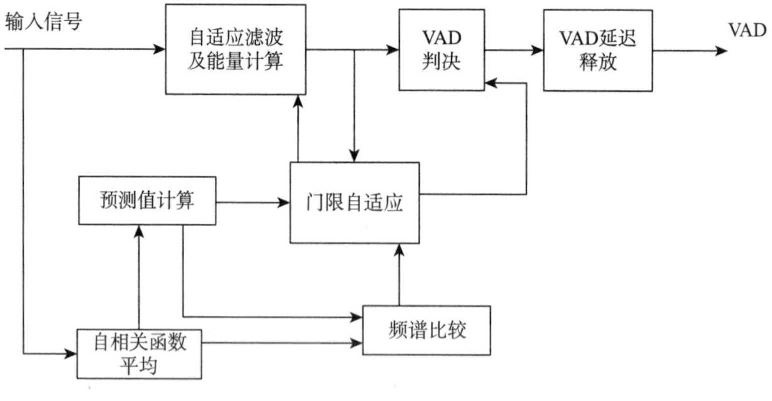

图 1-71 VAD 算法的原理

为了保证话音检测的可靠性，还可以在 VAD 检测过程中辅助以频谱判断。由于话音频谱呈现出较稳定的周期性，而噪声除非在特殊的情况下，一般没有规律性，借此可将话音和噪声区分开。

煤矿井下非自由的特定传播空间存在着严重的电气噪声，信号在传输中叠加了许多噪声，致使有用信号变得非常微弱，信号的信噪比很低，往往会给 VAD 判断带来很大的困难。为此，在话音检测之前，先让信号通过一个受话音频谱控制的自适应动态滤波器，以提高输入信噪比。

在 DTx 功能实施过程中，当 VAD=1 时表示输入是话音，此时背景噪声和话音是一同传送的，而当 VAD=0 时，表示输入完全是背景噪声，此时的发射机被关闭，背景噪声不再传送，这也导致了背景噪声传输的不连续性。在通话过程中，DTx 的频繁切换会导致背景噪声的时有时无，因此，在发端发射机关闭期间，发端应每隔一定时间发送一帧信号来描述背景噪声信息。发端发送的描述背景噪声的帧称为静寂描述帧 SID（silence descriptor），接收端就根据以前或当前接收到的 SID 帧完成舒适噪声产生。

在话音编码过程中，若连续几帧判断 VAD=0，表明话音出现停顿，接下来的一帧采用 SID 帧的编码方式，将估计的舒适音参数编码成一个 SID 帧，SID 帧与有效话音帧的帧长和编码速率是一样的。接收端根据接收到 SID 帧的这些参数，进行舒适音的生成或更新，解码过程与话音帧的解码过程相同，话音解码器就可以合成出舒适噪声。在通常的情况下，由于移动接收机在不同环境的背景噪声不一样，对 SID 帧编码的参数就不一样，所以接收端每接收到一个有效 SID 帧，舒适噪声的参数都要进行更新。

由于电气噪声和干扰使信号的传输质量差，接收到的误码帧较多，这些误码帧不包含有用的话音帧和 SID 帧，若直接对误码帧进行解码，会产生令人不舒适的声音。因此，对于在接收端丢失的话音帧，可重复或外插一个以前好的话音帧来替代，若连续收到不含话音的误码帧，则替代的帧将逐步降低输出电平，直到输出为静音。对于第一个丢失 SID 帧，可用上一个有效 SID 帧来替代，连续的丢失 SID 帧，仍可重复上一个有效的 SID 帧，但要逐步减小固定码本增益，直至最小值 0，并且这个值将一直保持到收到 SID 帧。

8. 虚拟现实技术

虚拟现实技术（virtual reality），是 20 世纪 90 年代为科学界和工程界所关注的技术。它的兴起，为人机交互界面的发展开创了新的研究领域；为智能工程的应用提供了新的界面工具；为各类工程的大规模的数据可视化提供了新的描述方法。这种技术的特点在于，计算机产生一种人为虚拟的环境，这种虚拟的环境是通过计算机图形构成的三维空间，或是把其他现实环境编制到计算机中去产生逼真的“虚拟环境”，从而使得用户在视觉上产生一种沉浸于虚拟环境的感觉。这种技术的应用，改进了人们利用计算机进行多工程数据处理的方式，尤其是在需要对大量抽象数据进行处理的时候；同时，它在许多不同领域的应用，可以带来巨大的经济效益。

虽然虚拟现实技术在许多工程领域也得到广泛应用并取得令人注目的成就，但在采矿工程方面的应用相对比较晚，属于起步阶段。目前，虚拟现实技术在矿业的应用主要体现在以下方面：矿井开采模拟、在矿井设计和优化中的应用、综采工作面设备的虚拟研究、模拟地质构造和在培训及教学上的应用。图1-72显示了虚拟现实的展示空间。

图 1-72 虚拟现实的展示空间

澳大利亚等发达国家的矿山虚拟现实应用研究起步较早。虚拟现实技术应用于采矿的主要研究方向是过程模拟，虚拟实际场景使得采矿人员仿佛身临其境地去学习采矿设备操作流程、看到正确的和错误的操作方法，这样不但节省了大量的人力、物力，而且避免了实际演示过程中可能突发的隐患。利用虚拟现实技术可对采矿生产过程进行模拟，生成一系列虚拟作业场景，操作人员通过它不仅可以看到采矿设备的当前位置和运行状况，还可以获取设备运行的时间、产量、设备间的距离等动态信息。代表性的研究成果有澳大利亚联邦科学与工业研究组织矿山工程团队研究开发的虚拟煤矿环境系统、澳大利亚 Earthworks 公司开发的 InTouch 矿山虚拟作业环境软件等。图 1-73、图 1-74 展示了利用虚拟现实系统进行井下作业培训的情况。

图 1-73 利用虚拟现实技术模拟采场

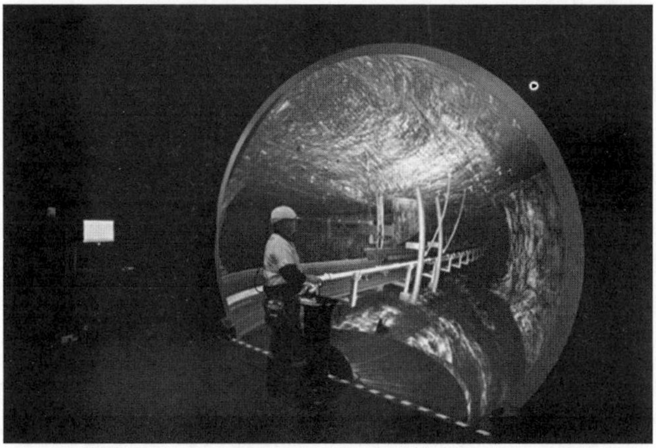

图 1-74 利用虚拟现实技术展示皮带运输设备

（二）安全监测监控系统

国外煤矿安全监测监控技术是 20 世纪 60 年代开始发展起来的，至今已有四代产品。从技术特性来看，主要从信息传输方面的进步来划分监控系统的发展阶段。目前，美国和德国以其雄厚的高新技术优势，率先将计算机技术、大规模集成电路技术及数据通信技术等现代高新技术用于煤矿监控系统，形成了以分布式微处理机为基础的综合自动化监控系统。具有代表性的有美国霍尼韦尔公司生产的 HIMASS 安全监测监控系统和梅思安（MSA）公司匹兹堡国际分部采矿安全仪器公司研发的 DAN6400 煤矿安全监测系统，德国贝克（Becker）公司研发的 PROMS 煤矿安全监控系统等。

1. HIMASS 安全监测监控系统

HIMASS 安全监测监控系统是美国霍尼韦尔公司于 21 世纪初推出的新一代煤矿安全监控系统。该系统采用实时的网络化结构，地面为以太网和 DH+网，井下为 DH+网。

该系统地面的以太网结构光纤通信主要由交换机、服务器、集线器、网关、路由器、工作站等组成，可与主副井提升系统、主通风机、110 千伏变电所等采用接口方式通信。井下及地面 DH+网为令牌环网结构，监测分站之间以光缆通信为主，DH+电缆通信为辅，传输速率为 57.6 千比特/秒。束管监测分站、压风系统分站和主通风系统分站组成地面 DH+网，井下各分站组成井下多个区域的 DH+网络。

该系统基于 Windows NT 操作系统，前台运行霍尼韦尔公司的 Plantscape 场景系统软件，后台运行 Rockwell 公司的 Rslogix 系统软件，具有数据采集、分析处理、显示打印等功能。

其主要特点包括：

（1）系统冗余功能。双服务器、双交换机同时运行，互为备用，DH+网络光纤双环运行，可避免分站停电对后续分站的影响。

（2）地面以太网结构通过网络传输，可设置多个工作站，还可通过接口与主副井提升系统、110 千伏变电所等系统通信。

（3）实现远程编程维护。对于监测分站 PLC 的设定、编程、测试等均可通过 DH+网络，用服务器维护操作。PLC 编程语言为梯形图，可以通过服务器在梯形图中直接观察分站各测点的实时信息。

（4）监测分站的核心是 Rockwell 公司的 SLC-5/04 型可编程控制器。本安型传感器经过安全隔离栅接入监测分站的输入、输出模块。分站可以在网上运行，也可独立运行，如前者可实现瓦斯超限远程断电，而后者可实现瓦斯超限就地断电。

2. DAN6400 煤矿安全监测系统

DAN6400 煤矿安全监测系统是美国 MSA 公司匹兹堡国际分部采矿安全仪器公司研发的煤矿安全监控系统。该系统属于数据采集系统。它由带有一台新型电子计算机的 DAN6400 系统及软件构成的地面监测中心站（即数据中心）、若干个（最多可达 250 个）井下分站、若干个（最多可达 5 000 个）安装于监测点的传感器和风门位置开关，以及报警器、多路电话、数根传输线路组成。系统用于对煤矿井下生产环境工作场所的甲烷、氢气、一氧化碳、风速、差动风压、风门开闭状态的自动连续监测。当出现甲烷、氢气含量超限或其他异常时，系统能自动发出警报，并切断工作面电源。

地面监测中心站对每个监测点的各种量值均能在彩色显示器上显示出数据和

图形，同时由打印机自动、快速打印出报表。对于各种超限的量值，系统均会发出警报，并在显示器和报表上出现红色英文和数据提示。

3. PROMOS 煤矿安全监控系统

PROMOS 煤矿安全监控系统是德国贝克公司研发的煤矿安全监测综合自动化系统。该系统包括 KJ50 型控制器、KJK3 型辅助控制器、KJJ10 型控制接口、控制转换接口、KJA4/KJA5 型耦合器、KCCl 型智能 I/O 部件、KTKl 型系列扩音电话、KDW10 型矿用直流稳压电源、KFD1 型线路终端等。其中，KJ50 型控制器是 PROMOS 煤矿安全监控系统的核心，其主要功能为程序存储和处理、集中控制、语音通信、预警发生、故障报警、急停和闭锁、信息显示及参数设置等。

该系统根据工作面不同生产工艺的要求，在普通 PC 机的 Windows 操作系统下，应用 PROMOS 公司的编程软件包 PROMOS-CAD 软件，能够绘制出系统配置图和逻辑关系图，之后经过 PC 机的编译汇编，生成控制器可识别的机器码，再通过通信口传输给控制器。系统也可以通过 LINE 总线，将控制程序代码传输给其他现场控制器。控制程序代码存储在控制器的可擦除可编辑只读存储器（erasable programmable read only memory，EPROM）中，每次上电后，中央处理器（central processing unit，CPU）便执行该程序。

该系统具有以下特点：

（1）有较强的适用性和可扩展性。系统可以组成部分不同的控制规模，其逻辑控制方式通过软件编程实现。

（2）能对输入数据进行预处理。系统中的控制器、控制接口、控制转换接口、辅助控制器、智能 I/O 部件及具有智能 I/O 部件的电话等均为智能部件，能对输入的数据进行预处理，然后传送给控制器再处理，并且以汇报的方式与控制器进行通信。

（3）安装方便，使用可靠。系统中的产品采用直插式插接件相连，在恶劣的环境中能快速准确地安装和更换；有独立的语音通信线，系统在可以延伸的地方就可以进行语音通信；有特定的安全保障回路，与控制回路相连使用，可使系统控制安全可靠。

4. 德国 PSI 公司 SCADA 软件矿井远程中央集控系统

德国 PSI 公司主要为能源供应、工业、物流业及基础设施企业提供软件解决方案。其三级 SCADA 软件系统与德国鲁尔集团中央集控模式相结合，开发了一种矿井远程中央集控系统。该系统按监控功能可划分为采煤与煤流运输集控区、安全与环境监测集控区、调度与监控执行集控区、生产过程控制集控区和公共辅助系统集控区 5 个区域。

系统具有以下特点：

（1）通过三级 SCADA 软件系统的业务协调，能够保障中央集控中心职能的高效执行。

（2）可实现在地面集控中心对现场机电设备状况的全面感知。系统可以在完全无人干预情况下全自动运行，也可以在半自动状态下进行远程人为控制。

（3）系统采用国际上先进的大屏幕系统与单独、多方监控相结合。

（4）采用了 GIS 显示矿井所有传感器的工作状况，实现了协同操作。

5. 美国 AMR 公司的井下监测系统

AMR 公司成立于 1975 年，一直从事矿井井下监测监控设备的研发。目前的主打产品是 MC-4000 系列产品，符合并超过美国联邦矿山安全健康监察局的煤矿监控系统的要求。

MC-4000 系列产品的特点如下：

（1）使用高速通信设备和基于以太网的通信系统，提供实时的气体/皮带监测和控制，广泛地接受井下多地方的信息来源。

（2）使用的光纤骨干网和 AMR 自开发的 Modbus 网关使得气体/皮带监控比以往任何时候都更快、更容易。

（3）煤矿可以选择标准的 MC-4000 系统，该系统使用简单耐用的双绞线铜缆 RS-485 协议进行通信。也可以选择新的加强版的 MC-4000-ET 系统，它利用一个光纤骨干以太网协议的 Modbus 进行通信。

（4）AMR 监控软件在人机接口提供了多种选择，它包括 AMR 的 WinMAC 软件和图形包的任何系统，现成的图形来自罗克韦尔、GE、Wonderware、Citect 等公司。AMR 的 MC-4000 产品线包括经现场验证的传感器、远程 I/O 设备、中继器和故障排除设备的完整产品线。

（5）除了 MC-4000 系统，AMR 还生产多样化的监测和控制产品，包括地面监测、断路器、车速传感器和提示开关等，为采矿和工业界提供服务。

（三）近距离探测/碰撞预警系统

美国联邦矿山安全健康监察局统计，自 1984 年在井下推广使用远程遥控连续采煤机以来，至 2012 年 12 月美国煤炭行业已发生 36 起因采煤机挤压或撞击而引起的死亡事故，其他类型的采矿机械也有类似的事故发生。因此，美国开始研制近距离探测/碰撞预警系统。此类系统主要是指安装在采煤机械上用于探测一定范围内存在的人员和机械，当预先设定的区域内有人员或机器侵入时，系统可以自动发出预警信号，并使采煤机械停止运动，从而防止采矿设备伤害矿工。一般将“近距离探测”用于井工开采使采煤机等设备停止运转，而将“碰撞预警”用于露天开采，此时只提供预警信号。目前，此类较特色的系统包括 Strata 矿用设备公司的 HazardAvert™ 系统和 Matrix 设计集团/久益（JOY）的 M3-1000 近距离探测系统。

1. Strata 矿用设备公司的 HazardAvert™系统

2004 年 9 月，Strata 矿用设备公司与 Frederick 采矿控制公司开始合作研发名为“TramGuard™”的探测系统。该系统以美国国家职业安全卫生研究所的 Hazard 技术为基础，借鉴其理念，并增加了众多特性。2010 年，最新的 HazardAvert™系统研制成功。该系统利用名为“Generator”的装置在移动采矿机械周围建立了一个磁场标识区域。每个连续采煤机司机和矿工身上佩戴一个矿工可携式元件。司机和矿工一旦进入危险区域，矿工可携式元件就会被系统精确识别，系统发出声音和可视警报。系统还可以帮助司机和其他矿工清除机械周围的隐患。该系统由多个自动防故障装置组成，以保证所有系统的可靠工作。

2. Matrix 设计集团/久益的 M3-1000 近距离探测系统

2005 年，Matrix 设计集团开始开发 M3-1000 近距离探测系统，2009 年下半年开始与久益合作研发。该系统专为满足连续采煤机司机的高精度需求而设计，其先进的 Sharp Zone 技术可以对采煤机械周围的人员进行精确定位（*X*，*Y* 坐标）。该系统可以在机械周围产生两个操作安全区：报警区，使用高可见性的闪光灯警告工人接近潜在危险区；停机区，当工人进入该区域时，采煤机械会自动停机（图 1-75）。该系统是市场上唯一可对近距离人员进行定位并对有关数据进行记录的系统。目前，已有 100 多套系在美国 6 个州的 20 多个煤矿应用。

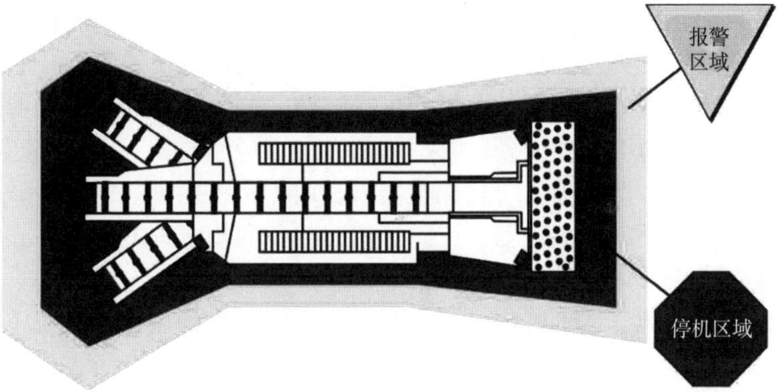

图 1-75 近距离探测系统示意图

深色区域为停机区域；浅色区域为报警区域

2009年起，美国联邦矿山安全健康监察局开始建议美国煤矿采用近距离探测系统，以避免井下作业人员因过于接近井下运行设备而造成自身伤害，其中主要防护对象为工作采掘设备。但由于美国大多数矿井采用房柱式采掘，连采机操作人员在正常作业时应与被控设备保持一定距离，安装上述系统后可防止操作及其他人员过度接近设备本体。

国内近距离探测/碰撞预警系统（技术）在露天煤矿已大量应用。在井工煤矿，我国绝大多数煤矿采用长壁式采煤，工作面操作人员与综采设备间的距离往往较近，是否能采用上述方法在防止人身伤害的同时又不影响综采设备的正常运行以在工作面应用，需开展论证及实验。但在井下轨道机车运输系统应用有需求，以防止司机行车瞌睡造成撞车；此外，在无轨胶轮车运输系统中的应用也有一定需求，如支架等大型搬运车，由于井下视线差，在神东矿区就发生过倒车挤死矿工事故；此外，此系统（技术）对井下防止人员越界进入危险区域等有重要作用。目前近距离探测/碰撞预警系统（技术）在我国煤矿井下未广泛应用，建议引进并消化吸收。

第二节　国内矿山事故灾难综合治理科技发展现状

一、煤层气（瓦斯）开采技术及装备

1. 陆上地球物理勘探仪器

物探装备技术是指用地球物理勘探方法探查各种矿藏或地下目标体结构与位置的各类设备的制造与应用技术。它以地球物理科学为基础，吸收与综合了计算机科学、电磁与微电子科学、数理分析与图像处理科学、地磁与矿产科学、系统工程与智能自动化科学、机械制造与材料科学等相关新技术，不断提高人类对地下探查目标的认知能力。物探装备成为当今发展与更新最快的工程技术之一。物探装备包括用于石油地震勘探的仪器、可控震源、测量仪器、测井仪器、计算机处理与解释设备、海洋电缆设备、物探钻井设备、运载设备，用于矿产勘探的磁力仪器、电法仪器、重力仪器、化探仪器以及用于工程探测的雷达等。本部分侧重阐述用于石油地震勘探的仪器、震源等相关装备的技术进展与发展方向。以下分别介绍在新方法应用中的各项技术指标和取得的成果。

武汉地大华睿地学技术有限公司CUGDD-48高精度地震测量系统（图1-76）可应用于工程地质、水文地质、环境地质、矿产地质、能源地质等多个领域的地质勘探工作。CUGDD-48高精度地震测量系统是一种高性能、多功能的勘探与检测仪器。地震勘探功能包括覆盖测量、反射测量、折射测量、面波测量、地震映

象（包括陆地高密度地震映象、水域高密度地震映象）、波速测井、测桩、地脉动和震动测量等多种测量功能。CUGDD-48 高精度地震测量系统利用爆炸、电火花或锤击震源，勘探深度从几米到上千米，也可使用延时功能获取地下更深部地层的地震资料。可用于煤矿井下工作面或盘区内的断层、陷落柱、火成岩侵入体，煤矿井下工作面或盘区内的冲刷带和煤层变薄带等地质异常，井下未探明的小构造、断层、采空区、陷落柱，隧道前方断层、软弱破碎带等不良地质体探测。有效超前探测距离 100 米；24 位 A/D，单道最快采样率为 5 微秒，各道并行采集，所有道时间误差小于 5 微秒；优于 72 分贝带外压制的先进高切滤波器。适用于水利、电力、铁路、桥梁、城建、交通、煤田、石油、铀矿、地下水等领域的勘探方面。我国地球物理勘探仪器远远落后于欧美国家，采样率勘探深度远低于世界先进水平。

图 1-76 CUGDD-48 高精度地震测量系统

2. 新型顶部驱动钻井驱动仪器

顶部驱动钻井系统是当今石油钻井的前沿技术与装备，是近代钻井装备的三大技术成果（顶部驱动钻井系统交直流变频电驱系统和井下钻头增压系统）之一。顶部驱动钻井系统是 20 世纪末期美国、法国、挪威等国家研制应用的一种新型的钻井系统，现在已成为石油钻井行业的标准产品。它适用性极广，适用于 2 000 米到 9 000 米的井深；从世界钻井机械的发展趋势上看，它符合 21 世纪钻井自动化的历史潮流。现在，我国赴国外打井的队伍，如果没有安装该系统，将不允许在投标竞争中中标，由此可见，顶部驱动钻井系统已经到了非用不可的地步。

中国石油天然气集团有限公司（以下简称中石油）2005 年 3 个重大科技专项

之一的 DQ90BSC 顶部驱动钻井装置（图 1-77）率先出炉，顺利通过集团公司组织的出厂验收。这标志着我国顶部驱动技术迈上新台阶。DQ90BSC 顶部驱动钻井装置主要与国产 9 000 米钻机配套。9 000 米钻机的研制是国家发展和改革委员会重大装备国产化研制项目，是集团公司 2005 年重大科技专项。承担研制国产 9 000 米钻机配套 DQ90BSC 顶部驱动钻井装置任务的北京石油机械厂，与中石油集团科学技术研究院机械所一道，经过近一年的联合攻关，最终按期完成 DQ90BSC 顶部驱动钻井装置的研制任务。专家组经过评审一致认为，DQ90BSC 顶部驱动钻井装置设计制造、性能测试是成功的，具备与 9 000 米钻机联机调试和现场试验的条件，同意出厂进行工业性试验。DQ90BSC 顶部驱动钻井装置的研制成功，填补了国内 9 000 米/6 750 千牛顶部驱动钻井装置设计制造技术的空白，将对我国西部深层油气勘探开发产生重大影响，对特殊钻井工艺的发展具有重要意义，同时可为中石油开拓海外市场提供具有自主知识产权的顶驱装置。

图 1-77 DQ90BSC 顶部驱动钻井装置

DQ90BSC 技术特点：①动力水龙头采用进口交流电动机，交流变频驱动；②动力水龙头装置采用进口推力轴承和特殊结构设计，抗钻柱纵向震动；③管子处理装置的倾斜机构可以前倾、后倾或者 360° 旋转，有利于抓取钻杆以及钻进时使主轴更靠近钻台面，钻柱使用充分；④管子处理装置采用环形夹紧背钳，背钳和内防喷器控制机构不随吊环转动；⑤采用了机、电、液、信息一体化的控制技术，自动化程度高。

3. 全自动地面钻井装备

国内自动化地面钻井装备已进行了室内模拟实验，尚无问世产品。全钻机一般需要至少 10 人进行操作。中石油北京石油机械厂、天津大港油田新世纪机械制造有限公司和中国石油勘探开发研究院研发的新型顶部驱动钻井驱动仪器（图 1-78），交流变频驱动最大提升能力 6 615 千牛，最高转速 220 转/分，名义钻进范围 7 000 米。液压驱动可与 1 200 千牛修井机或 2 000 米以下小型钻机配套使用，最大提升能力 1 600 千牛，最高转速 180 转/分，名义钻进范围 2 000 米。采用交流变频驱动或液压驱动、PLC 可编程控制器和现场总线控制等技术。目前正在进行工业性试验，与国外产品相比，驱动能力稍弱，无法实现深井钻进。国外顶部驱动钻井装置日益成熟，我国顶部驱动钻井装置与国外差距较大。

图 1-78 新型顶部驱动钻井驱动仪器

4. 无线随钻测量系统

无线随钻测量系统是定向钻进的关键。国内虽已研制出达到国际水平的无线随钻测量系统，但是系统的适用范围与国外的系统仍有一定的差距。

无线随钻测量系统将钻井技术、测井技术及油气藏工程技术融合为一体，在钻探过程中对定向、水平钻井的井眼轨迹实时监测，实时做出解释与决策，实时随钻测量和轨迹控制。随着定向井、丛式井及水平井技术的不断发展，无线随钻测量系统的应用也越来越广泛，是定向、水平钻进的关键。

YST-48R 型 MWD 无线随钻测斜仪（图 1-79）由地面设备和井下仪器两部分组成。地面设备包括压力传感器、专用数据处理仪、远程数据处理器、电缆盘等；井下仪器主要包括测斜探管、伽马探管、电池、脉发生器、打捞头、六翼扶正器等。

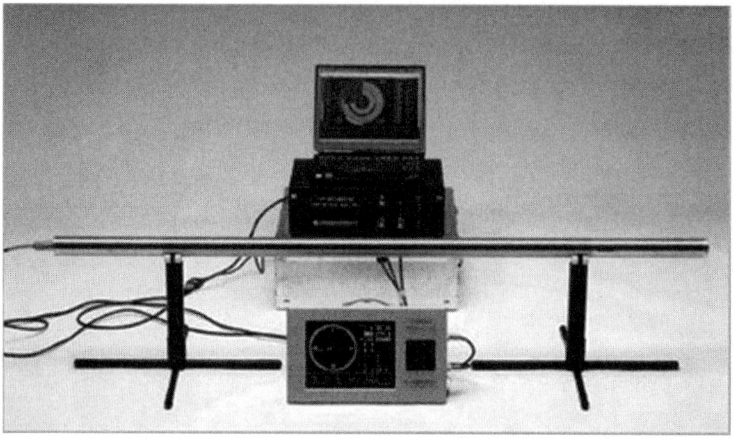

图 1-79　YST-48R 型 MWD 无线随钻测斜仪

该仪器以钻井液作为信号传输通道，用测探管中的磁通门传感器和重力加速度传感器测量井眼状态（井斜、方位、工具面参数等），并由探管内的编码电路进行编码，将数码转换成与之对应的电脉冲信号。这一信号通过功率放大，驱动电磁机构控制主阀头与限流环之间的泥浆过流面积，由此产生钻柱内压力的变化。在主阀头提起时，钻柱内泥浆可以顺利通过限流环；在主阀头压下时，泥浆流通面积减小，从而在钻柱内产生一个正的泥浆压力脉冲。主阀头提起或压下的时间取决于脉冲信号，从而控制了泥浆脉冲的宽度和间隔。安装在立管上的压力传感器可以检测到这个脉冲序列，再由远程数据处理器完成对泥浆脉冲的采样、滤波、识别、编码和显示，并将相关数据传送给专用数据处理仪进行解码处理。可以通过选择主阀头的外径和限流环的内径尺寸来控制信号强弱，使之适用于不同井眼、不同排量、不同井深的工作环境。

5. 测井仪器

国产测井仪器取得了长足进展，特别是在成像测井仪方面，某些技术已达到国际先进水平，但整体技术水平、适用范围等与国外仍有较大差距。

MIT5530 阵列感应测井仪（图 1-80）是中石油近年来开发的新产品。根据相关电磁感应等基本理论，MIT5530 阵列感应测井仪可以对地层电导率实现比较精确的测量。与传统的感应测井仪器的硬件聚焦相比，MIT5530 阵列感应测井仪的主要组成为 8 个线圈组成的阵列，电导率测量数据经过计算机软件合成聚焦后，可以获得测量井的多种纵向分辨率及径向探测深度。MIT5530 阵列感应测井仪具有 8 个工作频率，所以从一定程度上来说，由于测量数据的丰富性，仪器的趋肤校正功能也会更加完善，从而进一步使得 MIT5530 测井仪的电导率的测量范围不断宽化。MIT5530 阵列感应测井仪与常规的测井仪器相比，一方面可以获得相对精确的电导率测量结果，另一方面具有很强的划分地质中油气薄层的能力。

图 1-80　MIT5530 阵列感应测井仪

MCI5570 微电阻率成像测井仪（图 1-81）作为 EILog 快速成像测井系统中重要的成像测井设备，自投产至今以良好的稳定性和卓越的性能不断得到国内外用户的肯定。MCI5570 微电阻率成像测井仪工作原理：推靠器极板发射的交变电流通过井内泥浆柱和地层回到仪器顶部的回路电极。推靠器、极板金属体起到聚焦作用，使极板中部的电扣流出的电流垂直于极板外表面进入地层。通过测量电扣上的电流强度，可以反映出电扣正对着的地层由于结构或电化学上的非均质所引起的电阻率的变化。电扣电流信息经适当处理，可以刻度为彩色或灰度等级图像，即反映出地层微电阻率的变化。

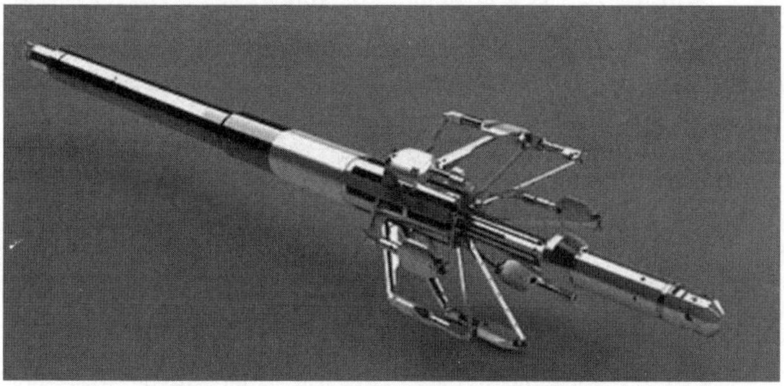

图 1-81　MCI5570 微电阻率成像测井仪

仪器从功能上分为绝缘短节、采集线路、预处理线路、推靠器、极板 5 个部分。极板电路采集电扣信号，由推靠器内的 6 个电位器检测井径信号，由预处理短节内测斜探头完成 Ax、Ay、Az、Fx、Fy、Fz 信号的采集工作。预处理短节首先将极板送过来的电扣信号进行低通滤波，把交变的模拟信号转化成较稳定的直流信号，然后经过模拟开关和信号缓冲器送到采集系统，在采集系统内进行 A/D 转换并对数据进行打包处理，最后由遥传短节将其数据送到地面。

MPaL 多极子阵列声波测井仪除具有常规声波仪器的测井项目外，利用多种组合模式，在裸眼井和套管井中进行声波单、偶极阵列测井，偶极子横波直接测井，测量得到的数据可以直接提取软硬地层中的纵波、横波和斯通利波慢度参数来进行储层的地质评价，包括岩性识别、岩石机械特性预测、地层孔隙度求取和渗透率估算等。这类测井仪器的许多增强功能是其他测井仪器不能替代的。图 1-82 为国产 MPaL6620 多极子阵列声波测井仪。

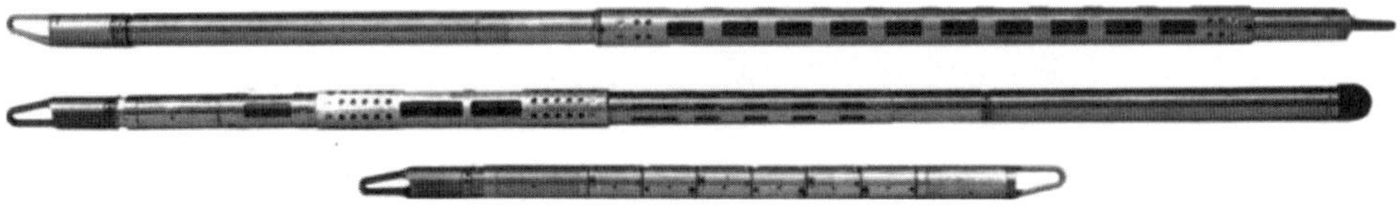

图 1-82 国产 MPaL6620 多极子阵列声波测井仪

MPaL 多极子阵列声波测井仪结构主要包括发射电路、发射声系、隔声体、接收声系和接收电路等 5 个部分以及声系和电子线路两部分。MPaL 多极子阵列声波测井仪声系由发射声系、隔声体和接收声系组成。其中发射声系由 1 组单极子发射、1 组相互垂直的压电式偶极换能器（同深度偶极子发射：*X* 方向偶极发射器和 *Y* 方向偶极发射器）和 1 组四极子发射换能器组成。接收声系由 8 组口字形多极子接收换能器接收声波信号，每组有两对接收器。一对同 *X* 方向偶极发射器在一条直线上，用于接收 *X* 偶极信号；另一对同 *Y* 方向偶极发射器在一条直线上，用于接收下偶极信号；交叉偶极时，每组接收器产生 1 对相交叉的偶极信号。当单极或四极声波源工作时，将每个接收器组的所有输出进行织合并得出相应模式的声波信号隔声。

6. 大型压裂机组

国产压裂装备关键部件基本采用国外产品，国产泵与国外有一定差距。在 5 000 米以下的深层勘探和开发方面，越来越多的储层需要进行水力压裂施工改造，深层压裂改造规模也在不断增大。最高工作压力在 90 兆帕以上，总施工液量在 1 000 立方米以上，施工时间长达 200~300 分钟。目前在国内投入使用的压裂设备已经不能满足施工作业的要求，或者使用上存在安全隐患，很多地区的勘探开发受到了制约。2007 年我国油气压裂量在 23 000 井次，其中深井、超深井压裂作业量每年以 10%的速度增长。

结合我国油气田开发的需要，研制大型数控成套压裂装备对于解决目前高压井、大型施工作业井的施工难题，提高国产装备的技术水平具有十分重要的意义。

（1）高压施工作业需要压裂装备等大型装备长时间在高压环境下施工作业，因此易损坏压裂泵，降低施工作业的安全性。如果将设备的最高工作压力提高到 140 兆帕，可以降低设备的运行区间，提高设备的使用寿命和施工作业的安全性。但是，由于受作业设备的限制，国内油气田在开发过程中施工压力超过 95 兆帕的井，只能采取放弃压裂的方式，造成在我国西南地区的高压区块目前不能进行压裂改造。所以开发更高压力等级的压裂装备将扩展我国油气田开发区域。

（2）提高大型施工作业的整体性能。在我国西部油气田多达 10 台以上的 2000 型压裂车进行联合作业已经较为普及，连续工作时间达到 4 小时。但是设备较多、控制方式不统一造成施工难度增大。另外，目前国内在用 2000 型压裂车所装备的动力机组是在发动机“E”工况下所使用的设备（满负荷工作时间为整个工作循环的 5%），大型施工中由于设备有限，造成发动机长时间满负荷工作。发动机如果长时间在满功率状况下工作，将缩短其使用寿命。所以在实际压裂作业过程中，通常需要配置更多的备用设备以提高施工作业的安全性。但是井场地域和面积的限制，会给施工带来诸多的困难。如果开发出具有更大工作能力的压裂装备，就可以减少作业设备，降低设备的故障率，降低设备的使用成本（包括人工），从而提高整个系统的安全性。

（3）提高国产装备技术研发能力。我国压裂装备经过 20 多年的发展，在引进国外技术的基础上，结合国内油田的实际需要自主创新，研制了适合我国油气田作业工艺特点的系列压裂装备。但从产品研发的角度来看，与国外相同产品还存在较大的差距。国产压裂装备还停留在“仿制”阶段，关键部件的瓶颈问题还没有得到解决。五缸柱塞泵及高压流体元件、混砂车混配系统、压裂机组自动控制系统等还没有形成自主的创新产品。因此，应通过大型数控压裂机组的研制，建立相应技术研发体系和试验装备，提升国产装备的技术水平和研发能力。

（4）防止国外产品的垄断，降低购置成本。国内油田在用设备中 60%以上采用的是 1800 型和 2000 型压裂车，其中进口设备占 50%，使用 8 年以上的设备占总量的 50%。这些压裂装备已经进入超期服役阶段，需要进行设备更新。配备性能更先进、作业能力更强的 2500 型数控成套压裂装备必将成为油田进行设备更新的首选。

研制 2500 型数控成套压裂装备，对解决深层、高压油气资源勘探开发难题，提高老油田、复杂地层、低渗透油气资源利用率，增强我国石油和天然气的供给能力，提高我国石油钻采重大装备国产化、产业化能力是十分必要和迫切的。研制 2500 型超大型压裂机组将增强国产装备的自主创新能力，提升我国成套压裂装备及相关产业的制造实力，打破国外压裂设备制造厂家的市场垄断，降低我国油田的开发成本。项目研制的目标是使大型压裂机组的总体技术性能达到国际领先水平。

SYL2500 型压裂车（图 1-83）是由中国石化集团汉江石油管理局第四机械厂承担的国家“863”项目“2500HP 大型数控成套压裂装备研制”而生产的大型高

端的机械产品，主要用于石油开发井、深井、中深井、浅井的各种压裂施工作业，能适应各种工况下泵送高压液体施工、水力喷砂等作业。但是随着我国石油开关压力和难度的增大，对油井开发的进度也在紧张中进行，随着世界能源危机加剧，我国一些常规或非常规的油井开发技术正在日益提高，对大功率油田压裂设备的需求越来越大。因此，2009 年世界上最大功率的 SYL2500 型压裂车诞生了，它的单机输出功率 2 500 马力，在高压工作环境下可达到 140 兆帕，其优点更适用于油气田超深井、深井、中深井的各种压裂和增产措施。截至 2018 年，已在四川、新疆、辽河、大庆等不同地形、不同地质下广泛应用，作业效果显著，达到增产目的。

图 1-83　SYL2500 压裂车

二、矿井防灭火技术及装备

1. 煤层自燃发火预测预报装备

煤层发火过程中，将产生一系列反映煤氧化和燃烧程度的指标气体，如一氧化碳、二氧化碳、乙烷、乙烯、丙烯、乙炔等，随着煤温的升高，其产生量将发生显著变化，被国内外普遍用来进行煤层火灾的早期预报。目前普遍采用一氧化碳作为煤层火灾预报的主要指标气体，但从煤的低温氧化阶段直至着火燃烧阶段都能产生一氧化碳。

为了解决一氧化碳定量临界值难以确定的问题，国内外学者又提出了以烷烯烃类气体作为预报的指标气体。煤样升温实验表明，烷烯烃类气体涌出温度范围相对较窄，它与煤温的关系较明确。甲烷、乙烷、丙烷的浓度随煤温升高而增大，为了克服此缺点，采用链烷比，即它们和甲烷或乙烷浓度的比值作为预报煤炭自燃的指标气体，它与煤的氧化关系较小，主要随煤温的高低而变化，受风流的稀释影响较小，因此链烷比这个指标灵敏，有一定的使用价值。

由我国自主研发的煤层自燃多参数测定仪（图 1-84），建立了一氧化碳、乙烯、乙炔、链烷比和烷烯比等多指标预测预报体系，改变了以一氧化碳为单一指标的传统预测预报方式，提高了预测预报可靠性。煤层自燃多参数测定仪已在我国容易自燃煤层的矿井中得到应用。

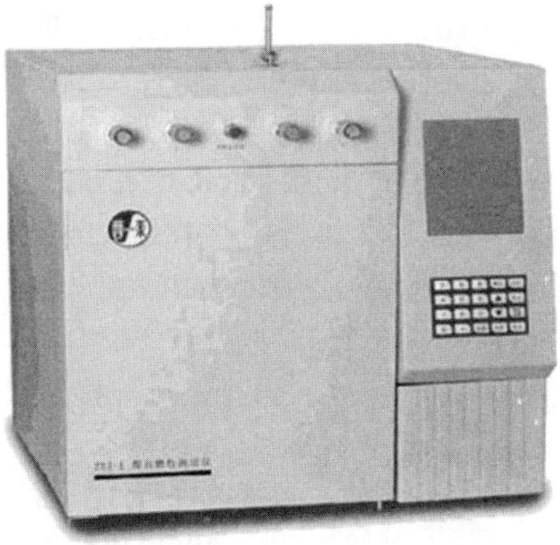

（a）

（b）

图 1-84　煤层自燃多参数测定仪

2. 大流量注氮防灭火系统

注氮防灭火技术是防治综放工作面采空区自燃发火的有效方法之一。由于氮气比空气轻，所以当氮气注入采空区后，不但可以向上浮动而且可以向四周扩散并充满整个采空区，降低采空区的氧气浓度，从而达到抑制采空区自燃发火的目的。另外，根据以往经验，采空区自燃火灾往往发生在顶板或冒落区内较高的位置，而采用注浆、注阻化剂等常规防灭火手段，防灭火材料往往不能到达发火的区域，起不到有效的防灭火作用。而向采空区内注入氮气恰恰能够有效地充填到这一区域，起到惰化防灭火的作用。

注氮方法可分为埋管式注氮、拖管式注氮及其他的注氮方法。目前我国煤矿大多采用埋管式注氮方法。注氮方式可分为连续式和间歇式两种，采用哪一种方式，主要取决于氮气在采空区内的滞留时间和惰化效果。一般注氮灭火宜采用连续式注氮方式，注氮防火宜采用间歇式注氮方式。间歇式注氮方式即在采空区“氧化带”区域注入氮气，考察氮气在该区域内的滞留时间和惰化效果，当该区域浓度降低至自燃发火临界氧气浓度之下时停止注氮；随着氮气的泄漏，采空区内的氧气浓度会逐渐回升，当氧气浓度回升至自燃发火临界氧气浓度之上时，重新开始新一轮的注氮。当注氮口推移至“氧化带”以外而进入“窒息带”时，停止注氮。

目前我国煤矿大多选用井下移动式制氮机进行注氮防灭火工作，因此制氮机在井下位置的选择亦十分重要。制氮机的位置既要离注氮地点距离较近，以减少管路铺设的长度和工程量，又要相对固定力争覆盖面积较大，尽量减少制氮机的搬家次数。因此，综合考虑，制氮机位置通常选择在采区变电所附近。注氮管路由制氮机位置一直铺设到综采放顶煤工作面，可分为注氮主管路和分支管路。

我国自主研发的煤矿井下大流量制氮装置（图 1-85），出口流量由 1 200 米^3/时提高至 2 000 米^3/时以上，可用于灭火及预防采空区自燃，已在全国 50 多个矿区应用。

图 1-85　煤矿井下大流量制氮装置

3. 三相泡沫防灭火

为了克服现有防灭火技术存在的不足，提出了采用三相泡沫进行井下防灭火的创新思路。针对粉煤灰和黄泥的化学成分、物相组成、显微结构等性质，在实验室选用不同种类的发泡剂和稳泡剂，对粉煤灰和黄泥的发泡和稳泡性能进行了大量的实验研究，研制出了三相泡沫发泡装备，并将该项技术应用于大屯煤电公司姚桥煤矿和枣庄矿业集团公司柴里煤矿，获得了很好的防灭火效果。三相泡沫对防治煤炭自燃具有非常广阔的应用前景。

防治煤炭自燃的三相泡沫由固态不燃物（粉煤灰或黄泥等）、惰性气体（氮气）和水三相防灭火介质组成。三相泡沫集固、液、气三相材料的防灭火性能于一体，利用粉煤灰或黄泥的覆盖性、氮气的窒息性和水的吸热降温性进行防灭火，大大提高了防灭火效率。由于三相泡沫发泡倍数较高，单位体积的泡沫材料成本大幅下降，为 0.7~1 元/米^3，而目前使用的无机凝胶成本为 80~120 元/米^3，高分子凝胶成本为 120~180 元/米^3，相比而言，具有较高的经济效益。

与现有的防灭火技术及材料相比，三相泡沫兼有一般注浆方法和惰性气体泡沫防灭火的优点。泥浆通过注入氮气发泡后形成三相泡沫，体积大幅快速增加，并在采空区中可向高处堆积，对低、高处的浮煤都能覆盖，能够避免注入的浆体从底部流失；注入在采空区的氮气被封装在泡沫之中，能较长时间滞留在采空区内，充分发挥氮气的窒息防灭火功能。三相泡沫中含有粉煤灰或黄泥等固态物质，这些固态物质是三相泡沫面膜的一部分，可较长时间保持泡沫的稳定性，即使泡沫破碎了，具有一定黏度的粉煤灰或黄泥仍然可较均匀地覆盖在浮煤上，可持久有效地阻碍煤对氧的吸附，防止煤的氧化，从而有效地防治煤炭自燃发火，这是三相泡沫防灭火性能的优越性。三相泡沫安装示意图如图 1-86 所示，现场三相泡沫的喷射和堆积如图 1-87 所示。

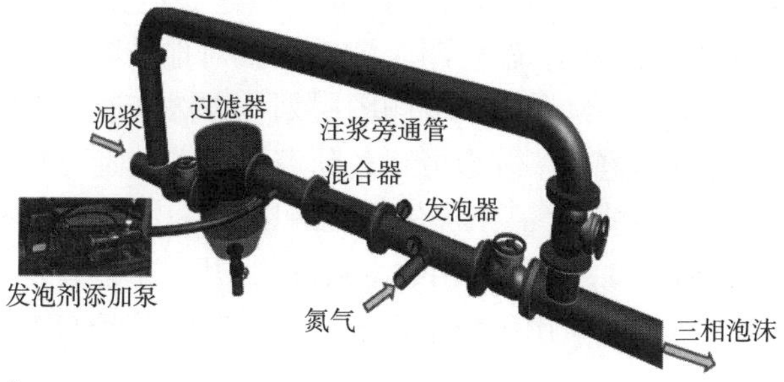

图 1-86　三相泡沫安装示意图

图 1-87 现场三相泡沫的喷射和堆积

三、矿井水灾防治技术及装备

1. 基于 GIS 和 GPS 的矿井水探测

国内对 GIS 的研究应用可概括为两类：一类是通过 GIS 系统处理数据；一类是以 GIS 为基础，通过调用开发函数库进行二次开发，开发出为用户定做的专用 GIS 软件。近年来，随着我国经济建设的迅速发展，国内对 GIS 技术的应用领域得到前所未有的发展。目前 GIS 技术被成功应用于资源管理、城区规划、自动制图、商业管理、交通运输、能源、人口管理、军事、教育等多个领域，并取得了良好的经济和社会效益。

成都理工大学的曹修定等讨论了基于 GIS 技术应用在地质灾害信息系统的主要功能及系统结构，并就建立地质灾害数据库和建立地质灾害模型做了初步探讨①。中国地质大学的郑贵洲等描述了用 GIS 工具对地球物理数据进行处理、综合、分析和解释的方法，举例介绍了专题图层划分方法，通过 GIS 空间叠加分析方法对各种地球物理数据进行了综合分析，研究了相关的地球物理数据间及地球物理数据与深部构造间的关系②。朱庆俊和王璇以 GIS 技术为基础，以 ArcView 为平台，基于 VB、VC 和二次开发函数 Avenue，开发了以管理与解释地质灾害勘查中的物探信息为目的的应用型信息系统。该系统除具备 GIS 的基本功能外，

①曹修定，阮俊，郑宝锋，等. GIS 技术在地质灾害信息系统中的应用[J]. 中国地质灾害与防治学报，2007，18（3）：112-115.

②郑贵洲，Veenendaal B，王仲停，等. 基于 GIS 地球物理数据处理和分析[C]. 第二届环境与工程地球物理国际学术会议，武汉，2006.

针对物探数据的特点，还具备物探成果一维、二维、三维显示和人机交互地质解释功能[①]。黄伟等则以 Windows 98/2000 为平台，基于个人 PC 机用于工程物探数据管理和模块化数据处理应用系统的开发和设计，为工程物探数据管理和处理提供了一种新的思路和手段[②]。魏莲等针对石油行业的勘探资料，通过多层次体系结构，开发出用于勘探资源管理的 GIS 信息平台，并在地理数据分发与服务的基础上开发了 B/S 与 C/S 结合的结构体系[③]。刘江梅等基于 GIS 技术开发了油气勘探数据库应用与管理系统，并研究了教务管理（educational administration system，EDUMIS）实现的软硬件环境、系统组成、图形库及数据库[④]。

目前，国外对 GIS 技术的应用进入了产业化阶段，并出现了一批以 GIS 为技术核心的信息技术产业公司。常用的国外 GIS 软件包括 ARC/INFO、GENAMAP、MAP/INFO、TIGRIS、ERDAS 和 SPANS 等。20 世纪 80 年代初期，我国开始对 GIS 技术有了研究，但还是以引进国外的 GIS 软件为主。随着国内对 GIS 技术基础研究的不断深入，基于国内的 GIS 技术应用领域和市场不断得到扩大，并取得了较好的发展前景。进入 90 年代，国内出现了独立研发的 GIS 软件产品，较著名的包括 MAPGIS、MAPENGINE、CITYSTAR、GEOSTAR、SUPERMAP 等。随着我国 GIS 事业的不断发展，当前 GIS 技术正经历着产业化阶段，并被应用到生产与生活的各个领域。

2. 基于电磁探测技术的矿井水害防治

瞬变电磁法是利用不接地回线（磁偶源）或接地线极（电偶源）向地下发送一次电磁场，在一次场的间歇期间，测量地下介质产生的感应二次场，通过分析各物理场值的变化规律和空间分布特征，从而推断探测范围内的地质信息与水文分布情况的方法。

我国飞翼公司 YCS160D 矿用本安型瞬变电磁仪（图 1-88）探测精度高，分辨能力强，配备 8 寸[⑤]高分辨率真彩显示屏；瞬间发射电流可达 4 安培；160 道测道数，1~9 999 叠加次数可选。

---

①朱庆俊，王璇. GIS 支持下的物探数据的管理与分析——以地质灾害勘查地球物理信息管理系统的建设为例[J]. 勘察科学技术，2005，（1）：58-61.

②黄伟，李大心，唐庆兵，等. 基于 GIS 技术的工程物探数据管理与处理解释系统[J]. 物探化探计算技术，2002，24（2）：140-145.

③魏莲，吴信才，刘修国. 基于 GIS 的石油勘探信息系统[J]. 测绘科学，2007，（3）：130-131.

④刘江梅，方旭，黄厚宽. 基于 GIS 技术的油气勘探数据库应用与管理系统——EDUMIS 的设计与实现[J]. 石油地球物理勘探，1991，（34）：142-148.

⑤ 1 寸=3.33 厘米。

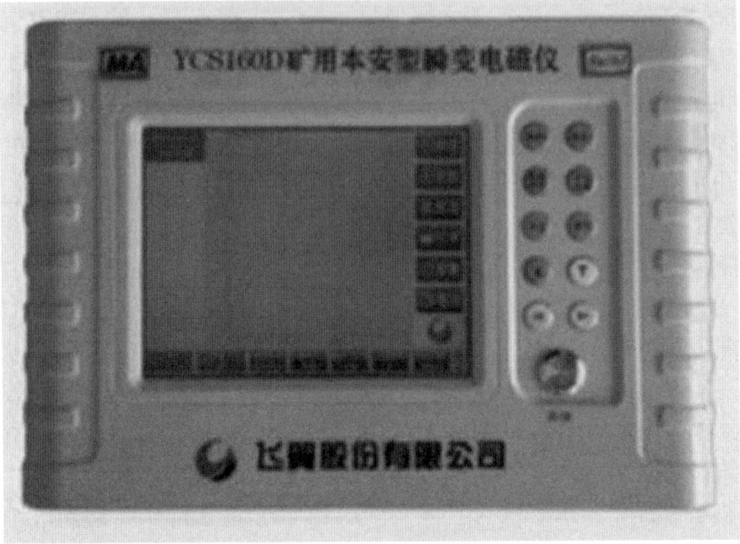

图 1-88 YCS160D 矿用本安型瞬变电磁仪

YCS160D 矿用本安型瞬变电磁仪主要用途包括煤矿井下顶板、底板和超前探测，有效探测距离达 150 米；煤层底板岩溶含水层、岩溶陷落柱及岩溶蹋落洞勘查；采空区及废弃的充水小煤窑水的积水勘查；掘进过程中或回采工作面内隐伏导水构造勘查；顶板、底板采矿扰动诱发的导水破裂勘查；矿区构造分布、构造含水性等勘查。

主要特点如下：

（1）性能强、精度高、探测距离远。发射电流大，性能强，探测距离达到 150 米；测道数多，探测精度高，分辨能力强，采样快捷高效；精度达到进口仪器技术水平，超越国内同类产品技术水平；具有良好的抗震、防潮、防尘性能。

（2）体积小、重量轻、携带方便。主机集接收和发射功能于一体，结构紧凑；设计集成度高，体积小、重量轻；便携式，携带、操作方便。

（3）整机大量使用当下流行的嵌入式系统设计技术，同时配合军工级的专业模拟电路芯片，采集到的模拟信号质量高。

（4）高分辨率真彩显示屏，触摸屏和键盘相结合的输入方式，人机交互式操作界面，触摸显示，智能机型，容易上手操作。

（5）24 位精度，微秒级采样率，海量内存。

（6）操作安全，勘探施工及解释处理高效。

3. 三维地震勘探技术

三维地震勘探技术的快速发展，促进了勘探技术工作的迅猛发展。例如，

Cordsen 和 Peirce 认真研究了施工要领及三维地震观测系统的设计，介绍了三维数据采集参数、三维观测系统的类型，而且对其优点和缺点进行了对比①。Vermeer 详细分析了正交块状三维观测系统的地球物理参数配置，优化了 MKB 方法和 LUG 方法，削减了相关决策变量和约束条件②。我国学者钱荣钧以目标层信息为出发点，根据对表层结构地球物理模型和地下结构地球物理模型的分析优化，研究出了地震采集参数③。尹成等研究带约束条件的数学规划模型计算目标函数，完成了线束状三维观测系统的优化④。简而言之，根据三维地震勘探技术所拥有的成本低廉、精度高和周期短等优势，该技术得到了快速应用和普遍发展。受技术及设备投入等因素的影响，国外不仅在三维地震勘探技术的研究方面具有较大优势，而且在软件设计方面也处于领先地位，如著名的地震设计软件等。我国近年来三维地震勘探技术也在发展中，在观测数据参数论证和观测系统优化设计方面也取得了一定的成绩。

由我国自主研发的矿用防爆三维地震仪（图 1-89），用于井下探测地质构造、导水裂隙，超前探测距离达 1 600 米，智能辨识，操作简便。

图 1-89　矿用防爆三维地震仪

① Cordsen A，Peirce J W. 陆上三维地震勘探的设计与施工[M]. 俞寿朋，等译. 保定：石油地球物理勘探局，1996.

② Vermeer G J O. Acquisition/processing—3D seismic survey design optimization[J]. The Leading Edge，2003，22（10）：934-941.

③ 钱荣钧. 关于地震采集空间采样密度和均匀性分析[J]. 石油地球物理勘探，2007，（2）：235-243.

④ 尹成，吕公河，田继东，等. 基于地球物理目标参数的三维观测系统优化设计[J]. 石油物探，2006，（1）：74-78.

4. 大功率潜水电泵

我国煤炭资源的开采深度正逐步加深，深部矿井的透水淹井事件时有发生，给国家和人民造成了不可估量的损失。为了快速复矿排水，要求矿井最低残留水位越低越好。20 世纪 80 年代以来，我国先后研制出了大功率潜水电泵+密封吸罩+接力泵+管路+系统其他设备组成的接力排水系统。其在多次矿山抢险救灾排水中发挥了重要作用，使矿井中的残留水位降低到 1.2~1.5 米，矿井得以成功复矿。

由我国自主研发的大功率矿井潜水电泵，最大功率 4 000 千瓦，最高扬程 1 700 米，最大流量 1 100 米³/时，可立、斜、卧安装运行。研发的快速管接头，单管口连接时间由40分钟缩短到5分钟。大功率矿用潜水电泵已在淮北桃源矿透水事故救援工作中应用。图 1-90 为潜水电泵，图 1-91 为管路快速接头。

图 1-90 潜水电泵

图 1-91 管路快速接头

四、矿压治理技术及装备

1. 微震监测技术及装备

微震，是指由岩石破裂或流体扰动产生微小的震动。广义上的微震可以分为两大类：工程生产上的微震（microseism）和自然产生的微地震（microearthquake）。前者是由人为生产施工导致岩石破裂产生的，相应的监测技术有油田压裂微震监测技术、矿山安全生产微震监测预警技术、水电站大坝微震监测技术等。后者是由天然应力场的变化引起岩石破裂或岩浆、雨水等流体扰动引起孔压变化产生的，相应的研究有利用大地震后微震研究大地震产生机理、利用微震数据研究断裂走向和长度、利用微震数据反演火山区速度和品质因子 Q 等。

微震的振幅、事件数及频率等参数能够反映微裂纹扩展的数量、尺寸、方位等，是与煤岩体的损伤程度相关的。不同损伤机制所导致的微震信号具有不同的频谱特征，会存在一个与之相应的特征谱。在微震信号强度相同的条件下，其频谱可能是不同的。因此，研究冲击地压前兆微震信号的频谱演变规律有助于实现冲击灾害的监测预报。

KJ522 煤矿微震监测系统（KJ522 Mining Micro-seismic Monitoring System）如图 1-92 所示。其依托于中国矿业大学安全工程学院和煤炭资源与安全开采国家重点实验室，结合前沿的信息技术、计算机技术、传感器技术和灾害智能预警分析技术，综合利用岩土力学、声学、地震学、地球物理学原理和强大的软件分析功能来实现微震事件的波形采集、震源定位和能量、震级的确定等。

图 1-92　KJ522 煤矿微震监测系统

该系统可应用于监测预警冲击地压、煤与瓦斯突出和突水等煤岩动力灾害，监测采动裂隙演化、煤矿顶板和矿压活动，也可用于监测预报滑坡、评估边坡或岩石混凝土结构的稳定性，特别适合于全矿井大范围监测预警及工作面尺度高精度监测预警。

KJ522 煤矿微震监测系统的工作原理：煤岩体在应力作用下，其内部将产生局部弹性能集中，当能量积聚到某一极限值后，会引起微裂隙的产生与扩展，并伴随有弹性波或应力波在煤岩体中的快速释放和传播。GZD3 传感器接收到原始微震信号后将其转变为模拟电信号，远距离传输到地面 KJ522-F 微震监测站，监测站将信号转换后传入系统计算机进行全方位处理和分析。

2. 电磁辐射监测技术及装备

电磁辐射法预测煤岩动力灾害技术及装备可用于监测预报煤与瓦斯突出、冲击地压（或岩爆），也可用于监测顶板来压和断裂、滑坡，用于隧道及巷道松动圈测试和内部应力带评估，用于边坡、隧道、大坝等岩石混凝土结构稳定性监测及评估。

电磁辐射法预测煤岩动力灾害技术及装备通过非接触监测受载煤岩体变形破裂过程中的电磁辐射信号及其变化规律，动态监测预报煤与瓦斯突出和冲击地压等煤岩动力灾害。电磁辐射与应力及煤岩体的变形破裂过程呈正相关关系，电磁辐射信息综合反映了煤与瓦斯突出和冲击地压的主要影响因素，煤岩体电磁辐射及其变化能够反映矿井煤与瓦斯突出和冲击地压的危险性。

基于受载煤岩体的电磁辐射特性及规律，中国矿业大学自主研制了具有电磁信号接收、数据处理、数据存储、通信和灾害预报等功能的煤岩动力灾害电磁辐射监测仪，开发了基于Windows系统的具有数据通信、参数设置、数据处理及分析和动态预报等功能的软件。中国矿业大学自主研发的 KBD5 电磁辐射监测仪（图 1-93）、KBD7 电磁辐射监测仪（图 1-94）（在线式，可与 KJ 系列煤矿安全监测系统联网运行），在预测冲击地压时，矿压大的地方，电磁辐射较强；有冲击危险的区域，电磁辐射异常，表现为电磁辐射水平明显增强或变化剧烈。这表明电磁辐射法预测煤与瓦斯突出和冲击地压等煤岩动力灾害危险性是可行的，研制的电磁辐射监测仪实现了非接触预测，省时省力，对生产影响较小，稳定性好，准确率较高。

图 1-93　KBD5 电磁辐射监测仪

图 1-94　KBD7 电磁辐射监测仪

煤岩动力灾害电磁辐射监测仪技术包括以下特点：

（1）实现了非接触、定向、区域性及连续动态监测。

（2）预测无须打钻，操作简便快捷，大幅度缩短了操作时间、降低了工人的劳动强度及预测费用。

（3）有效预测范围为 7~22 米，最大可达 50 米。

（4）预测方法：临界值法预报和动态趋势法预报。

（5）防爆型式：ExibI（已取得 MA 认证等三证）。

煤岩动力灾害电磁辐射监测仪在平顶山煤业集团有限责任公司、沈阳煤业集团红菱煤矿有限责任公司等 10 多个局矿用于预测煤与瓦斯突出，在徐州矿物集团有限公司三河尖煤矿、新汶矿业集团有限责任公司华丰煤矿等 20 多个局矿用于预测冲击地压，在北京京煤集团木城涧煤矿用于监测预报冲击地压和采空区顶板稳定性。运用该项技术及装备对重庆朝天门隧道进行了成功的应力状态和稳定性监测与评估。

3. 声发射监测技术及装备

用仪器探测、记录、分析声发射信号和利用声发射信号推断声发射源的技术称为声发射监测技术。声发射监测技术是一种新兴的动态无损检测技术，涉及声发射源、波的传播、声电转换、信号处理、数据显示与记录、解释与评定等。

井下煤岩体属于一种非线性应力介质，当其受力引发破坏时，将有能量释放，声发射现象就是这种能量释放过程的物理效应之一，因此，声发射信号强度在一定程度上能够反映煤岩体应力状态和释放能量速率。煤岩体声发射现象是煤岩体受开采扰动、各向应力等条件共同作用产生变形或破坏时，以弹性应力波形式向外部空间（采场）释放能量的现象，声发射的产生与煤岩体所受条件变化有主要关系。煤矿冲击地压发生的根源所在就是煤岩体受开采扰动影响，致使动态矿山压力重分布，从而引发能量突然释放。

冲击地压是煤岩体在达到极限应力状态后的突然破坏现象，直接参与到冲击破坏的煤岩体一般分布在达到极限平衡状态的部位，这些煤岩体首先产生局部破裂，进而引起声发射现象，并出现相对活跃期。冲击地压的孕育过程是煤岩体变形能累积和突然急剧释放的过程，强度与煤岩体能量累积过程相关。因此，声发射现象变化时空状态包含了冲击地压前兆信息。

现有声发射技术的主要特点有以下几点：

（1）声发射技术是一种动态检测方法，所捕捉的能量来源于被测物体。

（2）声发射技术对线性缺陷材料较灵敏，它能准确捕捉到外力作用下这些线性缺陷的变化情况，当缺陷处于稳定状态时，物体不会引起声发射现象。

（3）声发射技术往往只需一次检测便能评价整个结构缺陷存在的形式。

（4）声发射技术可随时间、载荷、温湿度等外部参数改变来提供结构缺陷不同情况下的实时信号，适用于现场工程在线监测，能够对失稳破坏及时提出早期预测。

（5）声发射技术由于对被测物体所处环境要求不高，所以声发射技术适用于其他方法难以发挥作用的环境中，如有毒、辐射、易燃（爆）、高（低）温等环境。

（6）声发射技术不局限于被测物体的外形，因此，适用于其他方法难以完成的复杂不规则形状物体的检测。

KDZD 型冲击地压声发射信号记录仪依照煤安标准进行研发，具有使用简便，安全防爆，可适用于水、热、冲击等复杂环境的特点，初步设计通道数目为双通道，各项参数均满足煤矿井下安全使用标准。

4. 光纤光栅煤矿监测系统

长期以来，我国煤矿顶板事故伤亡人数居高不下，顶板事故已经成为影响煤矿安全生产的重灾区。目前，对顶板压力、位移、锚杆受力状况等直接影响煤矿安全因素的监测仍采用传统的、常规的机械式或电感式方法，大部分靠人工观测，不能实现对巷道围岩压力、应力、位移、锚杆受力及采场支架工作阻力等状况的在线实时监测和预警。基于光纤光栅传感技术的煤矿顶板安全在线监测系统所开发的新型光纤光栅传感器，通过测量光的波长变化可以在线实时监测顶板应变、应力、位移、锚杆受力、支架工作阻力、煤柱应力等参数，具有不怕恶劣环境、抗电磁干扰、易于传输、测量精确和准分布式测量等优点。实时掌握了解巷道围岩及采场顶板的状态，可实现对煤矿顶板安全事故的预警，为巷道围岩及采场顶板的稳定程度和安全性评估提供科学依据。基于光纤光栅的矿压在线监测系统，对于煤矿安全高效开采有着重要的工程意义和广阔的发展前景。

基于光纤光栅的矿压在线监测系统是主要针对目前我国煤矿矿压监测水平低、事故突发频繁等现状，以中国矿业大学提出的“科学采矿”理念为指导，以中国矿业大学多年来形成的矿压监测与支护质量检测理论、技术、软件仪器为基础，以矿山压力与围岩控制、煤矿安全高效开采、开采智能监测为知识背景，与最新引进的光纤光栅传感技术进行集成创新，建立起来的新型基于光纤光栅的矿压在线监测系统。该系统将计算机技术、光纤通信与数据处理技术、传感器技术和煤矿安全技术融为一体，通过各种不同功能的光纤光栅传感器，将被测的不同形式的物理量（如应力、应变、位移、压力等）转变成便于记录及再处理的光信号，通过光纤光栅信号处理仪器对监测的数据进行处理，处理结果上传至监控主机，构成一套合理的矿压在线监测系统。

该系统主要分为巷道顶板在线监测和综采工作面支架工作阻力在线监测两部分，可以实现多重功能：①监测掘进和回采巷道的顶板离层位移与速度；②监测锚杆支护巷道锚杆或锚索的载荷应力；③监测巷道围岩或煤柱内部应力；④监测综采工作面支架和超前支护工作阻力；⑤井上计算机在线动态显示监测参数和超限预警；⑥该系统监测的数据自动存储，可以历史查询以及数据信息共享。

回采巷道顶板压力在线监测系统（图 1-95）：利用先进的光纤光栅技术，研制出光纤光栅测力锚杆传感器，具有实时在线多点监测、长距离传输、灵敏度高、不受电磁干扰等优点。

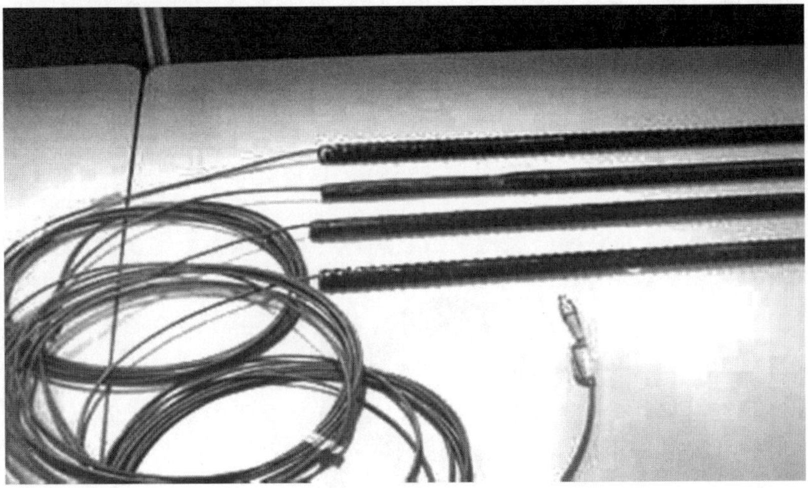

图 1-95　回采巷道顶板压力在线监测系统

监测锚杆工作时锚杆锚固区、非锚固区的应力大小及分布情况，将其作为分析顶板应力状态及顶板安全状况的基本依据，这对煤巷锚杆支护安全施工及参数设计优化具有重要意义。

光纤光栅锚杆测力计（图 1-96）采用中空结构，主要由三通阀、压力表、光纤光栅压力传感装置组成。用于监测锚杆、锚索所受的载荷大小和预应力的变化情况。其结构简单、安装方便、监测连续，可同时进行现场观测和在线传输。

图 1-96　光纤光栅锚杆测力计

光纤光栅钻孔应力计（图 1-97）采用的是基于光纤式的一维应力应变测量技术，测量的是煤体或岩体垂直应力的大小。受应力作用的钻孔周围煤体或岩体产生破坏变形，将应力传递到应变体上产生横向变形，置于光纤光栅钻孔应力计内的光纤光栅将变形量转换成光波信号。

图 1-97　光纤光栅钻孔应力计

五、矿井防尘降尘技术及装备

1. 降尘喷枪及喷涂技术

国内所使用的喷枪与国外相比效率低，喷涂材料性能尚有一定差距；另外，国外产品种类更齐全，作用功能特点更精准。

湖南安全技术职业学院承担了安全生产重大事故防治关键技术科技项目——一种移动式降尘装置及捕集剂的研究。喷枪的不锈钢弹簧减少了臂的震动，使摇臂光滑耐震，配重重量减轻。由于配重比较小，臂直接置于喷枪主体中间，使重量分布均衡，通过降低喷枪的重量保持了平衡，减小了震动。该喷枪强度高，具有双臂加固的连接装配，自调节制动机构，长寿命润滑剂密封轴承。

2. 干式除尘系统

国内大型除尘系统比较少，大多从西欧国家进口，全国首台 HBKO1/600 型干式除尘系统（图 1-98）在哈拉沟煤矿成功投入使用。哈拉沟煤矿 1-2 煤东翼辅运上山为岩巷，由开拓准备中心综掘二队负责施工，生产过程中工作面粉尘浓度大、能见度低，严重影响辅助运输安全和工作人员身体健康。为了降低粉尘浓度，保证安全生产，开拓准备中心引进德国先进技术 HBKO1/600 型干式除尘系统，为 1-2 煤辅运上山工程施工保驾护航。

图 1-98　HBKO1/600 型干式除尘系统

各干式除尘系统均由吸尘罩、除尘风管、手动调节阀、电动转换阀、袋式除尘器、旋转排灰阀、螺旋输送机、通风机、电动机、减振设施、排风口以及上述设备的支架、除尘器操作检修平台、走道及扶梯等组成。皮带机转接机房的除尘系统中，在受料皮带落料处设密闭吸尘罩，除尘风管向上引至机房室外的袋式除尘器。除尘器均布置在室外，并安装在受料皮带机的上部，以便将收集的煤尘送回到运行中的受料皮带上。通风机安装在清洁空气一侧，排风口高出周围建筑物1.5米以上，排放口空气含尘浓度小于120毫克/米^3。排风管上安装避雷设施。除尘器操作检修平台、走道及扶梯结构布置等均与邻近的皮带机房协调一致。

HBKO 系列除尘系统已成为世界领域中的首选产品，特别是在干式除尘方面，它已成为不可或缺的产品。处理风量可达 600 米^3/分，滤布面积 282 平方米；风机功率 2×55 千瓦。除尘效率可达 99.997%。德国 HBKO 系列除尘系统尤其适合于井下掘进工作面，综合除尘效率≥95%，5 微米以下的综合吸尘除尘效率≥90%。

3. 便携式煤尘爆炸性测量仪

我国的煤尘爆炸性测量仪仍然以使用大管状煤尘爆炸性鉴定分析系统为主。大管状煤尘爆炸性鉴定分析系统由造尘云、燃烧、通风排烟除尘、自动测试并记录火焰长度 4 个部分组成。首先通过手动控制将加热丝温度调节到 1 100℃，然后打开喷气阀将1克煤粉吹到加热丝周围，同时使用高速COMS数码相机连续拍摄火焰图像，然后通过数据采集卡将其送到计算机中，再经专用图像处理软件处理计算出所摄取图像中最长火焰，据此判断煤尘爆炸性质，并打印出鉴定结果。目前我国煤矿井下还没有使用便携式煤尘爆炸性测量仪。

4. 除尘添加剂

除尘添加剂在国内外均广泛使用，国内产品虽然价格低廉但是效果有待提高。除尘添加剂旨在中和乳化液及乳化液中的静态和立体电荷，中和液体中盐类固体颗粒的磁负荷，从而降低液体表面和界面张力，使液体（水）得到“改性”而获得强有力的润湿、乳化、去团聚化和梳解的作用，解决了矿尘比表面积大易吸附在空气分子中和因具有荷电性互相排斥而导致微尘难降落的难题。其一定浓度溶液对固体颗粒有极强的润湿作用，能增加颗粒与液体之间的黏附力，因此可以使悬浮在空气中的微细粉尘润湿而增加重量，从而被抑制、消除，也可以将空气中飘浮的油基粉尘、液珠、超微粒子与水混合成水性悬浮液，从而达到降尘、清洁空气的目的。

为确定除尘添加剂最佳除尘浓度，技术人员在特制模拟巷道中以粉尘浓度（全尘浓度）恒为100毫克/米^3、呼吸性粉尘浓度恒为20毫克/米^{3}进行实验。除尘添加剂浓度在 3‰时，除尘效果最佳，用量最经济。祁东煤矿 3245（上）综采工作面煤层注水添加除尘添加剂后全尘除尘效率达 61.1%，呼吸性粉尘除尘效率达 60.9%。

六、矿山应急救援技术及装备

应急指挥系统是为煤矿应急指挥过程中提供科学决策、通信畅通、数据完备、指挥到位的重要保障。我国的矿山救援指挥系统分为四个不同的层次，即国家、区域、地方和煤矿企业四级应急指挥系统。总体上来看，我国矿山救援指挥系统整体信息化水平不高，现代化煤矿应急救援指挥信息系统尚未完全建立起来。目前，大部分煤矿应急救援指挥系统仍然依托纸质应急预案和传统通信手段，急需实现煤矿救援指挥系统的信息化、智能化、网络化。

由于国外发达国家对煤炭能源依靠程度低，且煤炭资源赋存条件好、开采自动化程度和安全生产管理水平高，安全性好，故对煤矿救援探测自动化装备的需求不迫切，相关研究主要集中在职业安全健康、劳动保护、矿井通风及空气调节等方面，专门用于煤矿井下应急救援探测的技术装备研究也没有得到应有的发展。我国煤炭开采自动化程度和安全生产管理水平相对较低，人员密度高，矿难事故多发，迫切需要矿山救援探测自动化设备。

1. 救援指挥车

我国应急救援技术研究起步较晚。目前已少量应用的救灾指挥车功能配置不完善，特别是气体分析仪器稳定性和可靠性较差，难以满足抢险救援的需要。

KJC 矿山救援指挥车是煤炭科学研究总院重庆研究院最新科研成果，整体技术指标达到国内领先水平，可实现对事故现场气样的快速、准确分析和爆炸危险性判定，有效提高事故救援效率，保证决策指挥准确性。

KJC 矿山救援指挥车主要功能包括：为事故救援指挥提供快速、准确的事故现场气样有毒有害气体成分分析；准确判识可燃混合气体爆炸危险性；具备救灾通信、灾区动态监视图像、语音、数据传输等事故救援指挥功能；搭载其他常备的救援指挥设备、仪器和工具；可作为临时办公和休息场所；仪器和设备可得到有效的减震和抗震保护。

国内车载救灾指挥系统一般都只配置气体分析系统以满足事故抢险救灾期间气体分析的需要，即使少数装配了救灾决策专家系统，也只能进行简单的瓦斯爆炸危险性分析。由于各厂家的专业技术水平和主要产业领域不同，产品配置基本相似，但性能技术指标各不相同，大多数车载救灾指挥系统的气体分析系统配置的气相色谱仪自动化程度低、分析可靠性差、受人为影响大。

2. 井下探测机器人

在国内，灾区探测机器人的研究刚刚起步，但进展很快。中国科学院沈阳自动化研究所在 2002 年研制了一种蛇形机器人，由 16 个单自由度关节模块和蛇头、蛇尾组成，在监控系统的无线控制下可实现蜿蜒前进、后退、侧移、翻滚等多种动作，并能通过安装在蛇头上的微型摄像头将现场图像传回监控系统。国防科技大学在 2001 年也研制了一种蛇形机器人。中国矿业大学在“211 工程”的支持下，已开始研制煤矿救灾机器人。中国矿业大学救援技术与装备研究所于 2005 年开发出国内首台用于煤矿环境探测及煤矿灾难搜救的机器人 CUMT-1（图 1-99）。该机器人能够实时探测灾区的瓦斯浓度、一氧化碳浓度、粉尘浓度和温度，安装有低照度摄像机，能实时传回灾区的视频和环境信息；同时该机器人具有双向语音对讲功能，可以报告受害者的情况，与受害者进行对话。车上可携带食品、水、药品、救护工具等救灾物资。

图 1-99　CUMT-1 型矿难搜救机器人

继 CUMT-1 型研制成功后，中国矿业大学救援技术与装备研究所又开发了更小巧灵活的 CUMT-2 型无线数据通信煤矿探测机器人（图 1-100）。该机器人能够通过释放中继模块，组建无线通信网络，并且能够实现局部的自主避障功能，能把环境气体信息、现场视频信息传回救援指挥中心。

图 1-100 CUMT-2 型无线数据通信煤矿探测机器人

唐山开诚电控设备集团有限公司 2010 年成功研制出了矿用抢险探测机器人样机，通过了由中国煤炭工业协会组织的专家鉴定，其技术成果填补了国内空白，达到国际先进水平，先后获得 4 项国家专利。2011 年，在开滦集团东欢坨矿井下进行了实地极限演练，展示了机器人在特殊环境下的使用优势，这对于我国存在二次爆炸危险的煤矿井下灾区探测具有重大意义。2013 年该公司研制出第五代灾区探测机器人（图 1-101）。该机器人通过双重隔爆方式解决了煤矿井下“0 区”防爆等问题，最大运行距离 1 500 米，连续供电时间 4 小时，携带一氧化碳、二氧化碳、氧气、甲烷和温度 5 个传感器以及 4 个摄像头，通过光纤可以将灾区数据和图像传送到地面救灾指挥部。

图 1-101 第五代灾区探测机器人

针对现有情况，为进一步提升我国矿山事故灾难应对能力，提高应急救援工作的科学性和主动性，结合《国家公共安全科技发展“十二五”专项规划》，亟待研究和开发机器人、智能化和信息化的应急救援技术和装备。

3. 起重设备

井下灾害事故救援中，遇有大块岩石、木柱、金属网、铁梁、铁柱等物压人时，可使用液压起重器、千斤顶、支护设备等进行处理。

目前矿山用液压起重器产品型号均为QFB，该产品被列入救护规程后，通过全国所有矿山救护队的使用，并经过多次改进，现已发展成规格为0.5~20吨的一系列产品。该起重器选用高强度锰钢材料，结构独特，最初起重高度低，而且能在空间任意角度起重，使用方便可靠。

除液压起重器外，起重气垫也可用于矿山救援中。国内拥有型号为 QD 系列的矿山救援起重气垫，广泛用于处理矿山冒顶事故、塌方事故、煤矿救援救护、抢险救援辅助等。QD 系列矿山救援起重气垫具有抗静电、抗裂、耐磨、抗油、抗老化等性能。起重能力为 3 吨、5 吨、8 吨、10 吨、12 吨、16 吨、18 吨、20 吨、24 吨的美国 SLK 系列起重气垫，适合于各种复杂场合，柔韧性高，耐腐蚀性强，超薄设计（2.5 厘米），有 2.5 厘米宽的缝隙便可插入气垫；独立起重气垫的起重能力为 1~71 吨，组合套件可达 162 吨，且升举速度快；Holmatro 高压起重气垫的最大工作压力 800 千帕标准支撑力 10~670 千牛，气垫厚 22~25 毫米，最大支撑高度 521 毫米。

遇有大块岩石威胁遇险人员时，可使用千斤顶等工具移动岩块，但须尽量避免破坏冒顶岩石的堆积状态。千斤顶可分为电动、液压、油压和气动等多种。依据特殊要求，还有大吨位千斤顶（起重能力 1 000 吨）、超薄千斤顶、超高压千斤顶、空心千斤顶、同步千斤顶等。千斤顶型号众多、规格不统一，起重能力 5~200 吨，起重高度 10~200 毫米。此外，美国恩派克公司生产的千斤顶系列也有较广泛应用。Holmatro 矿山专用液压撑杆最大支撑力有 100 千牛及 164 千牛两种，行程分别为 150 毫米及 2×350 毫米。CDZ 型组合式救援支撑柱，长度 495~3 555 毫米，可承载力 20~240 千牛。鸡西矿业集团救护大队等配备了该支撑柱。

4. 救援钻机

在钻孔救援过程中，定位被困人员后，可利用快速钻机钻孔，为被困人员输送氧气、食物等，使其维持生命；或是用快速钻机钻取深孔、大直径钻孔，利用救援舱等将人员提升到地面。可用于矿山救援的钻机主要有以下几种。

天明集团自主开发的国内首台 TMC90 型全路面大口径矿山救援钻机（图 1-102）成功下线，发往神华集团“国家矿山救援鄂尔多斯基地”投入使用。经过近两年的研制开发，单台价值 2 000 多万元的两台矿山救援钻机成为该中心第一批应急救援装备。

图 1-102　TMC90 型全路面大口径矿山救援钻机

快速钻机是一台集空气钻进、机械传动、提升钻塔、液压动力为一体的车载钻机，正常行驶速度 90 千米/时，到达工作现场后一小时准备即可开钻。该钻机利用顶驱动力装置及空气潜孔锤冲击钻进与牙轮回转钻进功能，钻进速度明显提高。其中在第四系冲积层中钻进可达 10 米/时（传统方式钻进约 2 米/时）；在基岩地层中钻进平均 20 米/时，最高可达 30 米/时（传统方式钻进 1~2 米/时）。钻孔直径一般为 190~216 毫米，最大经扩孔可达 311~500 毫米。可以作为快速钻机通过无磁钻铤、单点照相测斜仪和导向螺杆组成的方位监控系统，使钻进方向沿着预定目标前进，最终准确中靶，可按要求进行垂直、侧斜及水平钻进。快速钻机具有自身动力装置，可用泥浆做循环介质，也可用空气做循环介质，可在 ±40℃、缺水、缺电条件下正常工作，如图 1-103 所示。

图 1-103　CZT80D 车载钻机

我国自主研发的地面大口径快速钻进钻机如图 1-104 所示，其可快速打通生命通道，最大钻孔直径 711 毫米，最大钻孔深度 700 米；研发的救援提升装置，最大提升重量 100 吨，最大提升距离 1 500 米。已在区域队配备 8 套，神华集团等企业配备 4 套。

图 1-104　地面大口径快速钻进钻机

5. 生命探测仪

根据原理不同，生命探测仪可以分为音频探测仪、红外探测仪、感应电场探测仪等。音频探测仪主要是通过采集声音进行识别。顶板事故发生后，被困人员会呼喊或敲打岩石等物体，音频探测仪就通过搜集其产生的声音信号，显示人员位置。红外探测仪是根据被困人员身体产生的热量，利用红外线探测原理探测被困人员位置的仪器。感应电场探测仪是通过感应人体心脏跳动发出的 30 赫兹以下超低频电波所产生的电场而找到被困人员位置的仪器。湖南省公安消防总队和湖南华诺星空电子技术有限公司联合研发的“警用超宽带雷达式生命探测仪”（图 1-105）是目前我国最先进的一种生命探测仪。它的穿透能力强，能探测到被埋生命体的呼吸、体动等生命特征，并能精确测量被埋生命体的距离深度，具有强的抗干扰能力，不受环境温度、热物体和声音干扰的影响，具有广泛的应用前景。

图 1-105　警用超宽带雷达式生命探测仪

警用超宽带雷达式生命探测仪具有很大的相对带宽（信号的带宽与中心频率之比），一般大于 25%，检验人体生命参数是以脉冲形式的微波束照射人体，由于人体生命活动（呼吸、心跳、肠蠕动等）的存在，被人体反射后的回波脉冲序列的重复周期发生变化。如果对经人体反射后的回波脉冲序列进行解调、积分、放大、滤波等处理并输入计算机进行数据处理和分析，就可以得到与被测人体生命特征相关的参数。

警用超宽带雷达式生命探测仪用于震区生命探测，具有穿透力强、作用距离精确、抗干扰能力强、多目标探测能力强、探测灵敏度高等优点，探测距离可达 30~50 米，穿透实体砖墙厚度可达 2 米以上，可隔着几间房探测到人，并具有人体自动识别功能，在生命探测领域拥有广泛的应用前景。其与红外探测仪、音频探测仪相比更实用，因此成为研究的热点。生命探测技术的发展，必将使其应用范围不断扩大，如用于医学上的非接触式生命监护等，将通过更多的途径挽救生命，造福人类。

第三节　国内外矿山事故灾难综合治理科技发展对比分析

（一）国内外煤层气（瓦斯）地面开发技术及装备对比

20 世纪 80 年代至今，我国矿井煤层气抽采工艺技术步入了自主研发的良性循环过程，引进的勘探及地面开发主体技术与装备经过消化和改良，支撑了我国煤层气地面井开发的发展，但尚未完全适应于我国的不同地质条件。今后几十年间，北美等国家由于页岩气的竞争而失去了创新煤层气勘探开发技术的动力，因此，了解现有技术的成熟程度，分析现有技术适应性及其缺口，是确定我国煤层气勘探与开发技术自主创新方向的基础。

表 1-3 为国内外煤层气（瓦斯）地面开发技术及装备对比。

表 1-3 国内外煤层气（瓦斯）地面开发技术及装备对比

技术及装备	国外	国内	说明
陆上地球物理勘探仪器	√	√	我国地球物理勘探仪器已基本达到世界先进水平
新型顶部驱动钻井装置	√	△	国外顶部驱动钻井装置日益成熟，我国顶部驱动钻井装置与国外有一定差距
全自动地面钻井装备	√	△	国外钻井设备自动化程度更高，自动化钻井装备得到普及和推广。我国仍以半自动化传统钻井设备为主
无线随钻测量系统	√	√	我国已经研制出达到国际先进水平的无线随钻测量系统，但是系统的适用范围与国外系统仍有一定差距
测井仪器	√	△	我国研制的测井仪器与国外该类仪器有一定差距
大型压裂机组	√	△	国产压裂装备关键部件基本采用国外产品；国产泵性能与国外有一定差距

“△”表示有应用但是应用不广泛；“√”表示有应用并且应用广泛

（二）国内外矿井防灭火技术及装备对比

我国从 20 世纪 50 年代起在煤矿推广灌浆防灭火技术，60~70 年代对均压通风防灭火技术、阻化剂防灭火技术、泡沫防灭火技术进行了研究应用，80~90 年代研究了自燃火灾预测预报技术、惰性气体防灭火技术、凝胶防灭火技术、火区快速密闭技术、堵漏风技术、带式输送机火灾防治技术、内外因火灾监测监控技术等，90 年代以后主要集中在原有防灭火技术装备性能提升以及新型防灭火材料研制等方面。煤矿火灾防治技术经历了几十年的发展，在煤矿火灾监测、灌浆防灭火、均压防灭火、阻化剂防灭火、泡沫防灭火、惰化防灭火、凝胶防灭火、堵漏风防灭火技术等方面取得了多项科研成果，已逐渐形成了火灾预测、监测、预防、治理相结合的综合火灾防治技术体系，并且在灾变时期风流流动及控制、救灾决策辅助系统、灾后抢险救灾技术等方面取得了较大进展。我国在矿山防灭火理论技术方面已进入国际先进行列，多项技术已处于国际领先水平。

表 1-4 为国内外矿井防灭火技术及装备对比。

表 1-4 国内外矿井防灭火技术及装备对比

技术及装备	国外	国内	说明
车载自动灭火系统	√	△	国内产品防灭火效率较低
Jet Engine	√	△	国内产品防灭火效率较低
可充气高倍数泡沫	√	√	国内外使用均较为广泛
低温浆体灌注	√	√	国内已实现规模化应用
液氮防灭火系统	√	√	国内已实现规模化应用

“△”表示有应用但是应用不广泛；“√”表示有应用并且应用广泛

（三）国内外矿井水害防治技术及装备对比

矿井水害防治领域的技术及装备主要集中在地球物理勘探方面。目前，我国通过自主研发、消化-引进再创新等方式，在 GIS 和 GPS 法、电磁法及三维地震法等方面取得了长足的进步，其主要技术指标与发达国家相比较为接近。

表 1-5 为国内外矿井水害防治技术及装备对比。

表 1-5　国内外矿井水害防治技术及装备对比

技术及装备	国外	国内	说明
基于 GIS 和 GPS 的矿井水探测技术	√	√	国内外使用均较为广泛
基于电磁法的矿井水探测技术	√	√	国内外使用均较为广泛
三维地震勘探技术	√	√	国内外使用均较为广泛
大功率潜水电泵	√	√	国内水泵功率及可靠性不及国外产品

“△”表示有应用但是应用不广泛；“√”表示有应用并且应用广泛

（四）国内外冲击地压（岩爆）防治技术及装备对比

冲击地压（岩爆）防治领域的技术及装备主要集中在监测预警方面。目前，我国通过自主研发、消化-引进再创新等方式，在该领域取得了长足的进步，其理论技术水平与发达国家相比无显著的差距。

表 1-6 为国内外冲击地压（岩爆）防治技术及装备对比。

表 1-6　国内外冲击地压（岩爆）防治技术及装备对比

技术及装备	国外	国内	说明
微震（地音）法	√	√	国内外应用均较广泛，但国产微震设备技术指标、关键参数等与国外有一定差距
声发射法	△	△	国内外均有应用，但由于易受干扰，应用不够广泛
电磁辐射法	△	√	国内应用广泛，国外有类似产品，但应用范围较小，多开展实验研究
钻屑法	√	√	国内外均应用广泛
矿压观测设备	√	√	国内外均应用广泛

“△”表示有应用但是应用不广泛；“√”表示有应用并且应用广泛

（五）国内外矿井粉尘防治技术及装备对比

在粉尘监测方面，我国在基础理论及技术装备方面与国外均存在较大差距，主要包括：①监测方法上有待改进。国外发达国家对粉尘的监测都是以长周期呼吸性粉尘监测为重点，有些国家（如英国、德国等）还配置了粉尘浓度传感器，对工人作业场所的粉尘污染状况进行连续实时监测。我国还停留在以短时、间断性测尘为主的阶段，测出的粉尘浓度不能准确地反映煤矿井下的粉尘污染状况。

国外采用连续监测，可以准确把握工人在一个工作班之内所接触的平均粉尘浓度，能对尘肺病的预防起到积极的指导作用。我国虽然已研制出长周期呼吸性粉尘采样器，但由于没有制定相应的法规和规程及标准，而没有普遍推广应用。②缺乏先进的监测技术及仪器，主要表现在对呼吸性粉尘的连续监测方面。国内能够进行煤矿井下长周期粉尘浓度监测的仪器只有个体采样器、AZF-O1 型呼吸性粉尘采样器，没有能够进行连续在线监测的呼吸性粉尘浓度传感器，而国外有系列化的粉尘浓度监测仪器，如德国的 TM 系列、日本的 PS 系列、英国的西母斯林系列及美国的粉尘雷达等，它们可以根据粉尘作业场所的特点选择相应的粉尘监测手段，而我国在目前情况下却不能实现这种选择。

表 1-7 为国内外矿井粉尘防治技术及装备对比。

表 1-7　国内外矿井粉尘防治技术及装备对比

技术及装备	国外	国内	说明
降尘喷枪及喷涂技术	√	√	国内所使用的喷枪效率低，喷涂材料性能有差距
干式除尘系统	√	△	国内大型除尘系统装备较少
便携式煤尘爆炸性测量仪	√	△	国内类似产品精度差，受环境条件约束大
除尘添加剂	√	√	国内外均使用广泛，国内产品价格低廉但效果有待提高
除尘车	√	△	国内产品集成化的装备少，且除尘效率较低

“△”表示有应用但是应用不广泛；“√”表示有应用并且应用广泛

（六）国内外主要应急救援技术及装备对比

我国矿山应急救援技术及装备的研究起步较晚，虽然通过近几年的研究应用，部分单项技术取得了重大进展，但与国外先进技术相比还存在一定差距，尤其是在系统配套性方面，还不能完全满足煤矿应急救援的要求，需要开发适应性更强的应急救援技术与装备，提高系统可靠性和稳定性是今后应急救援技术及装备研究工作中面临的一项艰巨任务。

表 1-8 为国内外主要应急救援技术及装备对比。

表 1-8　国内外主要应急救援技术及装备对比

技术及装备	国外	国内	说明
垂直钻进及救生舱	△	×	2010 年智利圣何塞铜矿利用此方法成功救出井下全部 33 人；2002 年美国宾夕法尼亚州丘克里克煤矿发生透水事故，成功救出全部被困的 9 人
车载地震定位系统	△	×	该系统只生产了一台样机，目前没有继续发展
救援机器人及飞行器	√	△	国外机器在性能设计上都充分考虑了复杂条件下进行矿山救援的需要
矿用救生舱	√	△	在美国，避难硐室和救生舱被公认为是一项成熟有效的技术。美国联邦矿山安全健康监察局提出以抗击 0.103 3 兆帕（15 磅/英寸²）过压和最高闪燃温度 150℃为设计标准

续表

技术及装备	国外	国内	说明
矿山救援指挥系统	√	△	国外集成化程度更高
水平定向钻救援钻机	√	√	国外救援钻机钻孔长度更长，效率更高
水泵	√	√	国内水泵功率不及国外
呼吸器及逃生系统	√	√	国内外均广泛使用，但国内产品的性能较国外差距较大

“△”表示有应用但是应用不广泛；“√”表示有应用并且应用广泛；“×”表示没有应用

第二章　化工和危险化学品事故灾难综合治理关键技术现状

第一节　国内外典型化工和危险化学品事故分析

化工和危险化学品行业历来是事故高发行业，一直受到公众的重视。特别是近年来随着生产的大型化、集中化，化工与化学品行业发生重大事故的概率大幅上升，化工和危险化学品事故时有发生，致使公众谈“化”色变。

据国家安全生产监督管理总局①统计，如表 2-1 所示，2007~2016 年，国内发生较大以上危险化学品事故 120 起，死亡 549 人。例如，2・28 河北赵县化工厂爆炸事故，造成 25 人死亡，4 人失踪，46 人受伤；8・26 包茂高速特大交通事故，造成 36 人死亡，3 人受伤；4・6 漳州 PX 项目爆炸事故，历时 56 小时，大火才被扑灭，转移群众约 3 万人等。

表 2-1　2007~2016 年危险化学品较大及以上事故情况表

年份	2007	2008	2009	2010	2011	2012	2013	2014	2015	2016
事故起数/起	18	10	10	13	16	8	10	14	12	9
死亡人数/人	77	63	55	70	62	51	44	50	45	32

对 2012~2014 年国内外媒体公开报道的事故进行统计分析，国内外化工和危险化学品行业共发生死亡 1 人以上的 562 起，死亡 2 058 人。如图 2-1 和图 2-2 所示，事故主要发生在生产、储存、运输三个环节，其中生产环节占 31%，储存环节占 25%，运输环节占 36%；事故类型主要是火灾、爆炸、泄漏，其中爆炸事故最多，占 52%，其次是泄漏事故，占 20%，再次是火灾事故，占 13%。

① 2018 年 3 月 13 日，十三届全国人大一次会议审议国务院机构改革方案，组建应急管理部，不再保留国家安全生产监督管理总局。

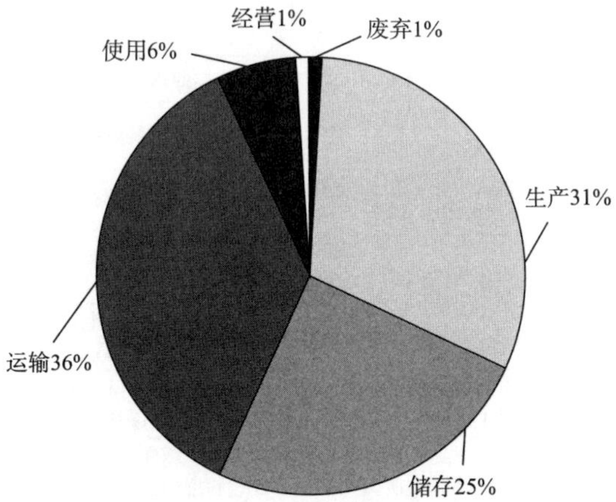

图 2-1　事故发生环节的分布

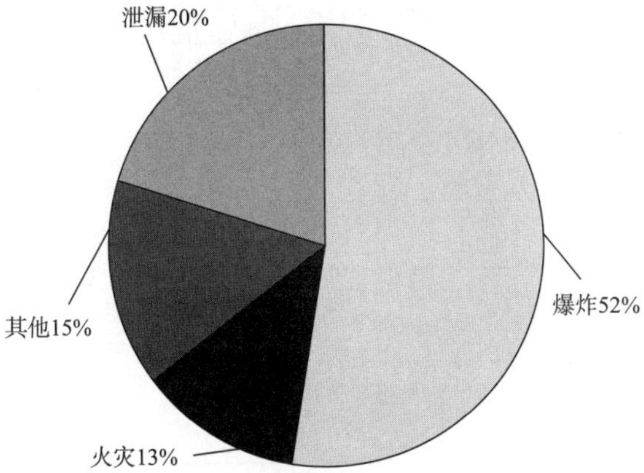

图 2-2　事故类型的分布

如表 2-2 所示，关键装置火灾/爆炸、储罐爆炸、失控反应导致反应器/容器爆炸、危险化学品槽罐车火灾/爆炸、油船火灾/爆炸等是频发的事故类型，均可导致重大经济损失或人员伤亡。

表 2-2　易发重特大事故类型（2012~2014 年）

序号	类型	事故名称	原因归类	特征
1	关键装置火灾/爆炸	Motiva Enterprises 公司美国得克萨斯州 Port Arthur 炼油厂原油蒸馏装置泄漏事故	碱腐蚀导致泄漏	关键装置，破坏严重，停工时间长
		雪佛龙公司美国加利福尼亚州 Richmon 炼油厂火灾事故	硫腐蚀导致泄漏，引起火灾	关键装置，破坏严重，停工时间长
		台塑集团麦寮石油化工厂火灾事故	公用工程管道破裂导致泄漏，引起火灾	关键装置，资金密集，破坏严重，停工时间长

续表

序号	类型	事故名称	原因归类	特征
1	关键装置火灾/爆炸	昭和电工公司乙烯裂解装置气体冷却器爆炸事故	气体冷却器爆炸	关键装置，资金密集，破坏严重，停工时间长
		中石油大庆石化公司乙烯裂解装置火灾事故	其他	关键装置，资金密集，破坏严重，停工时间长
2	储罐爆炸	委内瑞拉阿穆埃炼油厂爆炸事故	可燃气体遇点火源，引发爆炸	人员密集、爆炸
		利比亚苏尔特油罐爆炸事故	电路短路产生电火花，引发爆炸	人员密集、爆炸
		泰国罗勇府麦普塔普特工业园化工厂爆炸事故	检维修作业，电火花导致爆炸	人员密集、爆炸
3	失控反应导致反应器/容器爆炸	日本触媒姬路制造所丙烯酸储罐爆炸事故	因氧气浓度高，丙烯酸储罐内发生异常化学反应，温度上升导致爆炸	失控反应、爆炸
		河北赵县克尔化工厂发生爆炸事故	反应器局部过热，导致硝酸胍和未反应的硝酸铵急剧分解爆炸	失控反应、爆炸、人员密集
4	危险化学品槽罐车火灾/爆炸	广州油罐车爆燃事故	油品罐车交通事故导致泄漏，继而发生火灾爆炸事故	人员密集（事发地为人员密集区）、爆炸
		沙特阿拉伯利雅得油罐车爆炸事故		
		陕西延安甲醇槽罐车与客车追尾特大交通事故		人员密集（相撞车辆为客车，人员众多）、爆炸
		委内瑞拉油罐车与公交车相撞起火、爆炸事故		
		缅甸成品油火车脱轨爆炸起火事故		人员密集（泄漏后，周边人员哄抢原油）、爆炸
5	油船火灾/爆炸	尼日利亚 River 州原油船爆炸事故	动火作业引燃油气，导致爆炸	人员密集（油船本身为人员密集地，行动受限）、爆炸
		广州番禺运油船爆炸事故	打开油仓通风时发生了爆燃	人员密集（油船本身为人员密集地，行动受限）、爆炸

从上述事故可以看出，化工和危险化学品行业事故具有以下特点。

1）事故主要发生在生产、储存、运输三个环节

化工生产过程对危险工艺的控制不够、设备设施缺陷、安全设施缺少或有缺陷、技术和设计有缺陷是导致事故发生的主要原因；此外，操作人员水平低下、三违行为、操作规程不健全、培训教育不够也是诱发事故的主要原因。例如，2012 年 2 月 28 日上午 9 时 4 分左右，河北克尔化工有限责任公司生产硝酸胍的一车间发生重大爆炸事故，造成 25 人死亡，4 人失踪，46 人受伤。2012 年 5 月 16 日上午 7 时 45 分左右，江西海晨鸿华化工有限公司磺化釜发生爆炸事故，造成 3 人死亡、2 人受伤，直接经济损失 600 余万元。

储存环节的事故主要是大型储罐、料仓事故，该类事故一旦发生，极难救援，造成的伤亡巨大。例如，4・6漳州PX项目爆炸事故，历时56小时，大火才被扑灭，转移群众约3万人；美国得克萨斯州韦斯特镇化肥厂仓库4・17爆炸事故，造成35人死亡、超过160人受伤；7・16大连输油管道爆炸事故持续燃烧15个小时，造成环境污染。储存环节的事故原因主要包括材料失效、操作不当、动火作业、设备故障、外力破坏、雷击等。

化学品运输环节事故高发，尤其是特重大事故频发。化学品运输历来属于监管的重点，也是监管的难点，缺少动态检测和预警系统。例如，1991 年 9 月 3 日，江西省上饶地区上饶县沙溪镇运输一甲胺的罐车发生泄漏，造成 595 人中毒，其中死亡37人，受灾面积27万平方米。2011年河南信阳7・22特大客车燃烧事故中，客车违规运输10箱偶氮二异庚腈，发生火灾事故，造成41人死亡、6人受伤，直接经济损失2 342.06万元。2012年8月26日凌晨2时40分许，陕西省延安市境内的包茂高速公路安塞县段化子坪服务区附近，一辆双层卧铺客车由北向南行驶至包茂高速安塞段 K484＋95 米处，与一辆大型甲醇罐车追尾，追尾后大量甲醇泄漏，迅速流往客车引发剧烈火灾，造成36人死亡、3人受伤。2014年3月1日14时45分许，位于山西省晋城市泽州县的晋济高速公路山西晋城段岩后隧道内，两辆运输甲醇的铰接列车追尾相撞，前车甲醇泄漏起火燃烧，隧道内滞留的另外两辆危险化学品运输车和 31 辆煤炭运输车等车辆被引燃引爆，造成40人死亡、12人受伤和42辆车烧毁，直接经济损失8 197万元。

2）化工生产关键装置易发生重大事故

化工生产是典型的高温、高压作业，常伴有巨大的能量交换和转换，因此化工生产的关键装置往往是发生重大事故的重要环节。以石油化工生产为例，常减压装置、乙烯装置等关键装置一旦发生火灾爆炸事故，往往导致巨大的经济损失，甚至导致整个工厂停产。例如，美国加利福尼亚州雪佛龙公司Richmon炼油厂管道腐蚀泄漏、火灾，导致常减压装置停产，经济损失巨大。再如，中石油大庆石化公司乙烯裂解装置火灾事故，导致长时间停工。

3）新工艺、新装置的安全风险未能得到有效的识别与防控

近几年煤化工等新工艺发展迅速，大型化的装置、规模化的罐区等新的安全风险尚未得到有效辨识。福建漳州 PX 项目“4・6”爆燃事故之所以扩展到罐区，就是因为在风险识别时未识别出装置区离罐区太近的风险，从而导致装置区发生火灾后蔓延到罐区。

4）化工和危险化学品事故常伴生环境事故

化工和危险化学品事故一旦发生，危险物料一旦泄漏至水体和空气，常伴生较严重的环境事故，易引发纠纷和公众恐慌。例如，2005年11月13日，中石油吉林石化分公司双苯厂硝基苯精馏塔发生爆炸，造成8人死亡、60人受伤，直接

经济损失 6 908 万元，并引发松花江水污染事件。污染事件的直接原因是双苯厂没有事故状态下防止受污染的“清净下水”流入松花江的措施，爆炸事故发生后，未能及时采取有效措施防止泄漏出来的部分物料和循环水及抢救事故现场消防水与残余物料的混合物流入松花江。2012 年 12 月 31 日，山西天脊煤化工集团股份有限公司发生一起输送金属软管破裂导致的苯胺泄漏事故，流入浊漳河 8.76 吨，引发下游民众恐慌。

第二节 化工和危险化学品行业安全管理现状

从上述事故可以看出，化工和危险化学品行业涉及的化学品种类多，化学品的运输、储存、使用和废弃等环节也存在一定程度的泄漏或排放，容易造成严重的事故灾难，对人类健康和环境造成威胁。这类事故主要是由于化学品本身具有的物理、化学属性决定的，目前人们关于化学品本身的危害尚未得到全面的认识，特别是长期的健康和环境影响还了解得非常少。

此外，化工生产加工和储存量大，部分工艺技术复杂，操作条件苛刻，潜在的工艺系统危害较高，因此在化工企业更容易发生大的事故灾难，是国家安全生产监管的重点对象。

科学认识化学品的危险特性，准确把握化工安全生产的基本规律是防范重特大化工和危险化学品事故的重要途径，在这一方面，化学品和化工生产的安全管理十分必要。下面将从化学品和化工安全生产管理两个角度进行国内外现状的比较。

一、国外化学品安全管理现状

1. 美国化学品安全管理

如表 2-3 所示，美国化学品安全主要监管部门是国家环境保护局，此外，食品和药品管理局、劳工部职业安全卫生监察局、交通运输部、有毒物质与疾病登记局和消费产品安全委员会也在不同角度和程度上对化学品的安全运输、使用等提出了要求。

表 2-3 美国主要化学品管理制度

法律名称	监管部门	适用范围
《有毒物质控制法》	国家环境保护局	工业化学品生产、进出口申报，测试评价、鉴别和控制工业化学品对人体健康和环境的危害
《联邦杀虫剂、杀菌剂、杀鼠剂法》	国家环境保护局	对美国销售的所有农药进行登记，农药标签和安全使用

续表

法律名称	监管部门	适用范围
《联邦食品、药品和化妆品法》	食品和药品管理局、国家环境保护局	医药品、化妆品及食品中农药的残留管理
《职业安全与卫生法》	劳工部职业安全卫生监察局	释放到职业环境中的有毒化学品；作业场所工人健康与安全，指定阈限值标准
《应急计划与公众知情权法》	国家环境保护局	化学事故应急计划，有毒物质释放清单报告
《危险物质运输法》	交通运输部	危险货物的安全和环境无害化运输
《污染预防法》	国家环境保护局	工业化学品、农药和消费产品，制定实施源削减、污染预防战略
《清洁空气法》	国家环境保护局	控制有毒空气污染物、排放标准
《清洁水法》	国家环境保护局	地表水中有毒污染物标准，防止有毒物质对生态系统的慢性影响
《资源保护与回收法》	国家环境保护局	管理危险物质的处理处置
《综合环境响应、赔偿与责任法》	国家环境保护局、有毒物质与疾病登记局	执行超级基金计划，净化化学品污染严重的场地，评估危险物质释放对公众健康的影响，建立危险物质暴露人群登记

其中，《有毒物质控制法》第八部分 B 规定，美国国家环境保护局的化学品安全与污染防治办公室下属的污染预防和有毒物质办公室负责工业化学品生产、进出口申报，也负责《污染预防法》的执行。在这些法规框架下，美国国家环境保护局对新化学品和现有化学品实施风险评估，并积极寻求在污染物排放至环境之前预先阻止或减少污染的途径。

新化学物质，企业在商业生产或进口前 90 天向美国国家环境保护局提交完整的预生产申报，除非法规豁免申报。在获得美国国家环境保护局审核通过后才可以开始生产或进口，之后需要在首次生产或进口的 30 天内提交开始生产或进口的通知。目前美国国家环境保护局已经要求采用 e-TSCA/e-PMN 软件来进行卷宗的制作。申报通过审核后，可使该物质加入《有毒物质控制法》现有名录，称为现有化学物质。

现有化学物质每四年进行一次化学品数据报告通报。物质或配制品中的物质年产量或进口量如超过 25 000 磅（约 11.3 吨），生产商或进口商需要提供制造场所地址、年生产或进口量，以及可能的暴露信息等已知或合理可查的信息；如果企业的吨位超过 100 000 磅，就要提供加工和使用信息。

《有毒物质控制法》要求化学品生产商、进口商、加工和分销商在获得物质或混合物对健康和环境有持续风险的信息时立即向美国国家环境保护局通报。在获得物质或混合物可能有持续风险之后 30 日内完成通报。

老物质的用途一旦被认定为显著新用途，将该物质用于显著新用途的企业就必须在进行相应活动至少 90 天前提交 SNUR。如果企业违规制造或进口，将被处以最高每天 27 500 美元的罚款。

污染预防和有毒物质办公室已经开展的化学品管理项目主要有化学品测试与数据收集、美国国家环境保护局化学品管理改进规划、现有化学品管理、新化学品管理、绿色化学、高产量化学品、进出口化学品管理、跨部门测试、污染防治、纳米技术，以及铅、汞、多氯联苯、全氟辛酸等有毒化学品管理。

2. 欧盟化学品安全管理

为了保护人类健康和环境免受化学品危害，提升欧盟企业竞争力，促进物质危害评估的替代性方法研究，减少动物实验，欧盟通过设在芬兰赫尔辛基的化学品管理署（ECHA）统一进行化学品的安全管理，该机构于 2007 年 6 月 1 日开始运作，统一负责欧盟范围内的化学品的登记、评估、许可和限制，执行欧盟的化学品注册、评估、许可和限制法规，负责运行管理化学品中央数据库，审查注册文档资料是否完整和符合要求，协调评估过程，并做出是否要求进一步提供信息和数据的决定，向欧盟委员会建议应重点关注的物质对象，联系处理有关许可的事务，下设若干技术咨询委员会。欧盟委员会负责监管欧洲化学品管理局，对各成员国在评估意见不一致时做出决定，同样对许可和限制事务做出决定。

化学品注册、评估、许可和限制法规规定欧盟制造商或进口商生产和（或）进口量≥1 吨/年的物质需要注册，正式注册时需要提供技术卷宗，如果物质的数量≥10 吨，还必须提供化学品安全报告。

技术卷宗（注册卷宗）的内容应包括制造商和进口商信息、物质识别信息、制造和用途信息、分类和标签信息、物质安全使用指南、研究摘要、充分研究摘要、信息经有经验的评估员审核的证明、试验提案、制造商或进口商注册 1～10 吨物质的暴露信息、保密信息请求、化学品安全报告。

化学安全报告包括数据采集、效应评估、PBT（持久性、生物蓄积性和毒性）和 vPvB（高持久性和高生物蓄积）评估、暴露评估、风险表征等五个部分。

3. 日本化学品安全管理

如表 2-4 所示，日本与工业化学品相关的法律主要有《化学物质审查和生产控制法》《工业安全与卫生法》《有毒有害物质控制法》。日本工业化学品主要依照《化学物质审查和生产控制法》进行管理，建立了日本工业化学品通报和评估体系。《化学物质审查和生产控制法》以 1973 年以后的新化学物质为对象，要求企业对其安全性提供数据，并进行新化学物质的通报和评估，政府基于化学品的危害性管理其生产、进口和使用。同时，日本已从 2010 年开始实施新的化学物质管理规定，规定化工生产企业有义务将涉及的所有化学物质的生产、进口量和用途于年末向政府报告，以此加强对化学物质的管理。

表 2-4　日本主要化学品管理制度

法律名称	监管部门	适用范围
《化学物质审查和生产控制法》	厚生劳动省、经济产业省、环境省	新化学物质生产和进口申报，对第一类、第二类特定物质进行控制
《含有害物质家庭用品管理法》	厚生劳动省	有害家用物品管理
《医药品法》	厚生劳动省	医药品、化妆品、医疗器械的质量、药效和安全管理
《饲料安全保证和质量改进法》	农林水产省	饲料和饲料添加剂的安全和质量管理
《有毒有害物质控制法》	厚生劳动省	有毒有害物质的健康卫生管理
《食品卫生法》	厚生劳动省	食品、食品添加剂的卫生和健康危害管理
《农用化学品控制法》	农林水产省、环境省	农药登记、药效、安全和试用
《肥料控制法》	农林水产省	化学肥料产品质量和安全使用
《爆炸品控制法》	经济产业省	炸药、发射药和烟火安全管理
《工业安全与卫生法》	厚生劳动省	作业场所工人安全与健康，模仿事故危害
《高压气体安全法》	经济产业省	压缩气体、液化气体等高压气体的安全管理
《禁止化学武器及特定化学品管理法》	国家防务厅、外务省、经济产业省	可用作化学武器原料的有毒物质管理
《促进掌握特定化学物质环境排放量及改善其管理法》	环境省、经济产业省	控制对健康和环境有害的指定化学物质的环境排放和报告要求
《二噁英类物质特别措施法》	环境省	二噁英类污染物标准和控制措施
《海洋污染和海洋灾难预防法》	环境省	有害物体、石油污染和船舶废物管理
《大气污染防治法》	环境省	大气污染防治和排放标准
《水污染防治法》	环境省	水污染防治和排放标准
《废弃物处置与清扫法》	环境省	固体废弃物处理处置
《通过控制特定物质和其他措施保护臭氧层法》	经济产业省、环境省	破坏臭氧层物质管理
《特定危险废物进出口控制法》	经济产业省、环境省	特定危险废物管理
《多氯联苯废物特别措施法》	环境省	多氯联苯废物处理处置
《农田土壤污染预防法》	农林水产省、环境省	防止和消除特定危险物质对农田的污染

《化学物质审查和生产控制法》《工业安全与卫生法》都规定了新化学物质通报制度，《化学物质审查和生产控制法》还需要现有化学物质年度报告。经济产业省下化学品管理政策部化学品安全办公室负责法规的执行。

制造商、进口商新物质通报和确认，现有物质（约 26 000 种，通报五年之后公开的一般物质 8 000 种）年生产或进口超过 1 吨（监视物质超过 1 千克）的提交年度报告。同时需要提交化学物质性质、生产或进口吨位、用途分类和运输量等信息。

4. 澳大利亚对化学品的安全管理要求

如表 2-5 所示，澳大利亚《工业化学品（申报和评价）法》授权国家工业化学品申报与评价机构负责工业化学品申报和评估。该法案旨在建立起一个全国性工业化学品的申报和评估系统，为某些企业申请引进工业化学品建立登记体系，为澳大利亚制造或进口的化妆品建立国家标准以及确立其他的相关用途。国家工业化学品申报与评价机构工作主要分为两部分：一是在新工业化学品使用和释放到环境中之前进行评估以保护健康和环境；二是对现有工业化学品按优先度顺序进行评估。

表 2-5 澳大利亚主要化学品管理制度概览

法律名称	监管部门	适用范围
《工业化学品（申报和评价）法》	国家职业卫生和安全委员会；工业化学品申报与评价机构	建立国家工业化学品申报和评价体制，管理化学物质进口、使用、运输和处置等
《农业和兽用化学品（管理）法》 《农业和兽用化学品（准则）法》	农业、渔业和林业部；国家农业和兽用化学品登记局	农药、兽药登记管理
《国家残留物调查管理法》	农业、渔业和林业部	建立 NRS（national residue survey，国家残留监控计划）信托基金，资助对相应产品的残留物和环境污染物的水平的监测和报告
《国家职业卫生和安全委员会法》	工业关系和小型企业部	成立国家职业健康与安全委员会，规定其职权
《医疗用药品法》	卫生和老年护理部	建立国家控制治疗用药品的质量、安全和药效的制度
《澳大利亚新西兰食品标准法典》	卫生和老年护理部	成立国家食品管理局，制定食品中成分、残留限值、测试、包装、储存和标签标准以及食品标准准则
《国家作业场所危险物质控制模式法规》	国家职业卫生和安全委员会	评价与控制作业场所危险物质的，提供 MSDS（material safety data sheet，化学品安全技术说明书）等信息要求
《海关法》	司法部	授权联邦政府管理进出口，包括禁止、限制、附加条件和许可管理；监控禁止或限制产品进出口，发放许可证等
《贸易规范法》	司法部	规定消费产品必须符合地方消费或出口的安全标准，保护消费者健康
《禁止化学武器》	外交和商务部	规定澳大利亚旅行联合国化学武器公约的责任义务，公布受监控物质名单
《环境保护（建议的影响）法》	环境和遗产部	保证联邦政府或代表联邦政府所做出的决定、建议和行动计划考虑到重大环境事件
《环境保护（海洋倾倒）法》	环境和遗产部	通过许可证管理控制废弃物的海洋倾倒，出发未经批准的倾倒行为
《危险废物（进出口管理）法修订案》	环境和遗产部	执行巴塞尔危险废物公约的规定（1989 年），控制危险废物运输、储存和进出口
《臭氧层保护法（修订案）》	环境和遗产部	执行保护臭氧层蒙特利尔议定书管理控制消耗臭氧层物质的生产、使用和进出口等

续表

法律名称	监管部门	适用范围
《海洋保护（民事责任）法》	交通运输部	根据规定的程序，尽量减少海上石油泄漏事件的发生，制止泄漏和采取补救行动
《（危险货物）公路运输改革法》	交通运输部	对危险货物的种类、包装和运输工具做出规定；对从业驾驶员实行许可证和资格制度等
《海洋货物运输法》	交通运输部	承诺遵守1978年汉堡《危险货物海上安全运输公约》公认的方法

所有为了经济利益的工业化学品生产商和进口商需要登记。国家工业化学品申报与评价机构登记不关注化学品的毒性和危害特性，它不是化学品或者产品注册，而是商人或者商业登记，保证合法的进口或生产相关工业化学品。登记需要根据生产或进口化学品价值不同缴纳一定的年费和登记费。提交文件主要以经济文件为主，即可证明工业化学品进入或在澳大利亚的价值的文件，包括发票、订货单、保险证明、货物收据和其他应提交海关的文件等。另外，还需特别声明是否为化学品或包含工业化学品、化学品是否为新工业化学品、是否有相关化学品评估证明、是否有化学品相关许可。

5. 新西兰对化学品的安全管理要求

新西兰环保局，其职责为管理新生物（植物、动物、转基因生物）及有害的物质和化学品。环保局还负责管理排放交易计划和新西兰排放单位登记册，并管理在专属经济区内的活动对环境的影响，这些活动包括石油和矿产的勘探、地震测量和科研。

2006年6月30日后，在新西兰境内生产或进口的化学品，如果含有危险组份，且该危险组份没有通报在现有目录中，则首次进口或生产该化学品时需要向主管当局通报。通报时需要提供的信息包括化学品名称、HSNO①批准号或者系列标准的标题、化学品中新组份的 CAS②号和化学名称、新组份在化学品中的浓度、新组份的危险特性（包括参数信息、是否是 CMR 物质③等）、化学品的推荐用途。

二、国外化工生产安全管理现状

为了减少化工和危险化学品事故，经济发达国家政府加强了化工和危险化学

① HSNO：Hazardous Substances and New Organisms Act，新西兰危险物质和新有机体法案。

② CAS：Chemical Abstracts Service，化学文摘社。

③ CMR 物质：Carcinogenic，Mutagenic or Toxic for Reproduction，致癌、诱变性或危害人类健康生殖的毒性物质，是欧盟 REACH 法规里一类有毒有害物质。

品行业的安全立法。化工生产领域潜在的事故风险较大，全球化工行业也发生过一系列重大工艺安全事故，为减少、避免重大事故的发生，世界主要工业国家都相继建立了用于预防和遏制重大工业事故的法规体系，要求企业对其生产过程中的风险进行管理和控制。

1. 美国化工生产安全管理

1992 年 2 月，美国劳工部职业安全卫生监察局发布了化工过程安全管理（process safety management，PSM）法规，针对影响安全的重大危险源、环境损害和业务损失。过程安全管理法规的主要针对对象是存在危险性流程或大型易燃（或有毒）物质库存的工艺过程。

过程安全管理的主要目标是制订计划、系统和程序，防止意外释放或泄漏化学物质在工厂及周边造成中毒、火灾或爆炸。另外，过程安全管理还用于解决与流程经营性、生产效率、稳定性和质量输出相关的问题，从而提供安全规范，防范意外事件发生。这些目标还可以帮助维护公司形象，降低面临诉讼、罚款、公众义务索赔和高昂保险金的风险。

当过程符合过程安全管理管制的条件时，工厂应按照包含以下 14 项内容的管理制度进行操作：员工参与、工艺安全信息、工艺危害分析、操作程序、培训、承包商管理、开车前安全审查、设备完整性、动火作业许可、变更管理、事故调查、紧急响应计划、安全审核、商业机密。过程安全管理法规中对上述 14 个要素分别进行了详细的说明，并要求相关工艺过程强制执行过程安全管理管理程序，运用行业内公认有效的各种化工安全方面的科学技术和管理方法，以提高化工企业的安全管理水平。

1990 年，美国国会通过空气洁净法令修正案，要求美国国家环境保护局对于一些能够对公众和环境造成严重影响的物质的意外释放（包括一些反应性化学品），制定相应的预防规则。1996 年，美国国家环境保护局公布了意外释放预防要求：风险管理规划（risk management programs，RMP），重点确保工厂周围安全、环境安全，对超标的限制物质进行控制与管理。

风险管理规划列出了含有 140 种危险化学品及其临界量的清单。只是由于该规划的目的重点在于环境安全，美国国家环境保护局选取的物质以毒性和易燃性物质为主，而不是反应性化学品。风险管理规划主要由三部分组成：危险评估、预防规程和应急响应计划。风险管理规划对于公众公示、应急响应和伤亡报告提出了新的措施，关于工艺安全管理的要求和劳工部职业安全卫生监察局的过程安全管理相似。

美国国家环境保护局的风险管理规划与劳工部职业安全卫生监察局的过程安全管理的主要区别：风险管理规划与过程安全管理的分工是风险管理规划主要

针对厂区外，过程安全管理针对厂区内。风险管理规划在以下三个方面超出了过程安全管理法规的要求：危险评估中包含“最严重灾害情境”分析；编写风险管理计划，并提交文档至指定机构，确保公众对其知情；在美国国家环境保护局进行风险管理规划登记。风险管理规划和过程安全管理法规对于很多物质的阈值不同。此外，风险管理规划中涉及的一些设施，过程安全管理法规不适用，如地方性水或废水处理装置等。

2. 欧盟化工生产安全管理

1976 年意大利塞维索发生了一起化工厂二噁英大量泄漏事件后，欧盟开始反思在重大事故控制方面的政策缺失，为防止发生类似或其他的火灾爆炸等重大事故，1982 年欧盟发布了关于控制重大事故灾害的《塞维索指令Ⅰ》。1996 年 12 月 9 日，该指令被新的《塞维索指令Ⅱ》所替代。《塞维索指令Ⅱ》在欧盟成员国内是强制实施的，但成员国可以采取比《塞维索指令Ⅱ》更严格的措施。2003 年，《塞维索指令Ⅱ》的内容得到扩充，增加了致癌物和危害环境物质。

《塞维索指令Ⅱ》的适用范围为危险物质存在的地点，既包括工业活动，也包括危险化学品的存储。此指令的规定大致可按两大目的分为两个主要类别：一是旨在防止重大事故的控制措施，二是旨在限制重大事故后继影响的控制措施。

此指令在实践中提供了三个级别的控制，危险物质数量越多，则对应的管制越多。如果危险物质数量低于指令规定的下限值，则不受此指令约束；如果危险物质数量高于指令规定的下限值但低于上限值，则受该指令的部分约束；如果危险物质数量超过此指令规定的上限值，则受几乎所有要求的约束。营运者需要向政府主管部门提供的资料如表 2-6 所示，政府主管部门的职责如表 2-7 所示。

表 2-6　《塞维索指令Ⅱ》中营运者需要向政府主管部门提供的资料

序号	下限值（lower tier）	上限值（upper tier）
1	公告函	公告函
2	重大事故预防策略	重大事故预防策略
3	“低层文档”	—
4	—	安全报告
5	—	安全管理系统
6	—	内部应急预案
7	—	向公众公开信息
8	变更管理	变更管理
9	重大事故信息上报	重大事故信息上报

表 2-7 《塞维索指令Ⅱ》中政府主管部门的职责

序号	下限值（lower tier）	上限值（upper tier）
1	识别多米诺效应	识别多米诺效应
2	土地使用规划	土地使用规划
3	—	审查安全报告
4	—	必要时阻止其开工
5	检查	检查

为执行塞维索指令，欧盟成立了重大事故危害管理局，其主要职责包括建立重大事故报告系统；建立塞维索工厂信息检索系统；向相关政府主管部门委员会提供技术支持；向欧盟预备成员国提供技术支持；维护工业风险社区文档中心；开展研究和技术应用。

此外，针对如何实施《塞维索指令Ⅱ》要求编制安全报告、进行土地使用规划、检查实施安全管理系统、向公众信息公开等具体问题，重大事故危害管理局还制定了一系列的实施导则。

3. 英国化工生产安全管理

英国是最早实行重大危险监控立法的国家，为实施欧盟《塞维索指令Ⅱ》，英国制定了《重大危害事故控制条例 1999》，该条例从 1999 年 4 月 1 日开始实施，替代了 1984 年来实施的《工业重大事故危害条例》。《重大危害事故控制条例 1999》在 2005 年 6 月 30 日又进行了一次修订。

由于英国自从 20 世纪 70 年代以来已经实施了重大危险场所（major hazard sites）的土地使用规划，而且已经通过规划立法实施，故《重大危害事故控制条例 1999》条例实施初期，由于原有法规的限制和管理部门的职责划分问题，对《塞维索指令Ⅱ》第 12 款（即“土地使用规划”）的内容执行是通过两部单独的法规实现的，其实施并未达到《塞维索指令Ⅱ》的要求。由于之后《塞维索指令Ⅱ》在英国实施的整体效果良好，英国修订了原有的土地使用规划立法，使《重大危害事故控制条例 1999》的执行完全与《塞维索指令Ⅱ》接轨。

《重大危害事故控制条例 1999》的要点：对达到一定量的特定物质的装置进行管理；装置的营运者须采取所有必要措施，以预防重大事故并限制事故后果，并向主管单位加以证明。

《塞维索指令Ⅰ》在英国实施时，政府将其职责交由单一的政府机构，即健康安全执行委员会负责执行。但在《塞维索指令Ⅱ》实施时，由于该指令更多地强调了对环境的影响，故由健康安全执行委员会、英格兰和威尔士的环境署以及苏格兰的环保署联合实施，健康安全执行委员会负责健康与安全的相关立法和执行工作，环保部门负责环境保护的相关立法和执行工作。

三、我国化工和危险化学品行业安全管理

随着我国工业化程度的不断提高，国家对工业安全生产的重视程度不断提高，2002 年，全国人大常委会通过了《中华人民共和国安全生产法》（简称《安全生产法》），并于当年开始施行，这成为我国安全生产方面的最高法。2014 年，全国人大常委会又对《安全生产法》进行了新的修订。在安全生产法的框架下，以原国家安全生产监督管理总局（现应急管理部）为主，制定了相应的化工和危险化学品行业的管理制度和标准。

1.《危险化学品目录》与《重点监管的危险化学品名录》

针对危险化学品的生产使用等各环节的安全管理，国务院于 2002 年发布了《危险化学品安全管理条例》（2011年进行了修订），这成为我国在危险化学品管理方面的最高法规。随着化学品安全的问题日益突出，该条例需要进一步修订，并提高其权威性。

2003 年，国家安全生产监督管理总局依据《危险化学品安全管理条例》发布了《危险化学品名录》（2002 版），这成为我国危险化学品管理中判定一种物质是否属于危险化学品的重要依据［该名录已被《危险化学品目录》（2019 版）所取代］。

对于危险化学品的建设项目、生产、经营、使用，国家安全生产监督管理总局制定了相应的许可制度，同时也要求危险化学品的生产企业进行登记，以便掌握危险化学品从业单位及品种方面的信息。但目前仅仅只对列入《危险化学品目录》（2015 版）的化学品进行登记，数量更为庞大的具有危险性的混合物还没有登记。而且登记的信息未面向社会公开，未发挥出化学品危害信息传递的作用。

在《危险化学品名录》（2002 版）的基础上，为了突出重点、强化化学品的监管，指导安全监管部门和危险化学品单位加强危险化学品安全管理工作，在综合考虑 2002 年以来国内发生的化学品事故情况、国内化学品生产情况、国内外重点监管化学品品种、化学品固有危险特性和近四十年来国内外重特大化学品事故等因素的基础上，国家安全生产监督管理总局组织对《危险化学品名录》（2002 版）中的 3 800 余种危险化学品进行了筛选，并于 2011 年及 2013 年公布了《首批重点监管的危险化学品名录》和《第二批重点监管的危险化学品名

录》，将氯、氨气、液化石油气等 60 种和 14 种危险性较为突出、容易发生化学事故的物质列入了重点监管的危险化学品。

此外，还对涉及重点监管的危险化学品的生产、储存装置的设计单位提出了资质要求，要求地方各级安全监管部门应当对生产、储存、使用、经营重点监管的危险化学品的企业实施重点监管。要求此类化学品的生产、储存的企业装备功能完善的自动化控制系统，严格工艺、设备管理，编制完善的、可操作性强的危险化学品事故应急预案，配备必要的应急救援器材、设备，加强应急演练，提高应急处置能力。

2. 重点监管的危险工艺

为提高国内化工装置的本质安全水平，2009 年和 2013 年国家安全生产监督管理总局先后发布了《首批重点监管的危险化工工艺目录》和《第二批重点监管的危险化工工艺目录》，把光气及光气化工艺、电解（氯碱）工艺、氯化工艺、硝化工艺等 18 种工艺列入了国家重点监管的危险化工工艺。

同时也发布了这些危险工艺的安全控制要求、重点监控参数及推荐的控制方案，要求化工企业要根据要求，对照企业采用的危险化工工艺及其特点，确定重点监控的工艺参数，装备和完善自动控制系统，大型和高度危险的化工装置要按照推荐的控制方案装备安全仪表系统（紧急停车或安全连锁）。

3. 重大危险源

2011 年，国家安全生产监督管理总局发布了《危险化学品重大危险源监督管理暂行规定》，要求危险化学品单位按照《危险化学品重大危险源辨识》标准，对本单位的危险化学品生产、经营、储存和使用装置、设施或者场所进行重大危险源辨识，并记录辨识过程与结果，确定重大危险源的等级。

危险化学品单位应当根据构成重大危险源的危险化学品种类、数量、生产、使用工艺（方式）或相关设备、设施等实际情况，按照要求建立健全安全监测监控体系，完善控制措施。其中监测监控体系包括不间断信息采集和监测系统（温度、压力、液位、流量、组分等信息）、可燃气体和有毒有害气体泄漏检测报警装置、紧急停车系统、紧急切断装置、泄漏物紧急处置装置、独立的安全仪表系统、视频监控系统等。

通过国家安全生产监督管理总局在以上三个方面的法制建设，在危险化学品安全监管方面“两重点一重大”（即重点监管的危险化学品、重点监管的危险工艺、重大危险源）监管体系正式形成。通过抓“重点监管危险工艺”，来提升本质安全水平；通过抓“重点监管危险化学品”，来控制危险化学品事故总量；通过抓“重大危险源”，来遏制较大以上危险化学品事故。

4. 安全生产标准体系

为了更具体地规范企业的安全生产，国家安全生产监督管理部门制定了一系列的安全生产标准（AQ 标准），大部分为强制性标准，少部分为推荐性标准，如 AQ 3018《危险化学品储罐区作业安全通则》、AQ 3010《加油站作业安全规范》、AQ3036《危险化学品重大危险源安全监控通用技术规范》、AQ/T 3046-2013《化工企业定量风险评价导则》、AQ/T 3013-2008《危险化学品从业单位安全标准化通用规范》等。

值得一提的是，2010 年国家安全生产监督管理总局借鉴美国劳工部职业安全卫生监察局的 PSM，发布了安全生产行业标准 AQ/T 3034-2010《化工企业工艺安全管理实施导则》。该标准借鉴了国外化工生产过程中的工艺过程安全管理模式、管理方法和先进科技，结合我国实际情况形成了工艺安全管理实施导则，为企业提供本质安全管理的思路和框架，有较强的可操作性。国家安全生产监督管理总局推荐企业利用此标准强化管理体系中的工艺安全管理，提高整体安全绩效。由于我国化工企业的水平参差不齐，不具备强制性在全国范围内推行该导则的条件，因此该导则仅仅停留在标准层面，而且是一个推荐性标准，目前应用的效果并不明显。

总体来说，我国对于化工和危险化学品行业的安全法规框架已基本形成，但具体的实施过程中仍存在很多需要解决的问题，我国化工和危险化学品行业安全管理还需要进一步加强。

第三节　化工和危险化学品行业安全科技现状

为了预防重特大化工和危险化学品事故，除了要完善国家层面上的监管和企业层面上的安全管理，还需要在化工和危险化学品行业应用实践中证明有效的安全技术。除了法规和监管制度方面的国外进展以外，在化工领域的各种安全技术也在过去的几十年中逐渐发展完善。但化工和危险化学品行业的安全技术涉及工艺、设备、仪表、自控、消防、职业健康、土建等方方面面，非常庞杂，受篇幅限制，不可能面面俱到。实际上，随着国务院和国家安全监管部门对化工企业的安全生产和事故防控工作日益重视，无论是从管理层面还是从技术层面，化工企业都制定了很多具体的技术要求，企业的安全科技现状得到了较大的提高，特别是以下几个方面的技术得到了广泛的应用。

一、化学品的危险性鉴定与分类技术

在联合国经社理事会的危险货物运输与全球化学品统一分类和标签制度专家委员会及经济合作发展组织和各国政府的多年努力协调下，化学品或货物的危险性测试方法和标准不仅已建设得较为完备，形成了危险货物的测试和分类体系，即联合国《关于危险货物运输的建议书·规章范本》，以及危险化学品的测试和分类体系即联合国《全球化学品统一分类和标签制度》，其对应的测试方法为联合国《关于危险货物运输的建议书试验与标准手册》及《经济合作与发展组织测试导则》，而且在全世界范围内初步建立了协调一致的体系，不仅减少了化学品生产企业的测试成本，还降低了跨国贸易成本。

《全球化学品统一分类与标签制度》作为实现可持续发展目标和途径之一，已被在2002年9月南非举行的“联合国可持续发展世界首脑会议”所重视，会议要求各国 2008 年实施《全球化学品统一分类与标签制度》，朱镕基总理出席会议，中国代表团投了赞成票。

在《全球化学品统一分类与标签制度》框架内，对化学品安全管理体系的三大技术基础，即化学品的危险性分类、标签和安全技术说明书制定了推荐性的法规范本。我国目前在这方面的标准和法规体系已通过国家安全生产监督管理总局的《化学品物理危险性鉴定与分类管理办法》和《危险化学品登记管理办法》等法规和一系列危险化学品方面的国家标准建立起来，但仍存在诸多问题，如法规中未区分危险化学品与危险货物的概念、爆炸危险性测试机构缺乏、化学品安全管理相关的各部门缺乏协调、部分法规标准与国际法规不一致等。

我国是一个化学品生产和进出口大国，按照国际通行的《全球化学品统一分类与标签制度》要求对化学品的危险性进行鉴定和分类将有助于我国化学品的危害信息传递，这不仅会保护人类和环境，还会促进我国化学品进出口贸易的发展和对外交流。

二、化工行业的风险识别和评估技术

国内外化工行业采用的风险识别技术主要包括安全检查表、预危险性分析、提问法、提问法结合安全检查清单、危险性与可操作性分析、故障模式与后果分析、火灾、爆炸指数、化学品暴露指数、保护层分析、故障树分析、事件树分析、人员可靠性分析、定量风险评估等。每一种工艺危害分析方法都有自己的优势和缺陷，都有其适用性，如表 2-8 所示。

表 2-8　不同风险识别与评估技术的适用性

项目	适用性												
方法	操作模式		危险等级		工艺复杂性		工艺类型		工艺经验		可用的工艺细节		
	连续	间歇	低	高	低	高	过程	机械电气	低	高	低如概念设计	中如详细设计	高如运行时
定性分析——通过多专业小组辨识和评估危险													
安全检查表	√	√	√		√		√	√	√	√	√		
预危险性分析	√	√		√		√	√	√	√		√		
提问法	√	√	√		√		√	√	√	√	√	√	√
提问法结合安全检查清单	√	√	√		√		√	√	√	√	√	√	√
危险性与可操作性分析	√	√		√		√	√		√	√		√	√
故障模式与后果分析	√			√		√		√	√	√		√	√
定量分析——采取数值估计已辨识出的场景风险													
火灾/爆炸指数	√	√		√	√	√	√			√		√	√
化学品暴露指数	√	√		√	√	√	√			√		√	√
保护层分析	√	√		√	√	√	√	√		√		√	√
故障树分析	√	√		√	√	√	√	√		√		√	√
事件树分析	√	√		√	√	√	√	√		√		√	√
人员可靠性分析	√	√		√	√	√	√	√	√	√		√	√
定量风险评估	√	√		√	√	√	√		√	√		√	√

1. 危险性与可操作性分析和保护层分析

目前，国际上多采用危险性与可操作性分析进行石化装置工艺危害辨识，针对辨识出的高风险或高后果事件，采用保护层分析其保护措施的完整性和有效性，将风险降低到企业可接受的风险水平。

国际上许多安全法规都推荐应用危险性与可操作性分析方法开展石化装置工艺危害分析，如美国劳工部职业安全卫生监察局的过程安全管理、欧盟塞维索指令、英国工作场所卫生安全管理法等。国际上大型石油化工企业，如埃克森美孚、陶氏化学、英国石油、壳牌、赛科和拜尔等，都采用危险性与可操作性分析技术进行工艺危害辨识。

保护层分析是在危险识别的基础上，进一步评估装置保护层的有效性并进行风险决策的系统方法。

近年来，危险性与可操作性分析方法在国内越来越得到重视，也逐渐被国内石化企业所认可。国家发布了一系列文件推动危险性与可操作性分析技术的推广应用，在这些文件的推动下，国内越来越多的石化企业开始应用危险性与可操作性分析方法进行工艺危害辨识。国内对保护层分析也逐渐重视起来。国内的一些学者对保护层分析技术进行了研究，并在某些石化装置进行了应用。总体来说，保护层分析在国内石化企业的应用还处于起步阶段。

2. 定量风险评估

定量风险评估通过对系统或设备失效概率和失效后果的严重程度进行评价，从数量上说明被评价对象的危险等级，精确描述系统的危险性。定量风险评估在分析过程中，不仅要求对事故的原因、过程、后果等进行定性分析，而且要求对事故发生的频率和后果进行定量计算，并将计算出的风险与风险标准相比较，判断风险的可接受性，提出降低风险的建议措施。许多国家和地区如英国、美国、澳大利亚、马来西亚、新加坡、中国香港等规定，在新建危险品设施的选址、周边土地开发、平面布局优化、装置危险性分析中均要求采用定量风险评估进行分析。

目前，美国、英国等国家已经制定出具体的定量风险评估导则并广泛应用。荷兰政府灾害预防委员会出版了“黄皮书”、“红皮书”和“紫皮书”。在“黄皮书”中总结了失效后果的物理模型；在“红皮书”中介绍了失效概率的计算方法；在“紫皮书”中介绍了定量风险评估的计算方法，为定量风险评估软件的开发打下了坚实的基础。

为了便于定量风险评估的计算，很多公司开发了一系列定量风险评估软件系统。这些软件是在大量实验的基础上得出的数学模型，可信度很强；评价的结果用数字或图形的方式给出事故影响区域，以及个人和社会承担的风险；可根据风险的严重程度对可能发生的事故进行分级，这有助于制定降低风险的措施。典型的软件包括 DNV 公司的 LEAK、SAFETI、PHASTRISK，Shell 公司的 Shell Shepherd 风险评估软件。TNO 的风险分析软件包包括 DAMAGE、EFFECT、FACTS、FRIENDS、RISKCURVES 软件以及海上定量风险评估软件 NEPTUNE 等，这些软件的开发为实施定量风险评估提供了保障。

近年来，定量风险评价技术在国内石油化工领域得到了广泛应用。2011年，国家安全生产监督管理总局发布了《危险化学品重大危险源监督管理暂行规定》，指出：“重大危险源有下列情形之一的，应当委托具有相应资质的安全评价机构，按照有关标准的规定采用定量风险评价方法进行安全评估，确定个人和社会风险值：（一）构成一级或者二级重大危险源，且毒性气体实际存在（在线）量与其在《危险化学品重大危险源辨识》中规定的临界量比值之和大于或等于 1 的；（二）构成一级重大危险源，且爆炸品或液化易燃气体实际存在（在线）量与其在《危险化学品重大危险源辨识》中规定的临界量比值之和大于或等于 1 的。”

为了配合定量风险评估在石化企业的应用，2013 年，国家安全生产监督管理总局发布了《化工企业定量风险评价导则》（AQ/T 3046），为化工企业开展定量风险评估工作提供了技术标准。2014 年 6 月，国家安全生产监督管理总局公布 2014 年第 13 号文《危险化学品生产、储存装置个人可接受风险标准和社会可接受风险标准（试行）》，为采用定量风险评估方法确定陆上危险化学品企业新建、改建、扩建和在役生产、储存装置的外部安全防护距离提供了标准支持。

定量风险评估技术在化工企业应用推广的过程中面临的主要问题包括：①定量风险评估计算所依赖的设备失效概率数据库在我国基本是空白，只能采用国外公司的数据，数据的适用性存在问题；②定量风险评估工作需要花费大量时间和金钱，而且其计算结果是否准确企业并没有直观的验证办法，企业缺少动力开展定量风险评估工作。

三、计算流体动力学模拟

20 世纪 70 年代以来，随着计算机的普及和计算能力的提高，以及近似计算方法，如有限差分法、有限元法、有限体积法等的发展，基于数值计算的计算流体动力学方法得到了蓬勃发展，采用其进行火灾爆炸事故模拟的应用越来越多。泄漏、火灾、爆炸事故的发生发展过程可以通过求解一组描述流体特性的质量、动量、能量以及组分守恒方程来描述，通过对不同类型的事故过程进行数值模拟，并将计算的模拟结果进行三维展示，从而更加准确地反映出各种事故的发生、发展过程及形态。

计算流体动力学技术不仅可以用于在反应器或容器小尺度内的数值模拟，用于研究反应器内的流场优化，或者是失控反应过程模拟，也能用于大空间尺度上的化学品泄漏扩散模拟。与工程化定量风险评估技术相比，采用计算流体动力学模拟技术可以全面考虑复杂地形环境下的事故发展过程，包括考虑建筑物形状、设备布局对事故过程的影响。

四、设备完整性管理技术

近年国外对化工领域的事故原因统计分析表明，设备硬件故障仍是造成事故的主要原因。只有化工设备都处于良好状态才能避免各种事故的发生，为此，化工安全专家提出了设备完整性的概念，设备完整性管理是指采取技术改进措施和规范设备管理相结合的方式来保证整个装置中关键设备运行状态的完好性。与传统的设备管理的事后维修、定期维修、状态维修相比，设备完整性管理技术更强调安全、效率、环保。

机械设备的完好性是安全生产的基本物质条件，如前所述，美国已将“设备完整性”列为过程安全管理的重要内容之一。实践证明，选用良好的设备、材质、仪表及可靠的设备状态监测和自控自保系统，是实现本质安全生产的基础。设备完整性管理技术的特点：①包括设计、制造、安装、使用、维护的设备完整性全过程；②运用风险分析技术对系统中的设备按风险大小排序，更多地关注高风险的设备；③以整合的观点处理设备的作业，并保证每一作业的落实与品质，以持续改进贯穿整个过程。

1. 基于风险的检测技术

在设备的状态检验方面，为了提高效率，有专家提出了基于风险的检测的新技术，即从控制管理设备风险角度对检验方案进行优化安排和管理的一种方法。该技术采用先进的软件、配合丰富的工厂实践经验和腐蚀、冶金及化学知识，对炼厂、化工厂等工厂的设备、管线进行风险评估及风险管理方面的分析，并根据分析结构提出一个根据风险等级制订的设备检测计划。

DNV GL 公司在石化行业设备完整性管理方面有较好的经验和业绩，其对设备完整性管理上还进行了相应扩展，称之为资产完整性管理（asset integrity management）。该公司认为这是一个完善的、系统的管理过程，用整体优化的方式管理资产的整个生命周期，以达到资产可靠性、安全性及经济性的要求，并实现可持续发展。

2. 安全仪表系统及自动化监控系统

设备完整性管理中的管理对象也包括安全仪表系统及自动化监控系统，现有的仪表自动化监控系统包括分散控制系统、先进控制和实时优化系统、操作仿真培训系统、安全仪表系统、机组控制系统、转动设备监视系统、仪表设备管理系统、储运设施监控系统、在线分析系统、腐蚀监测系统、泄漏检测与修复系统、检修安全防护系统、有害气体监测系统、烟气排放监测系统、水质在线监测系统、视频监控系统、火灾报警及消防控制系统、生产安全预警系统、厂区安全预警系统、周界防范系统。

先进控制代表了控制技术的发展方向，是企业技术进步的重要内容。先进控制技术应用得好，会带来明显的经济效益和社会效益。化工企业应研究采用先进控制和实时优化的具体方案，并在工艺装置上择机实施。

安全仪表系统是保障生产安全的重要措施，其自身的功能安全问题已经受到人们的广泛关注。功能安全是近年来发展形成的一套全新安全技术理念与管理方法。采用功能安全技术和管理的目的是保障安全相关系统在必要时能正确有效地执行其安全功能。

功能安全技术以系统在安全生命周期各阶段的安全完整性水平为核心，通过对受控过程进行危险与风险分析，为其设置有效的安全功能，选择恰当的目标安全完整性水平，设计出满足目标安全完整性水平要求的安全功能。通过安全仪表系统的作用，把受控过程的风险降低到一个可以接受的水平。功能安全涉及安全仪表系统的设计、安装、操作、维护直到停用的整个过程，提供了一整套行之有效的科学方法。

五、装置安全运行智能监测预警技术

装置安全运行智能监测预警技术是近年来国际安全工程研究的一个热点。1997 年，霍尼韦尔公司联合 Amoco、BP 等十个工业界公司、Gensym 与 ATR 两个著名软件公司、普渡大学与俄亥俄大学宣布成立全球性 ASM（abnormal situation management，非正常工况管理）技术联盟，进行了“异常事件指导和信息系统”的研发。欧盟在近几年也开展了类似的项目，称为“化工/石化生产过程高级决策支持系统”，该项目由法国石油研究院领导，由来自八个国家的五家石油公司、五所大学和四家技术公司组成。其研究重点在于提出用于化工行业的过程监测、数据与事件分析、操作辅助等方面的高级决策支持系统。

在国内，针对石化生产过程的异常工况管理技术研究起步比较晚，对于复杂系统如催化裂化装置的异常工况管理技术的研究，国内目前的研究还很少。中石化青岛安全工程研究院 2004 年开始进行针对石化装置异常工况诊断技术方面的研究，并在常减压装置、延迟焦化装置及 PTA（purified terephthalic acid，精对苯二甲酸）装置等装置上实施应用，在解决石化生产过程的异常工况方面取得了较好的效果。但是对于复杂的系统，还没有可靠成熟的技术来完成智能监测预警，该技术需要进一步完善。

国家安全生产监督管理总局为此在 2013 年颁布的《安全监管总局关于加强化工过程安全管理的指导意见》中的“装置运行安全管理”一节中明确提出企业要加强异常工况监测预警与开停车安全管理工作。国家法规对化学品的大型储存设施提出了重大危险源的监控要求，由于重大危险源多以储存设施为主，并不需要用到前面提到的较为复杂的装置安全运行智能监测预警技术，AQ3035-2010《危险化学品重大危险源安全监控通用技术规范》规定的重大危险源应安装的各种监控措施基本能够满足这类储存设施的安全监控需要。

第三章 电网事故灾难综合治理关键技术现状

根据对近些年国内外电网事故进行原因分析，可将诱发电网事故的主要原因分为三类：系统失稳、设备安全和自然灾害。

第一节 国外典型电网事故分析

（一）系统失稳

电力系统是一个复杂的大规模非线性动态系统，其稳定性分析是电力系统规划和运行最重要也是最复杂的任务之一。系统失稳可能是由功角失稳、电压失稳或频率失稳造成的。

20 世纪 70 年代后期以来，国际上相继发生了多次大面积停电事故，比较典型的有：1978 年 12 月 19 日法国电网，1983 年 12 月 27 日瑞典电网，1987 年 7 月 23 日日本东京电网，1989 年 3 月 13 日加拿大魁北克电网，1996 年 7 月 2 日美国西部联合电网，2012 年 7 月 30 日印度北部电网大停电等。这些电网大停电事故的共同特点在于事故的突发性和隐蔽性，运行人员在事故形成期间很难察觉，不能及时采取紧急控制，一旦电网崩溃就很难挽回，造成巨大的经济损失和社会影响。稳定破坏导致系统失控问题已经成为国际电力界普遍关注的课题之一。

例如，2012 年 7 月印度大停电，当地时间 7 月 30 日凌晨 2 点半左右，印度北部电网发生大停电，北部电网基本全停（事故前负荷 35 669 兆瓦，事故损失负荷 35 219 兆瓦），3.7 亿人失去电力供应，19 点北部电网负荷基本恢复。当地时间 7 月 31 日 13 点左右，印度再次发生大停电，损失负荷约 40 000 兆瓦，全国 6.7 亿人（印度人口的 55%）失去电力供应。这一次大停电依然是由北部电网开始，在很短的时间内，东北电网及东部电网随之崩溃。7 月 30 日的停电，推测是由北部电网与西部联络线跳闸引发，并导致北部电网与主网解列和崩溃。7 月 31 日的停电，推测是由于北部电网受到负荷突增扰动，线路跳闸并产生连锁反应，北部电网解列，频率降低而崩溃，东部、东北部电网也受到影响和损失负荷。总体来说，印度经常发生大停电的深层原因主要是电源和电网建设滞后、调度机构对电网管控力度不足以及系统稳定控制措施配置不当，且其在大停电恢复过程中的统一协调和控制也不到位。

2003 年 8 月 14 日下午，美国的中西部和东北部以及加拿大的安大略省经历了一次大停电事故，损失负荷达 61.8 吉瓦，影响了 5 000 万人口的正常用电。事故原因主要是负荷过重引起的系统级联崩溃。在这起大规模停电事故中，纽约市政府、公共和私营部门分别采取了应急措施，使城市度过了突如其来的危机。事后，经过几个月的调查，“美国-加拿大停电特别工作组”与两国负责能源供应的官员一起分别向美国总统和加拿大总理递交了最终调查报告，报告给美加两国电力行业提出了 46 项具体改革建议。建议包括敦促电力公司更协调、有效地运作，赋予北美电力安全委员会更多的处置权，政府拨出更多资金保证电力公司和地方监督机构完全独立运营等。

（二）设备安全

电网的安全主要体现在电力设备安全和系统运行安全两个方面，而电力设备安全是电网安全的第一道防线。电力设备是指电力系统中各种发电、变电、输配电和用电设备及其相互关联的设备的总称，具体包括发电机、变压器、电力线路、开关元件等，其安全运行直接构成电力系统安全稳定运行的基础。国内外的运行经验证明，只有从引发电网事故的主要源头上建立起第一道防御系统，才有可能大幅度提高大型互联电网的运行可靠性。

上述“7 月印度大停电”事故的原因，也涉及对电网重载情况下关键设备的运行维护重视不够，没有加强设备维护和管理。此外，“8 · 14 北美大停电”事故原因也包括输电线路短路（线路旁树枝修剪不够重视）、通信设施差（线路跳闸未报警）等，从复杂的计算机模拟系统到简单的输电走廊树枝修剪，都未予以足够的重视。

2012 年 10 月 26 日，巴西当地时间 0 时 14 分（北京时间 26 日 11 时 14 分）某 500 千伏双回输电线路中一回线路可控串补 TCSC 的串联电容损坏引起短路故障，导致了北部、东北部电网与国家主网解列运行。事故造成 9 500 兆瓦负荷损失，其中东北电网损失 6 100 兆瓦，北部电网损失 3 400 兆瓦。这是该月巴西发生的第三次大停电事故，导致大停电的深层次原因是体制掣肘和政府投入不力，使得巴西境内的输电和配电系统普遍缺乏必要维护和断电预防措施。

（三）自然灾害

自然灾害是影响电网安全的又一因素，其主要包括持续高温、雷电、大雾、太阳风暴、沙尘暴、覆冰、台风、山火、洪涝、地震等。每种自然灾害都会对电网的稳定性造成影响，危害程度视自然灾害严重程度而定。

1998年1月4日至10日，连续3次冻雨横扫加拿大魁北克省西南和安大略省东部的大部分地区。在魁北克省的重灾区，线路覆冰厚度达到75毫米，大部分高架塔和变压器受损害，电网几乎全面崩溃，140万用户（约400万人口）失去电力供应，部分用户停电超过1个月。

2005年1月至2007年1月期间，冰雪大风天气相继袭击了美国、加拿大、英国、法国、德国、挪威、瑞士、捷克、奥地利、波兰、俄罗斯、日本和新西兰等国家，据不完全统计，覆冰和暴雪大风灾害至少造成24起大规模电力设施故障和大面积停电事故。2006年6月12日，新西兰最大城市奥克兰因遭暴风雪袭击，供电线路和开关设备损坏，全城50%以上的地区断电近8小时。

2009年11月10日，一场突如其来的大规模停电事故使近半个巴西和几乎巴拉圭全国陷入一片黑暗。这次停电事故波及巴西18个州，其中圣保罗州、里约热内卢州、巴拉那州和圣埃斯皮利图州受损程度最大，电力供应几乎完全中断，其他14个州也受到不同程度的影响，损失负荷24.4吉瓦，约占巴西全部负荷40%。伴随着大雨、闪电和大风的极端恶劣天气使伊泰普750千伏交流送出通道的3条重要联络线同时跳闸，超出了电力系统安全稳定设防标准，这是导致此次大停电的起因，而继电保护的配置缺陷则是事故扩大的重要原因。

2011年3月11日，日本宫城县仙台市以东的太平洋近海约130千米、深度24.4千米处，发生了9.0级的强烈地震。地震引起的大海啸导致东京及东北电力公司的发电厂、变电所及输配电线路均遭受损害，尤其是位于福岛县双叶郡的福岛第一与第二核能电厂机组跳脱，严重影响供电，福岛第一核能电厂更因电源中断，冷却系统无法正常运作，引发辐射泄漏事故。2011年4月7日，日本东北地区宫城县发生里氏7.4级强烈地震，日本首都东京也有较强震感。据日本新闻网报道，受地震影响，东北地区的岩手县、宫城县及秋田县等均发生大面积停电事故。

在抗冰方面，国外一般在多年气象观测资料的基础上进行适当修正，来指导线路设计。美国的线路设计导则给出了美国5个区在50年间的雨凇厚度分布图，为设计提供了参考。日本确定冰、风荷载主要采取以下方法：确定了设计重现期以后，原则上采用国家气象台（站）的监测数据，但提前3～5年在线路路径上有选择性地建立冰、风观测站，将观测数据与国家气象台（站）的数据进行比较，如果趋势一致则直接采用，如果有较大出入则适当进行修正。欧洲在确定冰厚方面，也是在10~20年覆冰气象观测的基础上，采用一定的概率统计模型来确定覆冰设计厚度。1998年冰灾之后，加拿大魁北克省电力在第三期的强化输电系统方面，提出构建可以应对极端气候条件的最小骨干网架，规划覆盖80%的735千伏受端电网，主要措施为通过新建线路加强南部735千伏电网，优化电网结构，在局部地区增设多条315千伏线路，加强地区电网，以增强事故情况下电网的互相支援能力。

在抗震方面，美国电气与电子工程师协会于 1984 年制定了《变电站抗震设计推荐规程》IEEE Std 693-1984（现行为 IEEE Std 693-2005），作为美国变电站电气设备抗震设计与性能测试的主要参考文件。日本电气协会于 2010 年制定了《电气设备抗震设计指南》JEAG5003-2010，作为电气设备抗震设计与性能测试的主要文件。目前，隔震技术在重要工业设备防震的应用上已经有了不少成果。例如，法国、南非等国已在核电站的主要设备上采用了隔震技术；美国加利福尼亚州通过在电气设备的底部和地基基础之间加装减震器来减小设备的地震响应；新西兰在海沃兹变电所使用了隔震技术来提高该变电所的电容器组的抗震能力。

第二节　国内典型电网事故分析

（一）系统失稳

近三十年来，随着社会经济的发展，为满足日益增长的电能需求，我国电力系统发生了许多新变化。例如，电网电压等级的升高，电力系统的互联，大容量发电机组的普遍应用，远离负荷中心的水电厂、坑口电厂、核电厂的涌现，负荷容量的集中，直流输电和新型电力电子控制装置的应用等。这些新变化对于合理利用能源，提高经济效益和保护环境都有重要意义。但同时电力系统也趋向复杂化，常见的故障导致系统稳定破坏甚至系统失控的风险也同步增加。由于受环境和建设成本的限制，部分区域电网结构相对薄弱，发电设备储备量较少，系统常常运行在重负荷条件下，这给电力系统的安全运行带来不少问题，其中之一便是电压不稳或电压崩溃引起的局部负荷损失或诱发大面积停电。

此外，大规模互联电网的复杂度提高，隐性故障、连锁故障等可能导致电网解列，特别是对于受端电网来说，解列事故会导致系统失去主要受电通道，出现大的功率缺额。如果低频减载等控制措施配置不合理，可能导致系统频率失稳甚至发生电网崩溃，严重威胁现代电网安全稳定运行。2006 年 7 月 1 日，河南 500 千伏嵩郑双回线继电保护误动作跳闸，原线路 178 万千瓦的负荷完全转移到和它构成电磁环网的 220 千伏系统，线路过负荷继而全网稳定破坏，系统振荡不仅波及西到四川、南到湖南、东到江西的华中全网，而且波及华北电网。发电机组共 26 台跳闸、出力损失 600 多万千瓦。同时，华中和华北的弱联系单回 500 千伏联络线手动解列，华中电网频率下降到 49.1 赫兹，负荷损失近 380 万千瓦。此外，在机组切除、直流闭锁、联络线切除等故障中造成的功率缺额也日益增大，容易导致频率出现较大偏移，如 2005 年华东电网因双极直流闭锁故障而导致系统出现约 0.5 赫兹的频率下降。

在保障电网安全稳定运行方面，我国电网公司严格遵守《电力系统安全稳定导则》进行统一规划、统一调度，根据导则所确定的分层分区原则，形成了六大区域分区电网结构和联网方式。华中“7·1”电网事故证明，电网振荡没有波及与它联网的华东、西北、南方大区，主要是因直流联网方式限制了事故范围的扩大。因此，结构合理的大电网在统一协调控制的基础上，可通过合理的联网方式、区域间在事故情况下的紧急功率支援和完善的安全防御体系遏制事故的发展，将事故控制在一定范围内，降低事故可能造成的影响，避免全网性大停电事故。

（二）设备安全

我国电网运行经验表明设备故障是电网故障的主要原因。表 3-1 是国家电网逐年统计的电网事故数据，对由设备故障造成电网安全事故的数目及其占电网事故总数的比例进行了相关的统计，表明设备故障已经成为威胁电网安全的主要因素。目前，输电线路、继电保护装置依次是造成电网事故的主要设备。

表 3-1 国家电网安全运行事故中设备故障引起的事故情况统计表

年份	2001	2002	2003	2004	2005	2006	2007	2008	2009	2010
事故数/起	29	22	27	29	31	32	32	26	23	26
所占的比例	54.7%	63.9%	46.1%	53.7%	44.9%	39.5%	46.4%	48.1%	37.1%	37.1%

在现代电力系统中，电网设备自动化水平越来越高，电网安全越来越依赖于自动化设备的可靠工作。然而，目前国内外技术水平还达不到使各设备完全可靠地工作。自动化设备大都结构复杂，任何一个环节出问题都有可能造成设备故障，甚至引发连锁反应导致电网事故。2006 年 7 月 1 日，华中电网事故中，继电保护装置误动作是导致事故扩大的原因。事故中，河南嵩郑 500 千伏双回线一回线因保护装置突然误动作跳闸，送电负荷即转移到另一回嵩郑 500 千伏线路，该线保护装置本应动作发出过负荷信号，但却错误地发出跳闸命令，使两回线路都跳闸。2012 年 4 月 10 日，深圳地区的 500 千伏枢纽变电站内开关突然爆炸，接连发生设备事故导致全站 220 千伏设备全停，事故造成深圳市中心部分区域大面积停电。

上述事实说明，即使电网中个别元件发生故障，如不能及时隔离和消除，也有可能产生连锁反应，波及与之互联的其他电网，从而造成严重的电网事故。因此，为避免由设备故障导致电网事故发生，电网公司对设备的采购、运行及维护均有严格要求。例如，对重要设备关键控制点的运行数据对标检查、量化分析、纵横对比，及时发现异常状况，排查潜在隐患，提出治理措施，制定设备维护保养和检修策略；结合事故及重大缺陷开展设备专题分析，梳理典型重复缺陷，提出解决办法及防范措施，能够做到提前发现隐患，并开展分析诊断、前期处置，制订事故预防、处置方案和消缺计划。

（三）自然灾害

我国地处欧亚大陆东南部，东临世界第一大洋——太平洋，西部是全球面积最大、海拔最高的高原——青藏高原，幅员辽阔，地形复杂，季风气候明显，冷暖、干湿变化复杂多样。气象灾害种类多，主要有暴雨洪涝、干旱、热带气旋、霜冻低温等冷冻害、风雹、连阴雨、浓雾及沙尘暴等其他灾害共7大类20余种，如果细分可达数十种甚至上百种。灾害发生频率高、季节性强；持续时间长、群发性突出。

自然灾害一直是影响电力系统安全运行的重要因素，近几年自然灾害的发生更加频繁。运行统计数据表明，2006年是自1998年后全国电网遭受自然灾害最严重的一年，全年共发生35起因自然灾害造成的电网故障，占2006年全部电网事故的43.21%，自然灾害上升到影响电网安全的第一因素。2008年冰灾和汶川大地震，更是造成了电力系统的极大破坏，属于特大型极端灾害。

在电网抗灾中最需要关注的有六种自然灾害：冰灾、地震、风灾、雨涝、雷击、雾闪，表3-2对比了不同自然灾害对电网的影响特性。

表3-2　不同自然灾害对电网的影响特性汇总表

灾害类型	主要破坏形式	影响范围	破坏程度	主要破坏对象	灾后恢复重建难度	抗灾标准适应程度	危害程度
冰灾	物理+电气	中–大	大	线路	很难	不足	高
地震	物理	中–大	中–大	变电站	难	适用	中–高
风灾	物理+电气	中–大	大	线路	难	不足	高
雨涝	物理	中	中	变电站	难	适用	中
雷击	电气	小–中	小	线路	一般	—	中
雾闪	电气	小–中	小	线路	一般	—	中

由此可见，各种灾害有不同的特点，对电网造成的影响也有区别，在不同的灾害条件下电网的薄弱点是不同的，遭到破坏后重建或修复的难度和成本也各有不同。冰灾、地震、风灾对电网的危害大，影响范围也比较大，且容易发生特大型自然灾害；雨涝、雷击和雾闪影响范围小，对电网的破坏影响程度也有限。因此在分析电力系统抗灾性能的时候，应当重点考虑的是冰灾、地震和风灾这三种自然灾害。

例如，我国2008年冰灾中，全国范围电网（包括国家电网公司、南方电网公司、地方电网及电厂送出自有线路）因灾停运电力线路共36 740条（其中，因灾停运500千伏线路119条；因灾停运220千伏线路348条；因灾停运110千伏线路888条；因灾停运10~35千伏线路35 385条）；因灾停运变电站共2 018座；110~500千伏线路因灾倒塔共8 381基。全国受灾直接经济损失约1 516.5亿元，全国电力行业因灾造成的直接和间接经济损失约400亿元，其中直接经济损失约250亿元。图3-1为2008年电网冰雪灾害事故现场图片。

（a）人工除冰

（b）倒线倒塔

（c）线路覆冰

图 3-1　2008 年电网冰雪灾害事故

在各种自然灾害中，气象灾害占 71%，图 3-2 为台风对电网的危害。图 3-3 为地震对电网的危害。

图 3-2　台风对电网的危害

图 3-3 地震对电网的危害

频发的地震、强降雨、台风、冰灾等极端自然灾害对电网安全提出越来越高的要求。为了使电网能有效抵御自然灾害，我国电力部门高度重视电网防灾减灾工作，立项支持相关技术的研究和进步，推动电网防灾减灾技术的全面、有序发展。针对输变电设施覆冰、大风、雷电、地震等主要自然灾害，开展包括灾害机理及防治理论、灾害仿真及分析技术、灾害监测及预警技术、输变电工程抗灾设计、灾害防治装置及设备、灾害抢修及恢复技术、试验技术及试验等方面的研究。2008 年冰灾后，南方电网公司累计投入 81.5 亿元（截至 2012 年），通过开展线路抗冰加固工程、实施直流融冰技术、建设覆冰监测预警系统“三大措施”，大幅提高了电网防冰抗冰能力。

（四）电网与其他系统的关联

电网系统与其他相关系统有一定关联，其中电网系统稳定性对用户供电可靠性、电能质量等有较大影响，目前已经采取相应技术措施提高用户供电可靠性和电能质量。

另外，直流输电工程入地电流可能会对其他系统的管道产生影响，已经采取相应的措施，包括减少入地电流容量和时间等，将其对地下管道的影响控制到最低程度。

第三节　国内外电网事故综合治理对比

有研究机构对1965年以来的140次国际大停电事故进行分析后发现，北美是停电事故频发地区，巴西、印度等发展中国家也多次发生大停电事故。据分析，大停电事故是由多种因素造成的，设备故障与自然灾害是事故的最主要诱因。在140次大停电事故的初始原因中，关键设备故障原因占67次，自然灾害原因占43次。另外，电网结构“先天不足”是造成某些电网事故频发的重要原因，如北美电网由各州、各地自发自然形成，缺乏统一规划，造成电压等级较为混乱，长距离、弱电磁环网较多，存在因潮流转移而导致连锁反应的严重隐患。其他如管理体制分散、调度运行机制不畅、处置不力等也是多起大停电事故的原因之一。以下对国内外大停电事故的主要诱因及事故治理技术进行详细分析对比。

（一）系统失稳

对比美国、加拿大“8·14”大停电和我国华中地区“7·1”电网事故，电网事故的关键原因并不在于同步电网的规模大小，而是电网结构不合理及缺乏统一协调控制机制。美国存在200多个独立的电网，其电网缺乏统一规划，各电网之间互联是自发形成的，765/345千伏系统与500/220千伏系统交织混联，长距离弱电磁环网普遍存在，造成电网结构混乱，容易发生大范围的负荷转移，引起连锁反应，导致大停电事故频发。另外，由于缺乏全网统一的协调控制机制和手段，未能建立可靠的全网安全稳定防线，致使系统中的局部故障不能及时采取措施快速隔离，而逐渐演变成大停电事故。而华中“7·1”电网事故中，华东、西北、南方大区采用直流方式与华中联网，使得这些区域没有受到电网振荡的影响，限制了事故的扩大。这得益于我国电网公司严格遵守《电力系统安全稳定导则》进行统一规划、统一调度；根据导则所确定的分层分区原则，形成了六大区域分区电网结构和联网方式，能够充分发挥电网受到扰动后维持系统同步运行的能力。

相比国外而言，我国电网统一控制和协调能力较强，但我国电网电压等级最高、系统也最为庞大复杂，在此特殊条件下对电网安全稳定运行提出了前所未有的挑战。

（二）设备安全

美国、加拿大“8·14”大停电以及2012年10月巴西连续发生三次大停电暴露了负荷过重且陈旧的供电网络的重大缺陷。而我国从2001年至2010年因设备原因而造成的停电事故从54.7%降至37.1%，虽然设备原因引起的停电仍占较大比例，但停电规模和频次与国外相比都比较小。造成这种差异的主要原因是美国的输电网络，包括高压电缆、变电站等，长期没有更新，缺乏后备容量和替代线路，电网直接调度不灵活，跟不上电力需求的发展步伐。巴西电网受体制掣肘和政府投入不力的影响，电网硬件基础设施老旧，断电时有发生，以营利为经营指导思想的运营商在经过成本核算后通常会放弃对设备大规模更新换代的打算，任凭小概率断电事故和相应罚款的发生。相对而言，我国电网比较统一，调度灵活，并且在电网升级改造方面一直保持稳定的资金投入，确保了电网运行的安全与稳定。但同时，随着特高压输电、柔性输电等技术的发展，我国在关键设备制造水平方面还有所欠缺，部分关键设备或设备生产线依赖进口。再者，关键设备的在线监测及预警技术还远不能适应经济社会的快速发展和需求。

（三）自然灾害

在防冰方面，欧美国家和地区积累了较丰富的运行经验，在线路设计和运行过程中能充分考虑冰雪恶劣天气的影响。而我国自 2008 年冰灾后，南方电网开展线路抗冰加固工程、实施直流融冰技术、建设覆冰监测预警系统“三大措施”，大幅提高了电网防冰抗冰能力。我国电网公司对输变电设施如何降低大风、雷电、地震等主要自然灾害的影响也开展了相应的研究。目前，国内外在电力设施建设过程中均有相应的抗震标准可依。

应对极端自然灾害是全球性问题，而各国因自身地理和气候环境差异，面临的电网安全问题也不同。我国地理和气候环境复杂多样，面对的自然灾害极端且多样，加之自身电网的独特和复杂庞大，需要特别关注冰雪、大风和地震自然灾害下的电网防护技术研究、气象/地质预测与电网安全预警技术配合研究。

第四章 油气管网和生命线工程事故灾难综合治理关键技术现状

第一节 国内外典型油气管网和生命线工程事故分析

一、概述

截至 2016 年底，我国陆上油气管道总里程约 12 万千米，覆盖了 31 个省（自治区、直辖市）。目前，我国已经形成“三纵四横、连通海外、覆盖全国”的油气管网，连接千家万户，为社会经济发展提供源源动力。我国的油气管道存在系统庞大、储运工艺复杂、线路长、管道沿线区域自然条件多样等特点，且随着城市化进程的深入及管道压力越来越高、口径越来越大，我国油气管网对公共安全的影响呈现“点多、面广、后果重”的显著特征，加之受到人类活动的影响，安全风险因素众多。我国的在役管道中，60%属于老管道，建设时间较长、技术水平相对较低，管道材质腐蚀、应力腐蚀等是造成此类管道失效的主要原因。近年来，管道因破坏而失效的原因主要是第三方施工破坏、不法分子打孔盗油、地质灾害和材料失效等。公开信息显示，中国油气管道事故率平均 3 次/（1 000 千米·年），远高于美国的 0.5 次/（1 000 千米·年）和欧洲的 0.25 次/（1 000 千米·年）。各类失效事故带来巨大的经济损失、人员伤亡及环境影响，同时也引发了不同程度的社会公众恐慌和政府的高度关注。

近 20 年我国城镇燃气进行了大规模建设发展，气化城市由大中城市拓展到县级城市，管道总长度超过 20 万千米，覆盖人口超过 3 亿人。2008 年以来，我国城镇化率保持年均近 1 个百分点的增长，2016 年城镇化率达到 57.35%。2020 年前我国仍将处于工业化和城市化“双快速”发展阶段，2020 年城镇化率将接近 60%。2030 年前后达到人口峰值 14.7 亿人，城市化进程继续快速推进，2030 年城镇化率将达 70%。在高速发展的建设形势下，我国燃气用户扩容迅猛，导致老旧管网超期服役、新建工程交叉意外伤害管道等现象严重。近些年，每年发生燃气管道泄漏事故多达千余次，户内燃气泄漏和爆炸事故数百起，死伤人数近千人。燃气事故死伤人数已经成为仅次于交通事故的突出因素，正在成为影响公共安全的组成部分之一。我国在城市地下工程对燃气管线影响方面研究较少，缺乏针对此情况的防护技术与防护措施。

随着经济和对外开放的发展，城乡一体化发展加快，城市供水面临较大发展需要。2015 年全国供水管道总长度 71 万千米，比 2005 年翻了近一番。从 2008 年开始，全国供水管网总长度的建设速度保持在平均每年 3 万千米，年均增幅约6.7%。目前，全国已有27个省（自治区、直辖市）的城市居民用水普及率达到 90%以上。环境保护部就我国饮用水源地的环境曾多次提示风险问题突出。调查数据显示，全国约 81%的石油化工建设项目布设在江河水域、人口密集区等环境敏感区域，其中 45%为重大风险源，这直接导致我国的饮用水突发事件处于高发态势。目前我国供水管网规模和管径大，距离长，管材质量良莠不齐，规划及建设滞后，调度、防护、监控及运营管理水平较低，管网漏损率高，进一步做好保障供应、提高水质、降低消耗仍是供水行业技术进步的主要任务和规划目标。

为了从事故事件中吸取教训、警示后人、引以为鉴，同时从事故出发，分析事故危害及科技短板，找到预防事故的技术提升手段，本节分析典型的国内外油气管道及生命线工程事故案例，其中包括中国、美国、加拿大及墨西哥等。这些报告不仅详细描述了事故的具体过程及采取的应急措施，还客观科学地分析了事故的主要起因和事故所反映的安全管理和科学技术方面的漏洞。此外，还概要介绍了国外油气管道事故统计分析的结果，以及国内外油气管道失效率的对比情况，从而能够全面分析国内外管道事故的发展态势及管道管理情况。

二、本质安全相关事故

（一）中石油秦京输油管道漏油事故

1. 事故概况

2012 年 3 月 27 日，途经通州区张采路于家务村路段的秦京输油管道破裂，造成原油泄漏，污染河道。经抢修，当天输油管道被修复。输油管线位于河道上方，其直径逾半米，埋于地下不到一米处，主要供应给燕山石化，由中石油秦皇岛分公司负责日常管理和维护。凌晨 5 时许，值班人员通过监测仪器发现于家务村段管线破损，立即通知抢修队前往处置。

区水务局、环保局、消防等部门前往现场救援，通过铺吸油毯、建小型堤坝阻止油污蔓延。随后，相关人员将污染的河道隔成数段，每段附近挖掘一个大坑，将漏油集中在内，再由油罐车抽走。管线破损的地方当天就修复完毕，其间原油运输短暂停止。漏油的规模并不大，大约数吨，在控制范围之内。河道两侧被污染的土壤全部装袋运离，经处理后回收原油。事故未对附近的农田造成影响。事故造成于家务村 500 多户停水五六个小时。供水管位于出事的输油管线上方，抢修期间可能是工人过于着急，不慎将供水管挖爆。所幸，漏油没有渗入供水管内，供水管的破损部位被很快更换。

2. 事故分析

事故的直接原因为管线使用时间久，内部长期遭受腐蚀，所以导致破损和泄漏事故。间接原因为公司对管道管理不善，未能有效保证管道本质安全。

3. 科技短板

（1）腐蚀防护技术及应用有待加强。管线使用时间久，内部长期遭受腐蚀，腐蚀防护技术未能有效使用。

（2）管道检测技术未发挥应有作用。2004 年和 2012 年（事故发生时检测报告未出）分别对该管线进行检测，但周期性的检测未能及时排除该处隐患。

（3）管道风险识别不到位。未对投入使用时间较长的管道进行充分的风险识别，疏漏了腐蚀风险。

（二）11·22 青岛输油管道爆炸事件

1. 事故概况

2013 年 11 月 22 日 10 时，位于山东省青岛经济技术开发区的中国石油化工集团有限公司（以下简称中石化）管道储运分公司东黄输油管道泄漏原油进入市政排水暗渠，在形成密闭空间的暗渠内油气积聚遇火花发生爆炸（图 4-1、图 4-2），造成 62 人死亡、136 人受伤，直接经济损失 75 172 万元。东黄输油管道于 1986 年 7 月投入运行，设计压力 6.27 兆帕。管道全长 248.5 千米，管径 711 毫米，材料为 API5LX-60 直缝焊接钢管。管道外壁采用石油沥青布防腐，外加电流阴极保护。1998 年 10 月改由黄岛油库至东营首站反向输送，输油能力 1 000 万吨/年。

图 4-1 事故现场

图 4-2 东黄复线燃爆事故的整治现场

事故发生段管道沿开发区秦皇岛路东西走向，采用地埋方式敷设。北侧为青岛丽东化工有限公司厂区，南侧有青岛益和电器集团公司、青岛信泰物流有限公司等企业。

事故发生时，东黄输油管道输送埃斯坡、罕戈 1∶1 混合原油，密度 0.86 吨/米^3，饱和蒸汽压 13.1 千帕，蒸汽爆炸极限 1.76%~8.55%，闭杯闪点−16℃。油品属轻质原油。原油出站温度 27.8℃，满负荷运行出站压力 4.67 兆帕。

2. 事故分析

直接原因为输油管道与排水暗渠交汇处管道腐蚀减薄造成管道破裂。原油泄漏后，现场处置人员采用液压破碎锤在暗渠盖板上打孔破碎，产生撞击火花，引发暗渠内油气爆炸，如图 4-3 所示。

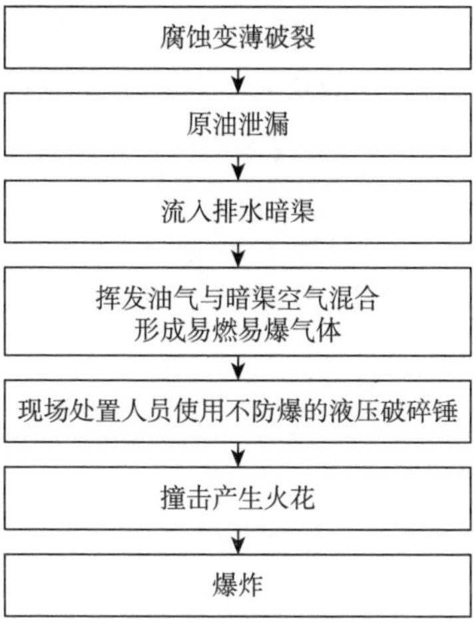

图 4-3 事故原因

通过现场勘验、物证检测、调查询问、查阅资料，并经综合分析认定，由于与排水暗渠交叉段的输油管道所处区域土壤盐碱和地下水氯化物含量高，同时排水暗渠内随着潮汐变化海水倒灌，输油管道长期处于干湿交替的海水及盐雾腐蚀环境，加之管道受到道路承重和振动等因素影响，从而导致管道加速腐蚀减薄、破裂，造成原油泄漏。泄漏点位于秦皇岛路桥涵东侧墙体外 15 厘米，处于管道正下部位置。经计算、认定，原油泄漏量约 2 000 吨。

泄漏原油部分反冲出路面，大部分从穿越处直接进入排水暗渠。泄漏原油挥发的油气与排水暗渠空间内的空气形成易燃易爆的混合气体，并在相对密闭的排水暗渠内积聚。由于原油泄漏到发生爆炸达 8 个多小时，受海水倒灌影响，泄漏原油及其混合气体在排水暗渠内蔓延、扩散、积聚，最终造成大范围连续爆炸。

间接原因如下：

（1）中石化及下属企业安全生产主体责任不落实，隐患排查治理不彻底，现场应急处置措施不当。2009 年、2011 年、2013 年先后 3 次对东黄输油管道外防腐层及局部管体进行检测，均未能发现事故段管道严重腐蚀等重大隐患，导致隐患得不到及时、彻底整改；从 2011 年起安排实施东黄输油管道外防腐层大修，截至 2013 年 10 月仍未对包括事故泄漏点所在的 15 千米管道进行大修；青岛站、潍坊输油处、中石化管道分公司对泄漏原油数量未按应急预案要求进行研判，对事故风险评估出现严重错误，没有及时下达启动应急预案的指令；未按要求及时全面报告泄漏量、泄漏油品等信息，存在漏报问题；现场处置人员没有对泄漏区域实施有效警戒和围挡；抢修现场未进行可燃气体检测，盲目动用非防爆设备进行作业，严重违规违章。

（2）青岛市人民政府及开发区管委会贯彻落实国家安全生产法律法规不

力，对长期存在的重大安全隐患排查整改不到位，没有把输油管道作为监督检查的重点。黄岛街道办事处对青岛丽东化工有限公司长期在厂区内排水暗渠上违章搭建临时工棚问题失察，导致事故伤亡扩大。

（3）管道保护工作主管部门履行职责不力，安全隐患排查治理不深入。

（4）开发区规划、市政部门履行职责不到位，事故发生地段规划建设混乱，造成管道与排水暗渠交叉工程设计不合理，且管道处于海水倒灌能够到达的区域，腐蚀加剧。

（5）青岛市人民政府及开发区管委会相关部门对事故风险研判失误，导致应急响应不力。

3. 科技短板

（1）腐蚀防护技术及应用有待加强。由于与排水暗渠交叉段的输油管道所处区域土壤盐碱和地下水氯化物含量高，同时排水暗渠内随着潮汐变化海水倒灌，输油管道长期处于干湿交替的海水及盐雾腐蚀环境，从而导致管道加速腐蚀减薄、破裂，造成原油泄漏。

（2）管道检测技术未发挥应有作用。2009 年、2011 年、2013 年先后 3 次对东黄输油管道外防腐层及局部管体进行检测，均未能发现事故段管道严重腐蚀等重大隐患。

（3）输油管道与城市排水管网规划布置不合理。随着黄岛整体城市化进程的加快，中石化部分输油管线所处地区已变为繁华地带，有的楼房甚至离管线的距离不足 5 米，而中石化已经意识到这些输油管线可能存在的危险。

（4）应急维抢修技术及作业流程存在漏洞。泄漏后的应急处置不当，现场处置人员没有对泄漏区域实施有效警戒和围挡；抢修现场未进行可燃气体检测，盲目动用非防爆设备进行作业。

（5）管道风险识别不到位。未对开发区在事故段管道先后进行的排水明渠和桥涵、明渠加盖板、道路拓宽和翻修等建设工程进行风险评估并提出相应的管道保护要求，未根据管道所处环境变化及时评估管道风险，未对管道维修过程中的风险隐患进行充分识别。

（三）纽约曼哈顿居民楼爆炸

1. 事故概况

2014 年 3 月 12 日，纽约曼哈顿区发生的居民楼爆炸事故造成 8 人死亡，60 多人受伤，5 人失踪。事故现场如图 4-4 所示。

图 4-4　纽约曼哈顿居民楼爆炸事故现场

2. 事故分析

爆炸原因为煤气管道泄漏，事发地附近的燃气管道是从 1887 年开始使用的未经保护的铸铁管，受影响的楼房也修建于 20 世纪 40 年代，历史久远，比较陈旧，老化严重。

3. 科技短板

在役管道寿命与延寿评价技术缺失。现存管道年代较久，煤气管道的维护工作不得力，无人对燃气管道进行超役使用后的延寿进行技术评价。

三、外部因素相关事故

（一）中石油管道泄漏事件

1. 事故概况

2009 年 12 月 29 日，兰郑长成品油管道渭南支线投产。在分输柴油过程中发现管道有跑油现象，后经计算，确定泄漏柴油 147 立方米。除抢险人员在漏油点地面回收柴油 50 立方米外，其他部分渗入土壤和进入赤水河，导致赤水河、渭河大面积污染，黄河三门峡上游水质石油类污染物超标。国家环境保护部兰郑长渭南支线柴油泄漏水污染事故调查组和集团公司调查组认定，这起事故为重大环境污染责任事故。

2. 事故分析

直接原因是由第三方施工破坏，石油管道保护不力，违规投入试生产、投产组织不到位。

间接原因是管理层对支线投产未重视，对于未投工程疏于管理；缺少对高后果区的认识，风险意识薄弱；事故前期处置不当、信息迟报漏报。

3. 科技短板

（1）管道监护措施不到位。管道周边各行业第三方施工逐年增多，施工规划也相对交叉重叠较多。渭南地区民风社情复杂，工程相互干扰，破坏时常发生。渭南支线建成之后，基本未采取任何管理保护措施，致使第三方施工时没有进行监护。

（2）对高后果区未有效识别，风险评估不到位。赤水河距渭河只有 2 千米，渭河距黄河不到 60 千米。一旦赤水河被污染，十几个小时污油将进入黄河，一旦污油进入黄河——中华民族的母亲河，其负面影响力和事故等级就会升级，而管道运营方没有充分认识到后果的严重性，更没有采取任何措施。

（3）与地方政府部门的信息报送和沟通不够。没有主动与地方政府、规划部门和水利部门取得联系，未及时送达管道走向路线。未提前了解地方规划和施工项目，没有做好巡线和防范是管理上的重大漏洞。事故发生之后，没有及时向地方政府部门报告，加大了抢险、事后处理的难度。

（二）宾夕法尼亚州天然气管线爆炸事故

1. 事故概况

2008 年 3 月 5 日下午 1 时 39 分，天然气爆炸毁坏了一处位于宾夕法尼亚州的住宅，一名男子身亡，一名 4 岁女孩受伤严重。另有两处房屋被炸毁，11 处房屋受损。财产损失为 100 万美元，图 4-5 为事故现场照片。

图 4-5　事故现场照片

事故发生后，道明尼公司工作人员于下午8时29分开挖2英寸管道。发现环形裂纹围绕管道270°（图4-6），管道顶部截面没有裂纹，管道弯曲，并且下部凹陷。

图4-6　有裂纹的管道（白色大标记表示挖掘时的管道顶部）

2. 事故分析

基于2英寸管道上的裂纹以及杆孔测试和实验室检查结果，发现造成宾夕法尼亚州此次事故的可能原因是五年前的挖掘工作损坏了2英寸天然气输气管道，进而管道保护涂层剥落，使得管道易受腐蚀和破裂影响。

3. 科技短板

（1）管道泄漏检测技术未发挥应有作用。管道环裂损坏，燃气泄漏严重，却未能发现事故段管道严重损坏等重大隐患，监视及监测系统失能。

（2）管道检测技术未发挥作用。管道进行日常巡检和年度检测，却无人发现该处泄漏点。

（3）地下管网信息管理系统未建立。地下管线错综复杂，未建立有效的地下管网信息管理系统，造成为维护其他管线而进行挖掘工作时，损坏了燃气管道。

（三）兰州输水管渠污染事故

1. 事故概况

2014年4月11日，当地水务公司检出出厂水苯含量78微克/升，超过国家10微克/升的限制标准，全市启动公共突发事件应急预案，市区降压供水，部分地区停水。兰州威立雅水务集团公布自来水苯超标，造成兰州市大面积停水，造成民众极大恐慌，经济损失严重，事故现场如图 4-7 所示。

图 4-7　事故现场

2. 事故分析

根据调查结果显示，兰州自来水污染区域为一水厂至二水厂的北线输水自流沟。“自流沟”是指兰州供水集团 1955 年建设之初铺设的封闭输水渠，系混凝土结构。最初一共铺设两条四孔输水自流沟，主要作用是由第一水厂向电厂供水，以及向第二水厂输送一次沉淀水，第一水厂与第二水厂之间自流沟长约 3 千米，设计寿命 50 年，实际已使用 60 年，如图 4-8 所示。

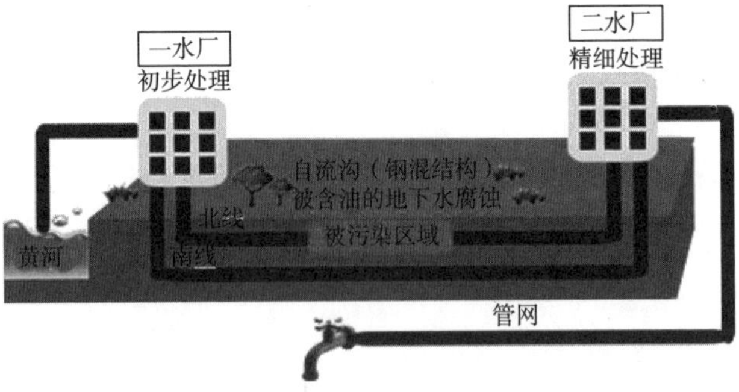

图 4-8　事故分析示意图

根据兰州“4·11”事件应急处置领导小组通报的信息，此次事故由自流沟周边的地下含油污水引发，用来填充自流沟之间的沉降缝被污染物溶解，导致污染物进入自流沟。含油污水来自兰州石化公司原料动力厂 1987 年和 2002 年两次爆炸事故遗留的废渣，过去 20 多年间，兰州城区唯一一个自来水厂的自流沟一直与含油废渣毗邻共处。

管道老化也是当前影响饮用水安全的重要因素。但更换管道的费用巨大，企业不愿意承担，总是修修补补，难以彻底化解风险。早在一二十年前，就有专家建议应该将兰州石化等污染企业整体搬迁。环保部门的资料显示，2004 年甘肃省环保局就多次发出警告，兰州石化的污水排放总干线已超期服役，其抗风险能力已达极限。资料显示，兰州市曾于20世纪80年代和2004年对自来水厂的自流沟进行改造。2008 年 4 月，兰州市决定投资 1.5 亿元，用于彻底清理整治自流沟，并拆除水源保护区内 8 万多平方米的违章建筑。近些年，由于资金不足，再也没有进行维修，导致输水渠水质污染。

这次污染事件是继 2005 年松花江水污染、2007 年太湖蓝藻暴发导致水质恶化后又一次产生重大影响的事件，兰州自来水公司相关技术人员经过 5 天的处理，解决了苯污染超标问题，使供水由应急处置转入正常状态。

3. 科技短板

（1）自流沟布置不合理，风险隐患排查不到位。过去 20 多年间，兰州城区唯一一个自来水厂的自流沟一直与含油废渣毗邻共处，无整治措施。

（2）水质监测技术缺失。关系民生问题的供水系统无质量监测手段。

（3）饮用水快速检测技术有待提高。本案例中，4 月 2 号开始检测，4 月 10 号才出结果，如果能 2 号就出结果，对市民的影响要小得多。

四、信息化建设不足相关事故

（一）台湾高雄爆炸事件

1. 事故概况

台湾高雄市 7 月 31 日晚间发生可燃气体泄漏连环爆炸事故，造成 32 人死亡，321 人受伤。罹难者中，包含 5 名警消、1 名义消，并造成 34 名警消轻重伤。气爆造成当地供电设备、通信线路、自来水管和天然气管线严重受损，并造成多户停电、停气、停水、停话等，事故现场如图 4-9、图 4-10 所示。截至 8 月 3 日上午 10 时，气爆事件共计影响 32 068 户、83 819 人。这是 18 年来台湾发生的伤亡最惨重的气爆事件。事故地段，有台湾“中油”、“中石化”、欣高瓦斯、李长荣化工等企业埋设油气管线。

图 4-9 燃气爆炸事故现场

图 4-10 地下管线错综复杂

2. 事故分析

直接原因：李长荣化工管线丙烯泄漏，消防员研判可燃气体外泄，封锁现场，管制交通，以水雾稀释气体，但没有疏散当地民众。采样查漏期间，大量液态丙烯汽化，随着排水箱涵流动向外不断扩散，发生连环气爆。

间接原因：

（1）现场应急人员对泄漏气体研判失误，处理措施不当，且未及时疏散群众。

救灾人员第一时间根据民众通报的信息，耗费3个多小时查不出气体成分，无法对症下药，这样的救灾效率也暴露出专业性不足、应变能力不足。

再者，警消人员赶到现场后采用水覆盖“瓦斯”（后证明为丙烯）气的方式进行处理，直至泄漏 3 小时后引起爆炸和人员伤亡，未采取警戒疏散等措施。事实上丙烯是一种沸点极低（−47.4℃）且密度（分子量为42）略大于空气的有毒气体，不溶于水。因此该介质易于在市政管网中聚集，且水覆盖的措施对于事故的控制效果比较有限。但事故发生前，消防人员按瓦斯泄漏处理，直至次日下午，仍未确定泄漏物为何种介质。如果消防人员能根据冒白烟现象，抱持“料敌从宽、御敌从严”的态度画警戒区，通报要求管线单位关闭阀门，或许死伤不会如此严重。专业不足、效率不佳加上连串的疏忽，最终造成悲惨的事故。

（2）当地地下管线错综复杂，多家企业未能及时判断事故管道，贻误事故最佳应急响应时机，造成事故后果扩大。

3. 科技短板

（1）地下管网信息管理系统未建立。地下管线错综复杂，未建立有效地下管网信息管理系统，造成事故发生时无法有效判别失效管道。

（2）应急维抢修技术及作业流程存在漏洞。救灾人员第一时间根据民众通报的信息，耗费三个多小时查不出气体成分，无法对症下药；未能根据事故情况画警戒区，未能及时通报要求管线单位关闭阀门。

（3）管道泄漏监测技术缺失。箱涵充斥大量丙烯，监视及监测系统却完全失能。

（4）管道检测技术未发挥作用。管线运行30年无人检测，无人巡检。

（二）7·11呼和浩特燃气泄漏事件

1. 事故概况

2014年2月25日，呼和浩特市中山路与锡林路路口（四毛十字路口）地下通道工程，施工单位在该十字路口西南角进行竖井护坡桩施工时，不慎将地下天然气主管道破损，造成天然气泄漏，致使周边四条主干道封闭，附近写字楼商场封闭，近万人被疏散，19 条公交线路绕行，事故现场如图 4-11、图 4-12 所示。此次事故距 2 月 11 日发生在呼和浩特闹市区的天然气泄漏（管道老化泄漏）仅 14 天。

图 4-11　燃气泄漏事故现场

图 4-12　燃气泄漏事故救援现场

2. 事故分析

直接原因：上海建工集团在地下通道竖井洞门钢板桩施工中，将天然气管道挖裂，造成天然气泄漏。

间接原因：

（1）图纸显示与实际差距较大，按照地下通道图纸显示，燃气管道应距施工作业区还有 3 米左右，但实际距离不足 20 厘米。

（2）施工方称边开挖边探测地下易影响施工的障碍物，基坑已挖至 1 米深，却未见地下有管道。钻头穿入地下约 30 厘米的距离时，发生天然气泄漏。

呼和浩特市燃气部门对事故数据总结分析发现，每年 4~10 月燃气泄漏事故集中爆发，至少会发生 40~50 起，而且 50%以上的施工破坏天然气管道事故都是因违规操作所致。按规定在天然气管道附近进行施工，必须提前向主管部门和燃气供应企业申请，未经允许不得擅自开挖。在获审批后，燃气部门会为施工方提供管网的分布图，进行信息共享，协助其避开天然气管网。但施工单位在地下情况比较复杂、管线的深浅及具体位置不精准的情况下贸然开挖，是导致天然气管道遭到破坏的罪魁祸首。所以从技术角度来看，必须制定科学的燃气安全完整性管理方法，完善燃气管道泄漏快速封堵装备及标准技术，提升管理人员素质和能力，强化相关人员的安全意识，推进信息化建设，只有这样才能保证城市燃气管道高效安全运行。

3. 科技短板

（1）地下管线管理信息系统未建立。图纸显示的管位与实际差距较大，现存管道数据不准确，年代较久的管道资料更是不健全。城市管线分布广、敷设时间跨度大，地下管线老化或失效时，不能及时反映，无法开展动态综合规划管理工作，管线维护工作繁重。

（2）管道探测识别技术未发挥作用。城市地下线路复杂，燃气管道铺设亦无标识，必须事先探测，但却未发现管道。

（三）莫斯科天然气管道爆炸

1. 事故概况

2009 年 5 月 9 日，莫斯科西南地区发生天然气管道爆炸，并且引起了一场火柱高达 200 米、燃烧时间长达数小时的大火，如图 4-13 所示。这是莫斯科在第二次世界大战之后最大的一次火灾。万幸的是大火只造成了 5 人受伤，也没发生重大的环境污染。

图 4-13 莫斯科天然气管道爆炸事故现场

2. 事故分析

莫斯科市长卢日科夫在谈到爆炸原因时指出，这可能与当时管道内的压力突然增加有关。据悉，管道内平时的压力为 12 个大气压，而当时很可能因某种原因而达到了 40 个，管道无法承担如此重负而爆裂。

3. 科技短板

误操作，管道监控不到位，城市燃气管道监测设备老旧，未安装燃气 SCADA（supervisory control and data acquisition，数据采集与监视监控）系统参数的预警识别系统。

五、国内外油气管网失效数据对比分析

1. 美国

美国管道和危险材料安全管理局将重大事故定义为被管道运营商发现的且导致如下任意后果的事故：死亡或受伤人员需要入院治疗；以 1984 年的美元市值为衡量标准，总损失达到或超过 5 万美元；高挥发性液体泄漏量超过 5 桶，其他液体泄漏量超过 50 桶；液体泄漏导致意外火灾或爆炸。

根据美国管道和危险材料安全管理局“管道事故 20 年趋势”报告，美国 1998~2017 年重大管道事故平均数量为 286 起/年。图 4-14~图 4-17 分别给出了

1998~2017 年美国管道事故数量、死伤人数及年经济损失的变化趋势。

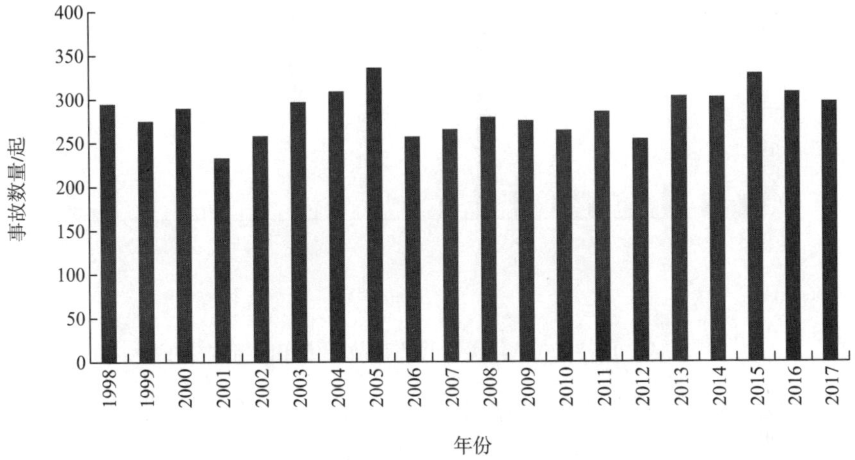

图 4-14 1998~2017 年美国管道事故数量统计

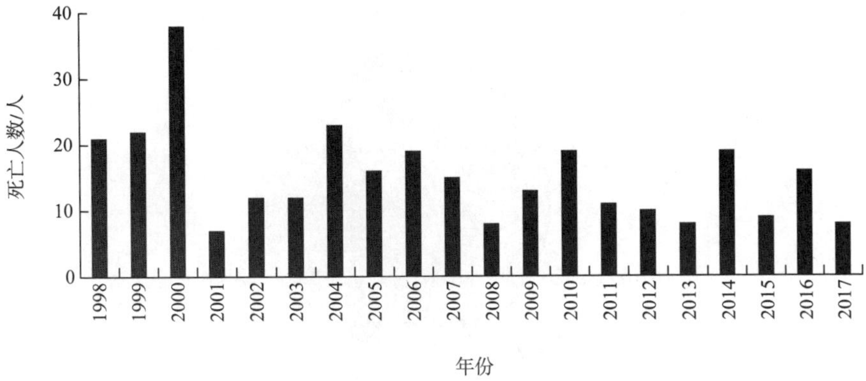

图 4-15 1998~2017 年美国管道事故导致死亡人数统计

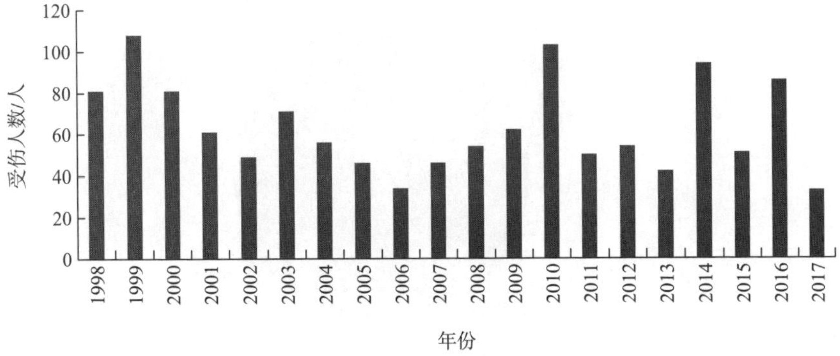

图 4-16 1998~2017 年美国管道事故导致受伤人数统计

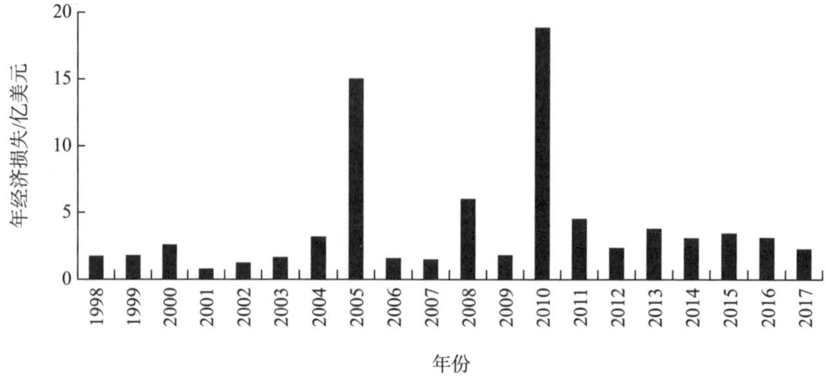

图 4-17 1998~2017 年美国管道事故导致年经济损失统计

美国管道和危险材料安全管理局对 2005~2016 年全国陆上危险性液体管道及输气管道较大事故（发生死亡或受伤人员需要入院治疗）的原因进行分析（图 4-18、图 4-19），结果显示，液体管道较大事故的主要原因为误操作，输气管道较大事故的主要原因则为开挖损伤、误操作、设备失效。

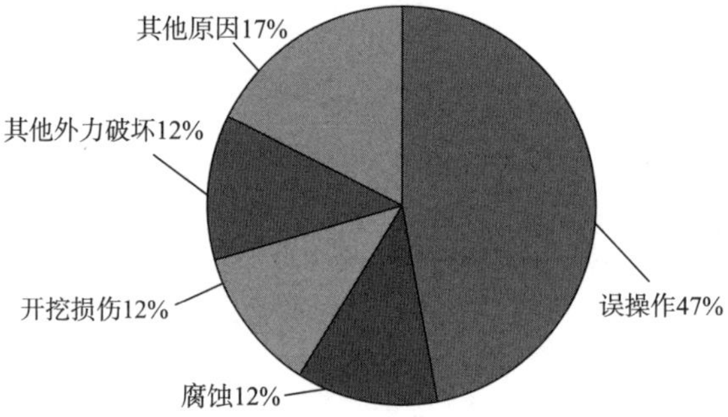

图 4-18 2005~2016 年美国陆上危险性液体管道较大事故原因分析

资料来源：美国管道和危险材料安全管理局

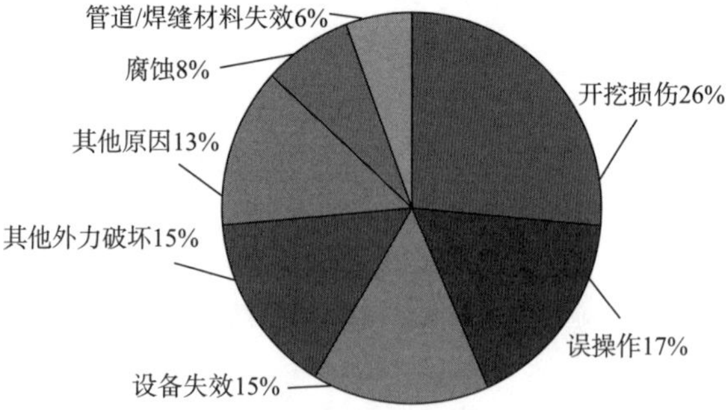

图 4-19 2005~2016 年美国输气管道较大事故原因分析

资料来源：美国管道和危险材料安全管理局

2. 加拿大

阿尔伯特是加拿大生产石油和天然气的大省，省内多数管道为小尺寸管道，外径为 168.3 毫米或更小，从各个油气井向附近的加工厂输送油气。外径为 508 毫米或更大的输送管道仅占阿尔伯特能源监管局监管管道的2%，总长为8 267千米。阿尔伯特省 86%的管道为钢管，其余大多为聚合物或纤维复合材料，因其抗腐蚀性，这种材质的管道正在逐年增加，用于腐蚀性生产环境。从 1990 年至 2012 年，共报告 17 605 次事件，其中包括 15 609 次小孔泄漏，1 116 次撞击但未发生泄漏，880 次破裂。

自 1990 年以来，阿尔伯特的管道基础设施逐步增加，但事件并没有随之增加。实际上，这些年的事件发生频率呈现下降趋势，从 1990 年每 1 000 千米发生 5 次事件到 2010 年每 1 000 千米发生 1.5 次事件。近几年小孔泄漏也呈下降趋势，事件的减少要归功于 2005 年颁布的法规修正案提高了管道设计和施工的标准，行业为降低管道事件付出的努力，及对管道问题的持续关注。

总体来说，内腐蚀仍然是造成管道失效的主要原因，占总泄漏事件事故的 54.8%，这主要是因为阿尔伯特的大多数管道用来运输未去除腐蚀性成分的原油和天然气。外腐蚀是造成管道失效的第二大原因，占总泄漏事件事故的 12.7%，主要是表面涂层因老化或生产温度过高而脱落造成的。

3. 英国

英国陆上管道运营协会将油品泄漏事故定义如下：在公众区域内且不在安装围栏的区域内，排除相关设备（如阀门、压缩机）以及管道本身之外的部分的管道内介质无意识的泄漏。

英国陆上管道运营协会提供的失效分析报告（数据涵盖了所有报告的在公众区域发生的管道意外泄漏事故，不包括在混合或其他操作区域发生的事故）显示，1962~2016 年这段时间内，事故总失效频率为 0.212 次/（1 000 千米·年），总体趋势表明失效频率稳中有降，见表 4-1。

表 4-1　英国陆上管道运营协会报道的 5 年事故频率

时期	事故数量/起	里程/（千米·年）	事故频率/[起/（1 000 千米·年）]
1962~1966 年	7	12 245	0.572
1967~1971 年	29	40 942	0.708
1972~1976 年	19	65 961	0.288

续表

时期	事故数量/起	里程/（千米·年）	事故频率/［起/（1 000 千米·年）］
1977~1981 年	28	80 055	0.350
1982~1986 年	43	88 689	0.485
1987~1991 年	27	93 951	0.287
1992~1996 年	7	100 593	0.070
1997~2001 年	12	103 830	0.116
2002~2006 年	3	110 457	0.027
2007~2011 年	12	111 460	0.108
2012~2016 年	10	115 428	0.087
总计	197	927 351	0.212

1962~2016 年，一共记录了 197 起油品泄漏事故。在 1962 年之前没有记录任何油品泄漏事故。图 4-20 给出了不同年份的事故数量分布图。

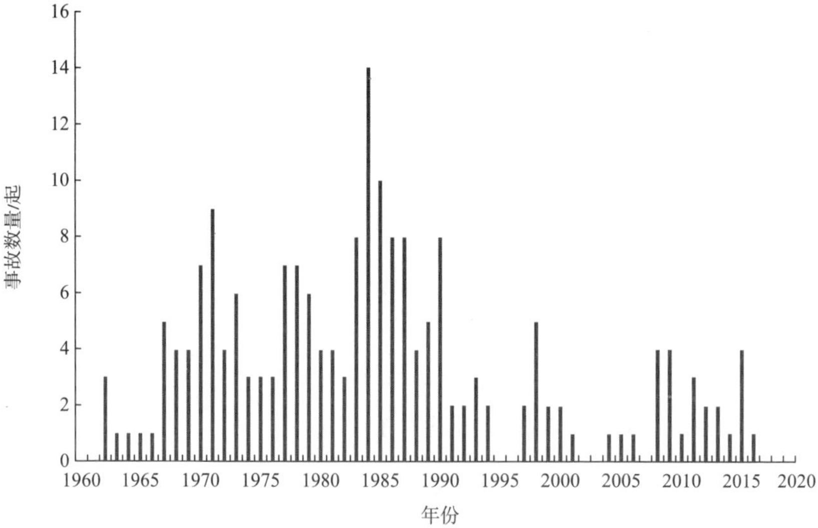

图 4-20 不同年份的油品泄漏事故数量统计图

1962~2011 年失效频率的变化趋势如图 4-21 所示。为了能比较不同周期内的结果，计算了每年的移动平均值，参考过去 5 年的移动平均值（2007~2011 年、2006~2010 年、2005~2009 年等）。

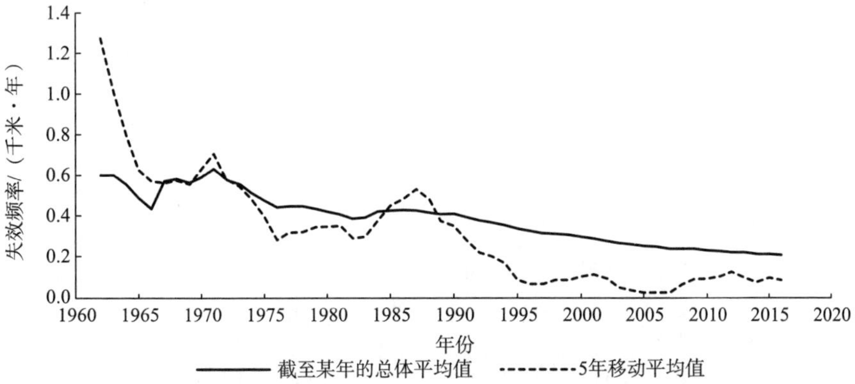

图 4-21　总体事故失效频率的发展趋势

4. 欧洲

欧洲输气管道事故数据组织（European Gas pipeline Incident data Group，EGIG）是一个在欧洲拥有十五家输气运营商的组织，其数据库中收集了自 1970 年以来的大量管道事故数据。从 EGIG 报告中可以发现：在 1970 年到 2016 年这个周期内，每年每 1 000 千米管道发生事故的频率为 0.31 次；2010 年时的 5 年移动平均失效频率为 0.134 次/（1 000 千米 · 年），其代表着过去 5 年的平均事故频率；5 年移动平均失效频率和总失效频率一直保持逐年递减的趋势，但逐渐趋于稳定的水平。

在 EGIG 数据库中要记录的事故所需的标准如下：

（1）事故必须导致无意的气体泄漏；

（2）管道必须满足如下条件：管道由钢制成；管道位于陆上；最大运行压力高于 15 巴；位于气体装置的防护栏外面。

（3）生产线或其涉及的设备和构件事故（阀门、压缩机）不在 EGIG 数据库中记录。

图 4-22 给出了每年的事故数量，而图 4-23 给出了整个周期内失效频率的变化趋势。从图中可以看出腐蚀和制造缺陷的 5 年移动平均值有一定程度的增加，而外界干扰事故则有了一定程度的下降。

中国石油管道失效数据库经过几年的推广运行和数据收集，总结出中石油天然气与管道分公司所辖管道的失效频率（仅考虑线路失效）。表 4-2 为中国石油与国外各失效数据库失效频率对比情况。

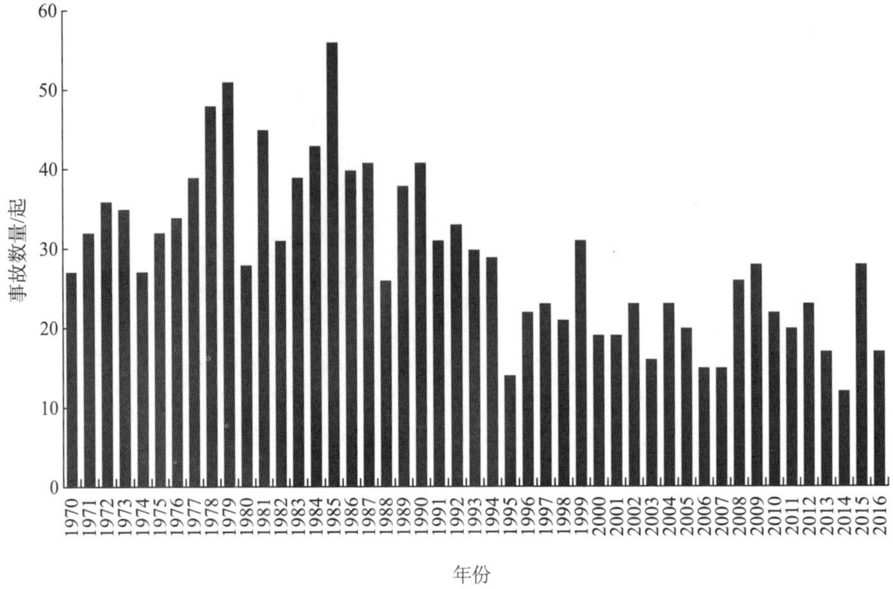

图 4-22 每年的事故数量

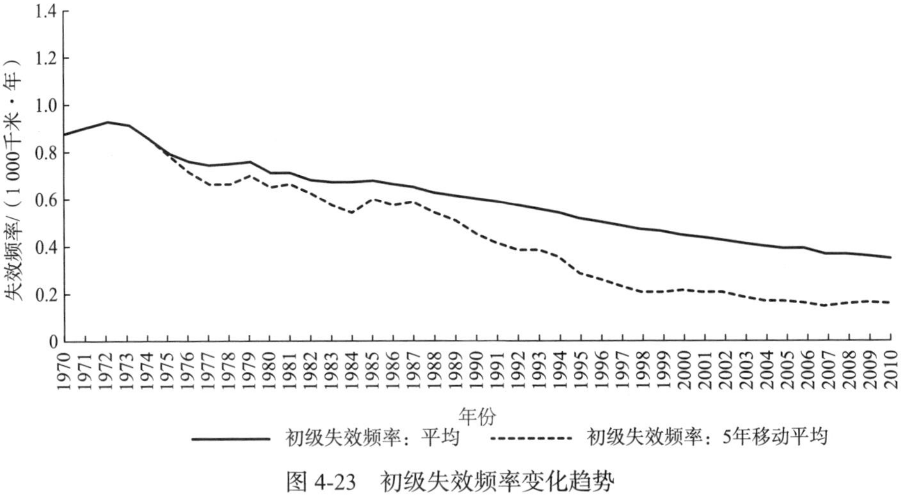

图 4-23 初级失效频率变化趋势

表 4-2 各失效数据库失效频率对比

序号	组织/公司	统计口径	管道介质	统计年份	失效频率/（次/1 000 千米）
1	欧洲输气管道事故数据组织	①意外气体泄漏； ②最大运行压力高于 15 巴的陆上钢制管道，且只统计站区外部分	天然气	2010	0.16
2	英国陆上管道运营协会	①意外泄漏； ②不包含工艺管线或设备、阀门故障	油气	2011	0.15

续表

序号	组织/公司	统计口径	管道介质	统计时期	失效频率/（次/1 000 千米）
3	美国管道和危险材料安全管理局	①死亡或受伤需要入院治疗；②总损失达到或超过 50 000 美元；③高挥发性液体泄漏量超过 5 桶，其他液体泄漏量超过 50 桶；④液体泄漏导致意外火灾或爆炸	原油和成品油	2010	0.43
				2011	0.52
				2012	0.54
				2013	0.55
			天然气	2010	0.12
				2011	0.15
				2012	0.10
				2013	0.12
			油气管道合计	2010	0.21
				2011	0.25
				2012	0.22
				2013	0.24
4	加拿大阿尔伯特能源与公用事业委员会	①意外泄漏；②撞击管道未发生泄漏	原油	2010	1.00
				2011	1.20
				2012	1.00
			天然气	2010	0.80
				2011	0.90
				2012	0.90
5	中国中石油天然气与管道分公司（不含西南油气田）	意外泄漏和停输	原油和成品油	2010	0.31
				2011	1.13
				2012	1.41
				2013	1.02
			天然气	2010	0.22
				2011	0.13
				2012	0.12
				2013	0.31
			油气管道合计	2010	0.26
				2011	0.53
				2012	0.62
				2013	0.58

由以上数据可知，英国的油气管道失效率较低；欧洲仅公布了天然气管道的数据，与其他各国相差不多；我国和加拿大的油管道失效率偏高，这可能与统计

口径不同有一定关系。总体而言，我国长输管道的失效频率与西方发达国家相比处于中等水平，油气管道总体失效频率处于同一量级。

六、小结

综上所述，各类事故所引发的介质泄漏、爆炸、火灾等对于公共安全的危害后果主要包括经济财产损失、生命安全危害和环境破坏。引发各类事故的原因除了技术上的缺陷，还有管理上的不到位。其中，风险的识别、标准的制定和执行、职责的划分、应急预案的响应等环节都是事故的弱点所在。应不断加强科技和管理对于事故预控能力的提升，有效预防和降低油气管网和生命线工程对公共安全的影响。

第二节　油气管网和生命线工程对公共安全影响的预防与治理科技现状分析

油气管网和生命线工程安全主要包括管网本质安全和供应安全，而这两种安全问题又有着紧密的联系。管体失效首先会对周边环境造成危害，进而引发潜在的次生灾害；另外，也有可能导致供应出现问题，影响国家全局或局部区域的能源安全，以及人民生命财产安全或正常生活。

目前，国内外管网本质安全技术主要包括完整性数据管理、风险评价技术及管道检测评价、腐蚀防护、安全预警、泄漏监测、地质灾害防护等技术；供应安全技术方面，主要涉及管网系统可靠性、应急抢险技术、水质监测等技术。

一、管网本质安全技术

（一）风险评价技术

根据风险结果的量化程度，风险评价可以分为定性、半定量、定量三种。定性的风险评价以专家评分法为代表，通过对管道参数和管道沿线属性情况进行分析，对管道的风险情况做出判断；半定量风险评价以指数法为代表，通过对管道各种属性的不同情况分别赋予分值，计算管道的总分值，从而得出管道的风险情况，通过比较不同管道或不同管段的相对风险而给出风险排序；定量风险评价以概率风险评价法为代表，通过分析各种管道事故发生的概率与后果，定量评判管道风险的大小。

国外油气管道风险管理始于 20 世纪 70 年代，至 20 世纪 90 年代初期，美国的许多油气管道都已应用了风险管理技术来指导管道的维护工作。美国科洛尼尔（Colonial）管道公司实施基于风险的管理，采用风险指标评价模型（即专家打分法）对其所运营管理的成品油管道系统进行风险分析，有效地提高了系统的完整性。该公司开发的风险评价模型将评价指标分为腐蚀、第三方破坏、操作不当和设计因素等 4 个方面。该模型可以帮助操作人员确认管道的高风险区和管道事故对环境及公众安全造成的风险，明确降低风险工作的重点，根据风险降低的程度与成本效益对比，制订经济有效的管道系统维护方案，使系统的安全性得以不断提高。

目前，国际上已有较多成熟的风险评价软件，如加拿大 C-Fer 公司的 Piramid 软件，美国 Dynamic Risk Assessment Systems 公司 IRAS 软件中的 Risk Analyst 模块，GE-PII 公司开发的 PVI 软件以及 DNV 开发的 Obrit Offshore 软件等。New Century 公司还将评价方法与 GIS 相结合，改善了风险评价方法的应用效果。

国内现有的风险评价技术基本从国外引进，中石油根据国内管道的实际情况，对相关评价方法进行了改进和优化。基于改进的肯特评分法，开发了管道风险评分系统（RiskScore）；基于定量评价法，开发了管道定量风险评价系统（RiskSharp）。RiskScore 和 RiskSharp 软件已成功应用于管道公司和西部管道公司所属管道的风险评价，评价结果为管道风险控制提供了决策依据。

（二）油气管道检测评价技术

油气管道检测评价技术按照应用对象可分为管道防腐层检测评价技术、管体缺陷检测评价技术及储罐检测评价技术。

1. 管道防腐层检测评价技术

管道防腐层检测技术较为成熟，可以分为间接检测技术与直接检测技术。目前，常用的间接检测技术有多频管中电流测试法、管道密间距电位检测法及直流电位梯度法等。直接检测技术包括目视检测和防腐层性能现场检测。

多频管中电流测试法是一种可以检测防腐蚀涂层漏电情况的技术，该技术采用了先进的多频管中电流测试法仪器，通过检测间距测出来电流，再对电流分布梯度进行测定，整个管道的形貌都可以描绘出来，能准确快速地定位电流信号衰减严重的地方，再通过“A”字架检验地表电位的梯度，就能实现对防腐涂层的破损处进行定位。该方法适用于埋地钢管涂层的质量检测、对涂层破损点的精确定位、对涂层老化情况进行评级，还可以对阴极保护效果进行评定。

管道密间距电位检测法是通过检测阴极保护在长输管道上的密集电位以及密集极化电位，评定阴极保护的效果、管道受杂散电流干扰的腐蚀情况，也能反映防腐涂层的情况。该方法存在一定的局限性，对操作者经验的依赖性高，容易受到外界的干扰，准确率比较低。

直流电位梯度法、交流电位梯度法是通过检测地面上的电压梯度和土壤中的电流流向，确定发生缺陷的位置，再根据缺陷中心和远端大地间的电位差确定缺陷的严重性。直流电位梯度法测量的直流信号一般来自管线阴极保护电流。交流电位梯度法则需要信号发生器产生 AC 信号外加于管线。该方法能准确查出防腐层破损位置并评估破损面积的大小，但检测的功效过多地依赖于操作者的经验和水平。杂散电流、地表土壤的电阻率等环境因素会引起一定的测量误差。

2. 管体缺陷检测评价技术

根据管道检测实施部位的不同，可将管体缺陷检测技术分为内检测技术和外检测技术。

管道内检测技术方面，根据检测原理不同，管道内检测方法分为漏磁法、超声波法、电磁超声法、激光扫描法等。其中漏磁法和超声波法是目前应用最广泛的两种检测方法。各种内检测方法的优、缺点及适用范围见表 4-3。

表 4-3　各种内检测方法优缺点

检测方法	优点	缺点	适用范围
漏磁检测	自动化程度较高、精确、效率高	易受管道中其他异物干扰	中、小型管道
超声波检测	速度快、准确性高	需要一定的声传播介质	微裂纹、轻微未焊透及材料任意方向上的平面缺陷
电磁超声检测	操作方便	检测细小缺陷不精确	厚度测量
激光扫描检测	用图片显示	检测细小缺陷不精确	大面积腐蚀块

漏磁内检测是通过对金属管壁磁化后，缺陷处会产生漏磁通，根据检测磁通量判断管壁腐蚀程度。以前，漏磁检测法的研究重点在提高传感器的分辨率上。2002 年，Buckeye Pipeline 公司将剩磁传感器与高分辨率漏磁清管器结合，不仅能够检测与腐蚀相关的泄漏和异常，而且能够区分内腐蚀和外腐蚀。随后，漏磁检测智能清管器的信号分辨率得到进一步提高。德国 ROSEN 公司研发的 762/914 毫米漏磁检测工具，主要部件就是一个磁性传感段，通过调节自主研发的传感器环使管壁与传感器之间有良好接触，以达到磁化管壁的目的。TDWillimson 公司最新开发的一种新型漏磁检测方法，就是利用一种螺旋漏磁工具对管缝进行评估。它可采用单个磁化器完成管壁的检测，可在不增加工具长度的情况下与传统高分辨率横向漏磁检测工具相匹配使用，在一次运行中生成多重数据集，提高了对焊缝缺陷的分类检测能力并能够量化长形缺陷，并利

用多重数据集对金属损失进行评估。此工具可以检测管壁和长形焊缝中细长、狭小缺陷，极大提高了检测性能。其采样频率高达 750 赫兹，运行压力范围为 2.1~13.78 兆帕，温度范围为−10~55℃，管道最小曲率半径为 1.5D（D 为管径），运行速度高达 2.53 米/秒，因此，具有极高的适用性，并可提高检测效率。从国内的应用来看，三轴高清漏磁检测技术逐渐成为主要的内检测手段。中国石油天然气管道局已经自主研发了系列的三轴高清漏磁检测器，中石油管道分公司研究出了通过三轴高清漏磁检测信号识别螺旋焊缝缺陷的技术，三轴高清漏磁检测缺陷检出率大于 90%。

超声波内检测是根据超声波的反射、透射和散射作用，对被检测管道进行缺陷检测、几何特征测量、组织结构和力学性能变化的检测。现代超声波检测起源于 20 世纪 70 年代，德国 Pipetronix 公司率先采用超声扫描仪（UltraScan）进行在线检测，其上装有液压离合器设备。20 世纪 90 年代，日本钢管株式会社研制了超声波传感器环向排列的超声波清管器，可在线检测管道内壁厚度的变化。20 世纪末，上海大学研发了装有旋转探头的超声智能清管器，可扫描管道损伤。21 世纪初期，中石油开发了多探头的超声波自动在线检测系统，它通过计算探头和管内壁、外壁的距离等数据，准确测定管道腐蚀状况和位置。超声波检测法已发展到了激光超声波，它是使用激光能源在待测管壁产生超声波并探测的一种检测技术。与传统的超声波不同，激光超声波具有更宽的频带和非常小的探针面（约 0.5 毫米）。这些特性使得此技术更适用于管道应力腐蚀开裂深度的测量，也可应用于其他裂缝深度测量。美国交通运输部等多部门组织的鉴定表明：使用超声波衍射时差法的激光超声波检测技术可以可靠、准确地测量管道应力腐蚀开裂深度。

管道外检测技术方面，在传统的表面检测、涡流检测、射线检测和超声检测技术基础上，近年来发展起来的技术主要有超声导波检测技术、超声相控阵和衍射时差检测技术。目前国内外主要采用超声导波等方法进行检测。国际上，目前用于长距离管道缺陷检测的超声导波检测技术主要有两种：①基于压电陶瓷换能器的超声导波检测技术，主要有英国焊接研究所（The Welding Institute，TWI）下属的 PI 公司的 Teletest 和英国导波公司（GUL）公司的 Wave Marker；②基于铁磁性材料换能器的超声导波检测技术，主要是美国西南研究院（SwRI）研发 MsS 超声导波检测系统。国内超声导波技术虽然起步较晚，但已经取得了长足的进展。中国科学院声学研究所、北京工业大学等单位先后开展了相关研究。中石油管道分公司通过引进吸收消化再创新，目前已经掌握了超声导波检测技术，并完成了检测装备的国产化，该技术已经在中石油管道分公司所属管道全面推广应用。

3. 储罐检测评价技术

储罐检测方面，储罐在线检测技术主要有声发射检测、平板导波检测及机器人检测，其中在声发射检测技术方面研究较多，应用最为广泛。

声发射技术起源于20世纪50年代初，美国科学家Dunegan首次用声发射技术对压力容器进行了检测。90年代开始，声发射技术开始全面应用于大型的金属储罐底板腐蚀状况的研究，美国物理声学公司（Physical Acoustics Corporation）完成了使用声发射检的方法对数千台常压和承压储罐的测试，并将声发射测试的结果与常规开罐检测的结果相对比，开发了一套储罐罐底腐蚀情况的数据库，开发了TANKPACTM大型常压金属储罐底板检测专家系统，用于对储罐底板的腐蚀和泄漏状况进行评价。该系统已经在Shell、Exxon Corporation等多家国际石油公司应用。除美国物理声学公司外，德国华伦公司（Vallen）也是全球知名的声发射检测服务提供商。

国内东北石油大学、浙江省特种设备检验研究院、浙江大学等单位开展了常压储罐声发射在线检测研究。在声发射设备制造方面，广州声华科技有限公司取得了突破性进展，是目前国内唯一能够提供声发射检测设备的单位。中石油管道公司2006年引进声发射检测设备，开始储罐声发射在线检测研究，利用行业优势开展了大量的声发射在线检测技术的实践研究，取得了良好的应用效果。该技术适用于15万立方米以下的各种油品介质的拱顶、外浮顶、内浮顶金属储罐的在线检测与评价。该技术现已经广泛应用于储罐的缺陷检测与评价，近几年，在中石油管道公司的19个输油站64座大型储罐进行了储油罐在线检测与评价，储罐底板腐蚀程度评级准确率大于95%。

（三）腐蚀防护技术

油气管道腐蚀防护技术主要包括防腐涂层技术和阴极保护技术。

防腐涂层技术方面，国内管道防腐层包括石油沥青、煤焦油磁漆、熔结环氧粉末、三层聚乙烯复合结构涂层及液态涂料。石油沥青防腐层用于早期建设的油气管道，煤焦油磁漆防腐层主要用于20世纪90年代建设西部油气管道，随着环境保护要求提高，石油沥青、煤焦油磁漆如今已不再使用。20世纪90年代后，国内几乎所有管道防腐层均采用三层聚乙烯复合结构防腐层，仅有极少数管道采用熔结环氧粉末防腐层。液态涂料类（无溶剂环氧和聚氨酯类）主要用于站场管道及线路管道补口。

阴极保护技术方面，长输管道和储罐的阴极保护系统大多通过辅助阳极采用强制电流进行保护，在特殊区域使用牺牲阳极配合强制电流进行保护。传统阴极保护方法经过几十年的应用实践，发展已经十分成熟，但在存在外源电器设施的环境中，可能出现杂散电流干扰的问题。国内建立的杂散电流干扰检测与治理技术综合了电位、电流检测方法，利用自主研发的阴极保护现场参数自动采集器在杂散电流干扰段进行多点连续同步监测，确定干扰规律和干扰危害，识别干扰源；采用 ER 探头（试片）方法获得管道交直流干扰电位、电流密度、附近土壤中电流的大小与方向、腐蚀情况等数据，以评价杂散电流干扰程度，并根据评价结果，选择经济合理的排流设施，消除干扰危害，达到管道保护要求。阴极保护参数自动采集器的交流电位测量范围 0~100 伏，直流电位测量范围−30~30 伏；对干扰源识别定位准确率大于 90%，干扰减缓后交流电流密度小于等于 60 安培/米^2；减缓后的直流电位在−0.85~−1.2 伏。

（四）地下管线探测技术

地下管线探测是指采用物探和测绘技术确定地下管线空间位置和属性的全过程，包括对已有地下管线普查、新建地下管线施工和竣工测量等内容。地下管线探测方法有两种：①开井调查、开挖样洞和进行触探的方法；②用地下管线探测仪进行物探的方法。两种方法相互结合，以物探方法为主。

目前地下管线物探方法分为电探测法、磁探测法和弹性波法等，电探测法又分为直流电探测法和交流电探测法两类。国内外的地下管线探测仪器采用多频率工作模式，能够较为准确地探测地下管线位置，管线点平面位置中误差不大于 5 厘米，高程中误差不大于 3 厘米，适用于各种复杂的地下管线探测、定位及故障查找，并能对破损点进行定位。

（五）安全预警技术

目前，国内外常用的油气管道安全预警技术主要是基于分布式光纤传感和声波传感两种原理的预警技术。

声波预警技术主要应用于早期敷设的无同沟敷设的光缆的管道，其优点为定位精度较高，一般可达到±30 米，但由于依赖于管体传播信号，受管道本身及周围环境影响较大，检测距离较短（约 100 米），报警准确率较低，误报率大于 10%。

目前国内在新建管道时，几乎都采取同沟埋设光缆进行生产数据通信，因此利用各种光纤技术进行安全预警是适合国内实际情况的技术手段。基于分布式光纤传感的管道预警技术主要有两种：①基于马赫-泽德传感原理的管道预警技术；②基于相干瑞利传感原理的管道预警技术。基于马赫-泽德传感原理的管道预警技术在国内外应用较为广泛，一般成熟产品单套监测距离为 60 千米，定位精度±500 米，报警准确率 90%左右。近年来，基于相干瑞利传感原理的预警技术取得了长足进步，国内中国科学院安徽光学精密机械研究所开展了基于光纤后向相干瑞利散射原理的分布式光纤传感在管道安全实时监测系统中的信号数值模拟和实验研究；中国石油管道科技研究中心 2013 年推出了基于相干瑞利传感原理的光纤预警系统，单套监测距离100千米，定位精度小于50米，报警准确率达到了 95%。光纤预警技术与声波预警技术性能指标比较见表 4-4。

表 4-4 光纤预警技术与声波预警技术性能指标比较

管道安全预警技术	声波预警技术	光纤预警技术	
		基于马赫-泽德传感原理	基于相干瑞利传感原理
监控距离	500~100 米	60 千米	80~100 千米
定位精度	30 米	500 米	50 米
误报率	>10%	<10%	<5%
适应性	无同沟敷设光缆	有同沟敷设光缆	

（六）泄漏监测技术

油气管道泄漏监测技术主要分为直接监测法和间接监测法两大类，直接监测法是指直接用肉眼或仪器设备对管线或其周围环境进行识别，确定有无泄漏产生，包括人工巡检、声发射检测、电缆传感、光纤监测、超声波流量测定、蒸汽测定、遥感技术等；间接监测法是指通过监测管道泄漏引起的流量、压力及声、光、电等信号的变化进行判断管道泄漏情况，包括负压波监测、音波监测、流量平衡法、实时顺变模型等方法。间接监测法由于其时效性强、自动化程度高、灵敏度和准确度较高等特点，被广泛采用，其中以负压波法和音波法技术成熟度最高，应用最为广泛。各种主要泄漏监测方法的比较见表 4-5。

表 4-5 主要泄漏监测方法的比较

方法	技术原理	适用范围	技术特点
负压波泄漏监测技术	检测管道内流体压力变化	原油、成品油管道	主要针对突发泄漏；灵敏性高，误报率低，定位精度高
音波泄漏监测技术	检测声音信号	原油、成品油、天然气管道	主要针对突发泄漏，需要安装专用传感器；灵敏性高，误报率低，定位精度高
质量/体积平衡法	依靠检测进、出管道的流体质量差异	原油、成品油、天然气管道	受限于流量计精度；不能定位；灵敏度、定位精度差，误报率高
统计分析法	使用序贯概率比检验法对实测的压力、流量值进行分析，计算泄漏的概率，利用数值算法进行定位	原油、成品油、天然气管道	检测时间长，灵敏度和定位精度较高，误报率较低；技术成熟度不高

在上述方法中，负压波法和音波法技术成熟度最高，应用最为广泛。

基于负压波原理开发的泄漏监测系统应用最多的是中国石油管道科技研究中心开发的产品，该产品可发现泄漏速率大于管道瞬时流量 1%的突发性泄漏，报警响应时间在 2~3 分钟，泄漏点定位误差小于等于 500 米；已应用于国内港枣线、马惠、中银线、漠大线等 8 000 多千米的管道。

基于音波传感原理开发的管道泄漏监测技术已日趋成熟，国际上应用较多的美国 ASI 公司开发的 Acoustic Leak Detection Systems（ALDS）泄漏监测系统。该系统可用于输气、输油及多相流管道上应用，响应时间小于 1 分钟，定位精度小于 30 米。目前已经在美国西北天然气管道、Williams 管道、德国 BEB Sour 天然气管道、澳大利亚 ESSOLPG 管道得到应用，并在国内西气东输管道进行了使用。ALDS 系统在西气东输试验应用时，安装在两台传感器在相距 48 千米的位置，监测到了全部 12 次泄漏，最小报警孔径 5.2 毫米，泄漏点平均定位误差 17.5 米，报警时间平均为 80 秒。

国内研究机构在音波泄漏监测技术方面也开展了大量的工作。中国石油管道研究中心开发的音波泄漏监测系统对于油品管道技术性能指标可达到国外同类水平，造价则仅为国外产品的 1/5；对于天然气管道技术也已经取得突破，可实现 1.8%孔径泄漏监测，定位误差小于 60 米，响应时间约 70 秒，进一步进行技术提升后可望在造价较低的情况下在国内管道推广应用。

（七）地质灾害防护技术

1. 油气管道地质灾害识别与评价技术

管道地质灾害的识别主要有两种方式，一种是基于野外调查、勘察、物探等传统方式，通过巡线人员进行日常巡检工作时对管道沿线地质灾害初步识别并上报，由地质灾害专业人员现场识别确认。另一种方式是采用卫星遥感、激光扫描、InSAR 等新技术、新方法进行识别，通常由专业人员根据遥感信息、地形地貌信息、地质信息等在室内对地质灾害初步识别，再到现场调查确认。

地质灾害风险评价技术自 20 世纪 90 年代末被引入油气管道研究领域以来，已获得了广泛应用，主要方法一般可分为定性法、半定量法和定量法。

1）管道地质灾害的定性风险评价

管道地质灾害的定性风险评价是基于经验判断的一种风险分析方法，也是当前大多管道公司在地质灾害调查阶段广泛采用的一种方法。该方法的特点是过程简单，不必建立精确的数学模型和计算方法，能够低成本、快速地得到答案、划分影响因素的细致性、层次性等，具有直观、简便、快速、实用性强的特点，因而便于推广应用。定性风险评价可以根据专家的观点提供高、中、低风险的相对等级，但是地质灾害发生的概率和造成的损失后果均不能量化。

2）管道地质灾害的半定量风险评价

管道地质灾害的半定量风险评价是以风险的数量指标为基础的一种风险分析方法，具体有模糊综合评判法、指标评分法等。其中指标评分法是应用较为成熟的一种风险评价方法。该方法通过分析统计风险的影响因素建立评价指标体系，同时考虑体系中不同评价指标对风险的影响大小，赋予相应权重，然后用分值表示不同状态下灾害的易发性或管道的易损性，最后通过权重和分值计算灾害发生概率，并结合管道失效后果模型，计算得到管道地质灾害风险。

半定量风险评价允许使用一种统一而有条理的处理方法对风险进行等级划分，其指标可以用来确定管道地质灾害的严重程度以及是否应采取相应的控制措施。这种方法综合了定性法的以图表为基础的危险性与可操作性分析模型和定量法的知识（如对某些事故分布概率模型的运用），排除了一些不可预见的事故后果，极大地提高了管道地质灾害风险评价的实用性和准确性。

3）管道地质灾害的定量风险评价

管道地质灾害的定量风险评价主要包含灾害发生概率的定量评价、管道易损性的定量评价两种方法。

定量风险评价需要详细的勘查资料，计算过程复杂，适用于重大地质灾害的风险评价，用以指导制订重大地质灾害防治方案。在对勘察资料分析总结的基础上，建立合适的计算力学模型，然后根据岩土体的试验结果，利用统计分析的方法得到岩土体的力学计算参数的统计规律，再利用随机函数得到海量计算随机参数，并得到各个力学参数的分布函数，最后用计算机取得的海量计算参数进行稳定性的分析，得到灾害体的破坏概率、可靠度指标和稳定系数的期望值。

管道易损性的定量评价方法是进行管道地质灾害风险评价的核心技术之一。采用理论解析算法、数值仿真模拟、物理实验模拟、现场测试（管体残余应力获取）等方法，对灾害地质体内部的应力（应变）变化规律及灾害体与管道相互作用特征进行研究，建立灾害体影响下管道的失效模型及失效判别依据（确定管道失效阈值），对管道地质灾害风险进行量化。

2. 油气管道地质灾害监测预警技术

1）管体位移监测技术

全站仪监测技术为常规的测量技术，采用该技术监测时需要在现场设置管体位移监测点、监测基准点和照准点。监测基准点设在基础稳定的区域（即坐标不会发生变化的点），用以架设全站仪；照准点也设在基础稳定区域，用于全站仪照准，建立局部坐标系；管体位移监测点即固定在管体上的导杆。全站仪监测技术监测原理是，以监测基准点和照准点建立局部坐标系，定期测量各管体位移监测点的坐标，若管体发生位移，则管体位移监测点的坐标发生变化，两次时间间隔的坐标变化即该时间间隔内管道的位移。该技术的优点是现场工作时间短，方法简单、可靠，精度可达到 2~3 毫米，满足监测需求。缺点是每次监测都需要监测人员携带全站仪到现场采集数据，基准点与管体位移监测点之间要求通视，且最远距离不超过 900 米（采用反射片时为 900 米，采用圆形棱镜可以达到 2 500 米）。且全站仪工作温度最低为−20℃，极端天气情况下需对设备采取保温措施。

卫星合成孔径雷达干涉测量技术是以合成孔径雷达复数据含有的相位信息为信息源获取地表的三维信息和变化信息的一种遥感测量技术。该技术不仅可以从卫星雷达图像生成大范围高精度数字高程模型，而且，在此基础上发展起来的雷达差分干涉测量方法可以使用二次差分干涉相位图及基线数据测量地表形变。雷达差分干涉测量技术和方法正处于深入和扩展到其他相关学科领域研究阶段，如单个重要建筑物，线状结构物（海堤、铁路）或重大基础设施的变形分析研究。由上述已有冻土地表形变探测、管道沿线带状区域地表和线状基础设施（海堤）雷达差分干涉测量沉降分析研究，结合高原多年冻土的沉降变形特征，可以得出应用该技术研究分析多年冻土管道沉降变形具有非常好的潜力。目前，美国、加拿大等国家已经将雷达差分干涉测量技术应用于管道位移监测，尤其是多年冻土区管道的监测。冻土区管道沿线条件恶劣，人迹罕至，利用卫星雷达监测技术可以精确地监测到管道位移的情况，有力地保障了管道运行的安全。

2）管道地质灾害预警系统

意大利 SNAM 公司在 20 世纪 70 年代就建立了油气管道地质灾害监测网及评价系统，对危险状态提前预警。国内近些年也逐渐开展了管道地质灾害监测预警的研究和应用。从 2006 年开始，中国石油管道科技研究中心先后在忠武管道、兰成渝管道对 20 余处滑坡、崩塌等地质灾害进行了监测；2009 年，北京科力华安地质灾害监测技术有限公司在西气东输山西段开展了管道通过采空塌陷区的管−土联合监测；2011 年，中国石油管道科技研究中心在漠大线开展了冻土灾害冻胀融沉作用下的管体位移监测。

3. 油气管道地质灾害防治技术

地质灾害对管道的破坏往往是灾难性的，为了避免或减少管道地质灾害事故，应贯彻预防为主的方针。管道规划设计中不宜敷设在滑坡、山崩、地陷、地裂、泥石流和沙土液化等地段，以及矿产资源区、严重危害管道安全的地震区。当受条件限制必须通过时，应当采取防护措施并缩小通过距离。对于在役管道，如果发现上述灾害隐患，应及时进行管道改线，以避免可能发生的管道事故；难以改线的则应针对灾害类型，采取相应的防治措施，预防和减缓灾害对管道的破坏程度。

（八）管道维修技术

1. 管道防腐层修复技术

管道防腐层修复分为两类：涂层局部修补和防腐层修复（更新）。涂层局部修补用于常规管道维护、作业或修补，典型的作业实例有管件涂覆、涂层漏点修补、钢管或复合管修补（补强）的重涂覆和管段更换。防腐层修复（更新）作为小型或大型更新改造工程的一部分用于计划性修复和重涂。

国外管道防腐层修复技术较为先进，修复方式和修复手段多样化，既有手工修复又有机械修复，既可在沟上、停输条件下进行，也可在沟下、不停输条件下进行，能够根据管道的实际状况和环境条件进行合理选择。

国内管道防腐层修复主要采用不停输沟下作业方式，由于受管道应力条件限制，一般不允许连续大规模开挖。另外，缠带类防腐层和环氧类涂料作为防腐大修的主要材料，主要以手工缠绕和刷涂为主。

2. 管体修复技术

管体修复是管道在不停输条件下，对管体进行外修复操作中的一个重要组成部分。国内外目前均采用管段更换和管体补强技术来进行修复。管段更换是在管体补强不适用的情况下的最后操作，在缺陷可以承受的情况下，管道缺陷修复一般以管体补强技术为主，管体补强技术种类繁多，主要包括补焊、补板、管卡、套筒修复、复合材料修复及内修复等。国外常用管体补强修复技术主要是钢制套筒、环氧灰浆填充套筒、复合材料修复技术。国内油气管道管体缺陷通常采用补焊、补板、管卡、套筒及近年来引进的碳纤维复合材料等方法进行修复，其中又以 B 型套筒和碳纤维复合材料修复为主。

1）补焊修复

补焊是国内使用较多的管壁腐蚀修复方法，采用该方法修复对腐蚀的深度有一定要求。对于深度大于 2.5 毫米的点蚀和深度大于 2 毫米的大面积腐蚀，为防止焊穿管壁，不能采用补焊进行修复。当腐蚀面积较大时，也不宜进行补焊。对输油管道管体补焊时，要求修复时压力降至工作压力的 0.5 倍以下；对输气管道，需将压力降至工作压力的 0.4 倍以下。

2）补板修复

补板为国内常用的管道修复方法，适用于修复面积不大的腐蚀或直径小于 8 毫米的腐蚀孔、长度小于管道周长 1/6 的裂纹及其他不宜进行换管的管体缺陷。补板虽然在国内应用普遍，但存在一定安全隐患。其原因是补板的角焊缝的焊接强度达不到要求。因此美国规范规定禁止采用补板方法进行高压管道的泄漏或非泄漏缺陷的修复。对于中低压管道，美国规范规定补板焊接必须采用对接焊接的形式，即将补板打出坡口进行对接施焊。

3）管卡修复

管卡修复适用于直径小于 8 毫米的腐蚀穿孔、油压较低和不停输或不允许长时间停输的管道。安装管卡前，先用熔断丝或削成圆锥形的木塞堵住泄漏孔，然后将一块硬质橡胶垫粘在泄漏孔上，最后安装管卡，并用螺栓拧紧。

4）套筒修复

钢制套筒是管道外部修复方法中最简单和最普通的一种，常常用来不停输修复泄漏或损坏严重的管道，套筒主要适用于大面积腐蚀的情况。钢制套筒一般可分为A型套筒（补强）和B型套筒（承压）。A型套筒可用于管道无泄漏损伤的修复，是由放置在管道损伤部位的两个半圆的柱状管或两片适当弯曲的钢板，并经侧缝焊接组合而成。A 型套筒的主要优点是不用焊接到管体上，安装简单；主要缺点是不能用于修复环向缺陷和泄漏，并且由于套筒与管体间形成的环形区域难于进行阴极保护，因此可能产生潜在的腐蚀问题。B 型套筒可用于修复泄漏型、可能泄漏型缺陷以及环向管道缺陷，但修复缺陷长度不能超过 1.4 米。修复管体缺陷较为集中时，套筒质量较大，导致管道自重增加，较易发生沉降，施工时应注意回填质量，防止管道因自重沉降造成隐患。

除钢制套筒外，近些年国外还出现了环氧填充套筒、预应力套筒用于管道修复，其中环氧填充套筒应用较多。环氧填充套筒分别由英国天然气公司、美国Battelle公司和荷兰的Gasunie公司各自独立开发，环氧填充套筒是在两个钢制套筒中间填充环氧树脂，能承受较高的环向和轴向应力，可用于大面积的各类损坏缺陷表面的修复，包括腐蚀、非延伸性开裂、轴向和环向的各种凹陷或断裂以及与环焊缝有关的各种异常情形。只要管道的外径与套筒之间形成的空间在 3~40 毫米，均可以采用此方法进行管体缺陷修复。

5）复合材料修复

钢制管道复合材料修复技术是 20 世纪 90 年代逐渐发展起来的，与传统的焊接、补板等管道修复方法相比，复合材料补强方法具有作业简便、快速，不需要大型专用设备，且无须焊接等优点。用于管道修复的复合材料一般由基体（树脂）和增强材料组成。使用较多的树脂种类包括聚酯、环氧和乙烯酯。增强材料有玻璃纤维、碳纤维、芳族聚铣胺纤维等类型。目前国际上应用较多的是玻璃纤维复合材料（以 Clock Spring 为代表）和碳纤维复合材料。

Clock Spring 复合产品（套筒）在北美、欧洲等国家的陆上及海上油气管道上应用广泛。Clock Spring 采用预成型法在工厂预制成成品，现场安装时用黏合剂将修复层缠绕到管体上。该技术可用于泄漏孔径25毫米、运行压力小于7兆帕的管道堵漏，腐蚀或损伤程度小于 80% 的管道补强，也可用于抑制正在发育的管道裂纹或裂缝。

碳纤维复合材料采用湿缠绕法成型，在施工现场裁剪柔性纤维布，并在纤维布上涂刷环氧树脂，根据缺陷部位的承压强度确定适当的缠绕纤维布的层数。技术应用于缺陷程度低于80%壁厚管道的腐蚀、械损伤等，以及程度低于70%的小型螺旋焊缝缺陷和材质缺陷的修复补强，可实现不规则管件（如弯头、三通等）的缺陷修复，但不适用于泄漏型、环焊缝、程度超过80%的缺陷，以及持续发展的内腐蚀缺陷修复。

6）管道内修复技术

管道内修复技术也称为内衬法修复技术，是一种基于非开挖的管道修复施工技术，一般采用比原管道直径小或等径的塑料管插入原管道内，在新旧管道之间的环形间隙灌浆，予以固结，形成一种管中管的管道结构，从而使塑料管道的防腐性能和金属材料的机械性能合二为一，改进管道的工作性能。该技术在城市燃气、输水管道、油气田集输管道中已有广泛应用，同样也适用于穿越河流等不便于开挖地段管道的修复。

（九）失稳燃气管道复建措施与再用安全评价技术

失稳燃气管道复建措施与再用安全评价技术的重点为以因地质灾害或第三方破坏导致燃气管道出现变形、划伤后的可靠性为研究目标，开发土壤扰动监测预警系统和预防燃气管道突发事故的自动减灾技术措施和安防产品，通过数值模拟和现场检测等技术手段，研究失稳燃气管道的再用可靠性的评价方法，开发提升燃气管道可靠性的补强技术措施。

失稳燃气管道复建措施与再用安全评价技术的现状为近年来人们针对城市地下工程方面的研究有较大进展，城市地下工程的环境问题是指发生在施工过程和使用过程这两个阶段中的环境灾害，其中包括由于地层过量变形或土壤性态改变所引发的环境灾害，如地面建筑、道路、管线的损害，地下水位和水质的改变等。从本质上来说，它是由地层变形失控引起的。各国对软土地层中隧道掘进引起的地层沉降进行了较多的研究，其中最有影响的是由 Peck 提出的地下开挖产生的地表沉降分布的经验公式。其后，人们对这个进行了多次修正。随着计算机技术的推广和岩土介质本构关系研究的进展，地下工程环境的数值计算如基于连续介质力学的有限元法、边界元法，基于非连续介质力学的离散元法、刚体元法等都有了很大的发展，能够模拟地下工程施工和使用过程中的岩土环境变化如应力场、渗流场、热力场变化。这些研究工作和研究成果，对认识地下开挖产生的地层、地表变形、地下水的危害起到了重要的作用，对地层、地表变形、地下水不良作用产生的机理及其影响因素有了比较一致的认识，特别是提出了一些预测及控制的方法。同时也为研究埋地管道失稳修复与设计防范，提供了有力的支持。在地下工程对埋地管道的可靠性影响分析方面，目前人们采用经验公式方法和数值模拟方法对其进行研究。而对于再役设备的再用评价方面，主要是通过管道与设备的缺陷评定，研究其安全性与寿命。

（十）现役燃气管道数字化和完整性管理技术

现役燃气管道数字化和完整性管理技术的重点为在既有现役燃气管道初始资料缺失条件下，实现燃气管网数字化建设改造的技术方法，从实施完整性管理的视角出发，研究相关的理论方法、可行性技术手段，提出可实现、可验证的技术途径。

现役燃气管道数字化和完整性管理技术的现状为针对城市输气管道事故数据原因分析可以发现，目前国内燃气事故的发生多为人为破坏，管道行业的发展越来越快，但当前对如何保证管道运行安全存在认知水平不一、安全管理水平较低、标准水平制约管道建设和运行水平、管道发展快于技术储备、专业化技术服务水平与力量不足等问题。国内现有管道多为运行近 40 年的老管道和新建管道，处于事故多发期。老管道腐蚀和制造缺陷严重，新建管道由于新材料、施工工艺和管理模式等的应用，敷设后管体易发生位移而造成附加应力，从而导致事故发生。管道安全管理是一个系统工程，需要在机制、技术、人才储备等方面全面提升，是一个前期有较多投入，后期才有收益的过程。

在系统开展完整性管理后，基于内检测信息，将外检测数据、历史资料数据、日常管理数据等进行校准、对齐、整合，形成了大数据，经过对数据进行分析和挖掘而得到的结论，给出了对管道风险的判定和风险预控建议方案，以及每一根管的缺陷情况和维修计划等，实现了精准科学地修复每一个缺陷，比较科学合理地得出管道使用或判废的结论，使决策有了依据，改变了管理模式。

二、供应安全

1. 管网系统可靠性技术

由于油品供应除管道外，还有火车、汽车拉运等方式，具备可替代性途径，而天然气的供应则绝大多数依赖于长输管道，缺乏经济有效的替代方式，故对天然气管网而言，目前主要集中研究其系统的可靠性。

可靠性前期研究和应用主要在航天军工领域。在管道方面，苏联从 20 世纪 60 年代就开展了天然气管道的可靠性研究。欧美等国对区域性天然气管网的可靠性研究始于 20 世纪 80 年代初，形成了数种可靠性理论和计算方法，如故障树结构的事故分析技术、事件树结构的可靠性分析技术、贝叶斯方法、系统可靠性快速评估法、可靠性计算的递推法、系统可靠性MonteCarlo仿真算法等。按照国外管道设计规范的规定，天然气管道规划和设计阶段都要进行系统的可靠性分析与计算。

截至 2018 年，国外关于天然气管网的可靠性研究更多地集中于单条天然气管道及单体设备，针对大型天然气管网的可靠性研究尚未开展，且其研究多集中于物理管网本身，如管道结构的可靠性、设备单元的可靠性。

目前，国内中石油已经开展了针对大型天然气管网的可靠性技术研究，初步形成了大型天然气管网系统可靠性框架及可靠性指标体系。

2. 应急抢险技术

由于管道输送介质特性、管道材质、地理环境、地质条件、管道破坏程度和抢修技术水平等因素的差异，现有的输油管道抢修技术也是多种多样、各具优劣。综合国内外各种方法，长输管道不停输抢修方法可归结为以下三种：管道管体补强法、堵漏法、换管法。管道管体补强法主要用于尚未出现泄漏或中低压小泄漏管道抢修；堵漏法主要用于中低压小泄漏管道抢修；换管法主要用于高压大面积泄漏管道抢修。

三、公共安全评价标准

目前，在失效事故对环境和社会的影响方面，国内油气管网完整性管理中实现了高后果区识别，并建立了半定量风险评价技术。

在管道本体安全标准方面，国内外主要的标准规范有欧洲工业结构完整性评定方法；美国石油学会标准 API 1104《管道及其相关设施的焊接》；英国标准协会颁布的用于评估管道缺陷的最新最完整的英国标准 BS 7910《金属结构中缺陷验收评定方法导则》；英国中央电力局公布的 R/H/R6 第 3 版方法；美国机械工程师协会颁布的 ASME B31G 标准；英国燃气公司和挪威船级社 DNV 合作制定的 DNV RP-F101《腐蚀管道评估的推荐方法》；以及在 ASME B31G 基础上改进获得的主要用于外部腐蚀管道剩余强度评价的方法 RSTRENG。我国编制了第一部以 COD 理论为基础的《压力容器缺陷评定规范》。1995 年我国又制定了以 J 积分为基础的国产钢种的压力容器安全评定规程 SAPV-95。为了进一步提高我国压力容器的管理水平和技术检测水平，国家质量技术监督局锅炉压力容器检测中心决定将 SAPV-95 修改并升级为国家标准，2004 年颁布了 GB/T 19624—2004《在用含缺陷压力容器安全评定》。另外，2000 年美国石油学会颁布了针对在役石化设备的 API 579《适用性评价》规程，国内也同样依据该标准制定了石油行业标准 SY/T 6477—2000《含缺陷油气输送管道剩余强度评价方法》。

四、信息化建设

国外方面，美国管道与危险材料安全管理局基于 GIS 技术建立了面对全美长输管道的国家管道地图表示系统，用于存储和展示管道走向及周边地理环境等信息。国外一些管道运营企业和咨询公司也分别建立了相关的数据管理及评价软件用于辅助管道完整性管理，如 New Century 公司的系列数据管理软件、Geo Fields 公司的高后果区分析软件，以及 GE-PII 的风险评价软件 PVI 等。

在国外，针对管道数据模型的研究已十分成熟，PODS（pipeline open data standard，管道开放数据标准）模型和 APDM 模型（Arc GIS pipeline data model，ArcGIS 管道数据模型）的使用范围最为广泛，已在国际上多家管道运营公司使用。

国外十分重视油气管道完整性数据的采集、存储和管理，许多管道运营公司委托专业数据公司为其管理管道数据。在基础数据管理方面，New Century Software、Geo Fields、Eagle Information Mapping 等公司，具有成熟的基础数据处理流程及质量控制管理方法，既可以实现基于 PODS 的传统关系型数据库构建，也可以实现基于 APDM/PODS Spatial 的 GIS 空间库的构建，并可提供基于 GIS 的数据编辑、维护软件产品。在专业检测数据管理方面，如内检测数据处理，鉴于技术的专业性，只有像 GEPII 这类专业检测公司才能够提供数据处理服务，其软件 Pipe View 在内检测数据加载、缺陷识别、缺陷评价等方面具有很强的专业优势，内检测后期的数据处理通常只能选用这类专业分析软件。在失效数据管理方面，美国收集、整理了北美地区 6×10^4 英里管道过去几十年的失效数据。欧洲天然气工业联盟建立的“欧洲天然气数据库”，收集了欧洲 9 个大型天然气公司 1970 年以来的历史数据。石油公司欧洲环境健康安全组织从 1971 年开始收集 17 个西欧国家输油管道的事故资料，进行统计、分析并定期公布结果。加拿大国家能源委员会收集了陆地输气管道和输油管道的事故资料。

国内方面，中石油在引进国外先进管道数据模型的基础上，结合所辖管道特点及完整性管理需求，完成了管道完整性数据模型设计、数据平台设计和建设。以数据模型和数据库为基础，开发完成了数据维护系统、数据采集系统、完整性工程图系统、高后果区识别系统、风险评价系统、完整性工程图系统等多个完整性应用系统，建成了覆盖完整性管理各个重要环节的一整套专业化完整性管理数据平台。

第三节 主要技术国内外差距对比

总体而言，我国油气管网和生命线工程在公共安全方面还有较大的改善空间，一是本质安全方面，对本质安全认识还不充分，在安全影响因素分析、失效机理研究、检测评价技术等方面还需要提高；二是供应安全方面，对系统可靠性认识不足、没有建立系统可靠性管理方法，应急抢险技术能力不足；三是公共安全评价标准不健全，没有形成成体系的公共安全评价方法，评价指标体系缺失；四是信息化建设不充分，没有构建集中统一的数据库，数据零散、缺失。具体的一些技术差距如下。

1. 风险评价技术

虽然国内管道风险评价技术发展迅速，但仍存在一些不足，主要体现在：我国半定量评价方法指标体系仍需优化，专家评分体系存在主观性较大，定量风险评价技术尚未上实现，管道高后果区风险管控技术有待进一步研究，管道判废及处置无明确标准。

2. 油气管道探测与缺陷检测评价技术

随着国内高钢级管道的陆续投产，X80 及以上高钢级管道检测评价成为亟待解决的技术问题，国外高钢级管道应用较早，已经开展了相关研究工作，国内在此方面尚属空白，差距较大。此外，国内油气管道裂纹检测尚无成熟技术，国内站场储罐检测仍以离线为主，主要采用传统的开罐检测方法，储罐在线检测技术未大规模应用。

国外的各种地下管道探测设备精度较高、适用范围较广，我国在引进国外设备的同时也在不断提升国产设备的可靠性。

3. 腐蚀防护技术

国内由于工程施工与管理方面存在一定程度的不规范，管道主干涂层和补口涂层失效时有发生，并可能由涂层剥离造成阴极保护电流屏蔽，导致阴极保护系统失效。另外，随着油气管道规模逐渐扩大，管道与高压输电线路、电气化铁路，以及管道之间并行或交叉敷设，杂散电流干扰问题日益突出，复杂环境杂散电流干扰检测评价与治理技术尚需提高，且城市中杂散电流复杂，跨专业管道电位平衡没有相关标准控制。

4. 安全预警技术

国内外采用的安全预警技术原理、技术水平基本相同，但根据国内应用的情况来看，油气管道安全预警还存在报警精度不够、误报率较高的问题，与安全生产要求尚有差距。

5. 泄漏监测技术

油品管道泄漏监测方面，国内外技术基本相同，但从国内现场应用来看，仍存在漏报率较高的问题，尚不能满足生产要求；天然气管道泄漏监测方面，国内外均无成熟的技术，美国ASI公司开发的天然气管道泄漏监测系统已开展小规模工业应用，并在国内西气东输苏浙沪段进行了示范应用。

6. 地质灾害防护技术

国内油气管道地质灾害研究多关注管道灾害的风险评价、监测预警方面，对具体的灾害治理技术则研究较少，多是引用或借鉴公路、铁路或国土等行业现有的灾害治理技术或相关规范，这些通用的灾害治理技术虽然已经相对较成熟，但对于埋地油气管道并非完全适用，应充分考虑管道工程的特殊性，进一步开展管道地质灾害治理技术优化决策相关研究。与国外同类技术相比，管道地质灾害防治技术仍有较大提升空间。

7. 管道维抢修技术

补焊、补板等修复方法在国内的管道修复中已被广泛采用，但其存在修复质量难以控制、安全性较差等问题，基本已被发达国家的管道公司淘汰。随着国内新建天然气管道向着大口径、高钢级、高压力发展，在线焊接难度越来越大，大口径天然气管道在线焊接尚存技术难题。此外，对于高寒、山区等特殊地段的油气管道，维抢修技术与设备尚不完备。

8. 管网系统可靠性技术

国内在大型复杂天然气管网系统方面的研究已经走在了世界的前列，但可靠性评价体系以及相关基础数据库尚未建立，距工业应用尚有差距。

9. 完整性数据管理技术

管道完整性数据管理技术差距主要体现在大数据分析应用方面，目前国外对数据的深入分析应用较好，国内在这方面进展较缓慢。

10. 生命线工程相关技术

1）失稳燃气管道复建措施与再用安全评价技术

我国在城市地下工程对燃气管线影响方面，研究较少，缺乏针对此情况的防护技术与防护措施，需要我们进一步研究。而我国对缺陷安全评定的研究起步也较晚。随着计算机的广泛应用，用于含缺陷压力管道安全评定的计算机软件和专家系统也应运而生。国际上，如美国Battelle Columbus Laboratory编制的计算机软件 NRCPIPE_2，此软件采用了 J 积分的 5 种评定方法，用于计算含裂纹管道的启裂载荷和最大承载能力；另外美国的专家系统 BMW（boiler maintenance workstation），可用于锅炉管子的失效分析。联邦德国 Stuttgart 大学国立材料研究所，编制了专家系统 ELBA，用于含纵向裂纹管道的安全评定；专家系统 ESR 可用于高温构件（管子、管系机部件等）的剩余寿命预测。在国内，南京化工大学编制了含焊接缺陷结构疲劳可靠性评定的专家系统，提出了疲劳模糊评定图（s-N-P 图）还将人工神经网络方法应用于含缺陷压力管道疲劳寿命预测和承受外弯矩能力的评定；华东理工大学也将人工神经网络用于含裂纹压力管道的安全评定。这些工作都对含缺陷压力管道安全评定向智能化方向发展起到了推进作用。

2）现役燃气管道数字化和完整性管理技术

我国大型油气管道初步建立了完整性管理体系，并开始发挥重要作用。我国的基本国情、历史条件和当前的技术水平等方面制约着油气管道完整性技术的发展，导致完整性标准体系不够完善，相关标准和油气管道发展不协调，整合程度低、检测技术和设备自主创新能力差，信息化建设缓慢、风险评估手段不系统等，未在实践层面上形成中国化的管道完整性管理模式。同时，对大数据还没有全面利用好，还有很多数据没有纳入其中，对于部分已经实现的“样本=总体”的数据如何全面收集、管理和利用，如何考虑精准和因果关系等，如何避免“幸存者法则”的现象发生，如何从管理机制和管理决策流程入手进行变革，以确保评估结论得以利用、适应大数据时代的需求等都是亟待思考和探索的问题，这必将导致今后管道安全经济运行管理产生变革。

当前是管道的大发展时期，管道设计、建设与运营已经从较低的水平发展到较高的水平，但仍然应该考虑今后将要建设什么样的管道，如何建设管道，如何保证本质安全、降低成本等问题。传统的管理是一种被动应对事故的管理模式，事故推动了科学的发展，提升了人类对安全的认知水平，并通过总结不断提升管道的设计、施工和管理水平。

第五章　经济社会发展对事故灾难综合治理的科技需求

改革开放 40 年来，中国经济取得了突飞猛进的发展，经济实力大为提高。到 2016 年，我国人均 GDP 达 53 935 元，各项社会事业都取得了长足的发展，我国特色社会主义进入了新时代。对于国民日益重视的公共安全问题，经济社会的进一步发展必然对其提出新的要求，相应地，也对事故灾害综合治理提出了更高的科技需求。本章在分析我国经济社会发展远景的基础上，初步提出经济社会发展对矿山、化工和危险化学品、电网、油气管网和生命线工程等事故灾难四个领域发展的要求，依此提出上述领域事故灾难综合治理的重大科技问题。

第一节　我国经济社会发展远景

一、我国经济社会发展的外部环境

"入世"以来，我国经济迅速融入全球经济一体化进程，这对我国经济产生了巨大的推动与促进作用，同时，也使得我国经济社会发展更容易受外部环境的影响。2008 年金融危机以来，乃至在今后一段相当长的时期内，我国经济社会发展面临的外部环境仍然错综复杂，有利条件和不利因素并存。

（一）世界经济将进入相对较低的增长期

随着发达经济体和新兴经济体的先后发力，世界经济发展经历了长达 30 年的繁荣，从 1981 年到 2010 年，世界经济年均增长达到 3.4%。但由于国际金融危机和欧美债务危机的严重冲击，全球经济发展模式面临新的调整，经济发展的不确定性明显。未来一段时期，世界经济继续保持较快增长的难度较大。

一方面，以"美欧"为代表的发达经济体持续增长难度加大。国际金融危机和主权债务危机已使欧美发达经济体的经济增长明显减速，特别是在 2009 年出现了全面衰退。从发展前景看，欧美发达国家经济发展仍将面临一个艰难复杂的爬坡过程。另一方面，以“金砖国家”为代表的新兴经济中期增速放缓。21 世纪以来，包括我国在内的“金砖国家”等新兴经济体经济呈现高速增长趋势，为同期世界经济增长作出较大贡献。新兴经济体增长前景虽然乐观，但受经济发展模式限制和自身发展内部条件的约束，其经济发展速度和进程将受到一定制约。

综合来看，由于受金融及债务风险、成本及通胀风险、贸易条件变化等因素的影响，约占世界经济总量 60%以上的主要发达经济体和新兴经济体增长面临减速，世界经济增长将进入适度调整时期。同时，由于中东、北非等动荡冲击持续不断，类似 20 世纪七八十年代滞胀的复杂局面也有可能在世界范围重现。预测 2012~2020 年，世界经济平均增速可能降到 3%以内，明显低于 21 世纪头 10 年年均 3.6%的增长率。

（二）全球经济转型和结构变化将明显加快

1. 世界经济发展模式面临重大转型

国际金融危机和主权债务危机对世界经济原有的发展模式、结构和动力机制产生了严重的冲击，也充分暴露出以美国为代表的发达国家崇尚自由竞争、放任过度消费和负债消费型增长模式与以东亚国家为代表的过剩生产型增长模式的不合理性。在认识到全球经济失衡带来的严重问题后，世界各国纷纷寻求一种新的经济发展模式，以促使全球经济实现再平衡。目前，新兴市场国家正在沿着扩大内需、提高国内消费率的路径展开调整，而发达国家则是从低储蓄、高负债为特征的发展模式向适度储蓄和适度负债发展模式转变。

2. 全球产业结构面临重大调整

以美国为代表的发达国家在认识到虚拟经济泡沫、实体经济过弱造成严重后果后，决定重新发展制造业。美国提出了“再工业化”战略，重新把鼓励扩大出口放在经济政策的重要地位，把电子信息、航空航天等高技术产业以及生物、新能源、新材料等新兴产业作为重振制造业的重点，并大力推动相关领域的技术进展。其实质是利用技术，培育起能够支撑经济增长的高端制造业，进而促使全球产业和技术领域的进入新一轮大调整，也有利于加快传统产业的跨国转移，影响全球产业发展的分工格局，并推动全球产业转移进入多级平行推进、结构高度化、链群转移的新阶段。

3. 全球经济格局面临重大变化

发达国家的工业化和城市化已经完成，人口结构日益老化，劳动生产率增长趋缓，将相继陷入低迷增长。新兴市场国家的工业化和城市化方兴未艾，人力资本积累水平逐步提高，经济发展前景较好。发达经济体与新兴经济体之间“差速增长”使近年来新兴经济体在全球经济中的份额不断上升，并可能成为未来全球经济增长的主导力量。因此，新兴经济体将凭借增长优势、总量地位，谋求更多话语权，进一步缩小与发达国家的差距，优化国际利益分配地位，进而引发国际体系的再调整。

（三）外部发展环境变化给我国经济发展带来了重大机遇

由于世界经济调整以及不同板块此消彼长变化，我国与主要发达国家力量对比及景气周期差异等原因，为我国经济和产业发展带来前所未有的历史性机遇。

1. 全球经济减速加大了我国经济发展方式转变的动力

一方面，国际贸易保护主义抬头，针对我国出口产品的各种限制措施明显增加，我国可能面临持续低迷的外部需求，稳定出口市场和份额的难度加大，将倒逼我国经济从出口主导向内需主导转变；另一方面，全球经济调整也孕育着新的科技和产业革命，特别是在全球日益重视气候变化的背景下，国际社会要求我国承担的减排责任也在加大，迫使我国改变依靠要素投入的高能耗、高污染的粗放型发展模式，增强科技创新能力，提升产业竞争力，向更加节约、环保与和谐的内涵型发展方式转变。

2. 全球产业结构的调整和重组，有利于促进我国企业转型升级

经济全球化的纵深推进，将促进国际资本和产业在更广范围、更大规模和更深层次上进行转移。我国作为世界最大的发展中经济体，是跨国公司投资和国际产业转移的最佳目的地之一，加大对金融、商贸和物流等现代服务产业转移的承接力度，引进跨国公司先进的技术、治理结构、供应链模式，有利于促进我国企业提升产业国际分工地位。

3. 金融危机和债务危机引发全球范围内融资困难，给我国资本全方位、有效地“走出去”创造有利条件

当前，我国国民储蓄多、国际储备大，企业有资金优势，在全球能源和矿产价格走低、企业资产缩水和价值低估的条件下，有利于企业加快“走出去”步伐，扩大对外投资规模，加强对国内企业和矿产开采权等兼并收购，更好地推进两种资源、两个市场融合发展，以国内市场换取国际资源，以国际资源推动国内市场发展。

二、我国经济社会发展的战略目标

我国经济社会发展的战略目标是到 2020 年，全面建成小康社会。从 2020 年到 2035 年，在全面建成小康社会的基础上，基本实现社会主义现代化，我国经济实力、科技实力大幅跃升，跻身创新型国家前列；人民平等参与、平等发展权利得到充分保障，法治国家、法治政府、法治社会基本建成，各方面制度更加完善，国家治理体系和治理能力现代化基本实现；社会文明程度达到新的高度，国家文化软实力显著增强，中华文化影响更加广泛深入；人民生活更为宽裕，中等收入群体比例明显提高，城乡区域发展差距和居民生活水平差距显著缩小，基本公共服务均等化基本实现，全体人民共同富裕迈出坚实步伐；现代社会治理格局基本形成，社会充满活力又和谐有序；生态环境根本好转，美丽中国目标基本实现。

从 2035 年到 21 世纪中叶，在基本实现现代化的基础上，把我国建成富强民主文明和谐美丽的社会主义现代化强国。到那时，我国物质文明、政治文明、精神文明、社会文明、生态文明将全面提升，实现国家治理体系和治理能力现代化，成为综合国力和国际影响力领先的国家，全体人民共同富裕基本实现，我国人民将享有更加幸福安康的生活，中华民族将以更加昂扬的姿态屹立于世界民族之林。

（一）实现全面小康

到 2020 年，经济实现平稳增长，总量规模接近美国。城乡居民收入大幅增加，地区、城乡贫富差距全面缩小。收入分配格局更为合理有序，贫困人口大幅减少，绝对贫困现象基本消除。全面小康实现程度指数达到 100%。

1. 经济规模中速增长

随着人口红利的逐步消失，我国经济增长速度也会逐步放缓，经济周期性波动的峰谷值趋于收敛，中值下移。但这并不影响我国 GDP 比 2000 年翻两番的目标提前实现。考虑到物价和汇率变动的因素，预期 2020 年 GDP 将达到 120 万亿元左右（当年价），人均 GDP 将超过 1.2 万美元，内需增长加快，消费结构实现升级，形成世界最大的消费市场和进出口市场，国内市场总体规模位居世界首位，建成世界现代化的基础设施体系，综合国力大为增强，为真正意义上的世界经济强国打下坚实基础。

2. 全民福利国家基本建成

为使民众更好地分享经济社会发展成果，初步建成全世界最大规模，覆盖城、乡各区域、不同人群的高水平的社会保障体系，以基本养老、基本医疗、失业、最低生活保障制度为重点的社会保障基本实现全覆盖，实现人人“学有所教、病有所医、劳有所得、老有所养、住有所居”。居住条件普遍得到明显改善，住房保障制度进一步健全，城市低收入家庭住房困难基本解决。在生活质量不断改善的同时，各种健康风险和各类急、慢性病发病率明显降低，主要健康指标达到高收入国家水平，人口预期寿命将提高到 75 岁以上。防灾减灾能力进一步增强，社会治安和安全生产状况进一步好转。

3. 中等收入群体扩大

为防止陷入“中等收入陷阱”，改变财富分配不合理、收入差距过大的局面，要通过不断提高劳动者素质、鼓励创业等方式，充分体现效率优先、兼顾公平原则，让更多民众分享改革和发展成果，培育壮大中等收入者队伍。促使按劳分配与按生产要素分配更好地结合，进一步强化收入分配的宏观调控力度，大幅提高农民收入，使更多有知识、有技能、有特长、懂管理的人能进入中等收入阶层。最终实现社会职业结构的转换，即由以蓝领为主体的职业结构变成以白领为主体的职业结构，各阶层群众通过诚实劳动和合法经营先富起来。改变“金字塔”形的个人收入结构，形成两头小、中间大的“橄榄”型的个人收入分配结构。

4. 可持续发展能力明显增强

到 2020 年，要基本实现人与自然的和谐发展，走出一条绿色、低碳、可持续的发展道路。全国总人口控制在 14 亿人左右，耕地保有量保持在 1.2 亿公顷。资源利用效率显著提高，有利于节约资源和保护环境的产业结构、生产方式和消费模式基本构建。生态保护与修复明显加强，人均碳排放水平稳步下降，应对气候变化能力全面增强。森林覆盖率达到 25%，森林蓄积量达到 160 亿立方米，成为世界最大的人工森林碳汇国。主要污染物排放总量显著减少，年均空气质量标准达到二级以上城市比例提高到 95%以上，形成青山、碧水、蓝天的优美生态环境。非化石能源消费比例达到 25%左右，建成世界最大的绿色能源国家。

（二）大幅提升综合国力

1. 现代产业体系构建进一步完善

到 2020 年，我国产业结构不断调整优化，国民经济发展的协调性大为增强。新型工业顺利推进，战略性新兴产业取得突破性进展，高新技术产业比重大幅上升。总体工业化进程进入后工业化初期水平，长三角、珠三角、京津冀等地区进入后工业化中期水平，中部地区基本跨入后工业化门槛，西部地区进入工业化中后期。基本实现经济结构向以服务经济为主的转变，服务业增加值占 GDP 的比重超过 50%。服务业内部结构得到优化，就业容量显著增加，市场竞争力显著增强，总体发展水平基本与全面建设小康社会的要求相适应。以信息化促进农业现代化取得成效，农业实现相对集约高效发展，耕作机械化水平大幅提高，主要粮食产区农业科技和信息化水平明显提高，基本实现市场化、规模化经营，土地生产能力和效益大幅提升。

2. 基本实现国防军事现代化

到 2020 年，军队革命化、现代化、正规化建设全面加强，军队机械化、信息化复合发展加快。国防和军队改革逐步深化，领导管理体制趋于优化，联合作战指挥体制不断健全，新型作战力量得到发展，军事理论、技术、组织、管理不断创新。军工核心能力建设实现跨越，现代化的国防科技工业体系初步构筑。军民产业融合式发展基本实现，武器装备科研生产体系、军队人才培养体系、军队保障体系和国防动员体系逐步完善。全民国防教育进一步深化，后备力量建设全面加强。

3. 创新能力不断提升

以创新能力建设提升国家综合竞争力。初步建成世界最强大的科技创新国，实现由物质要素投入驱动为主向创新驱动为主转变、由“中国制造”向“中国创造”转变。科技创新能力不断提升，国际刊物发表论文数大幅增加，高技术产品出口以及专利申请量占全球的比重达到 25%左右，国际专利数量迅速上升，相当多的国内专利转化为国际专利。科技进步贡献率达到 60%以上，R&D 投入达到 2.5%以上，企业真正成为投入主体，众多中国企业成为拥有核心技术和全球竞争力的行业龙头企业。

实现人口大国到人力资源大国的转变。人力资本积累不断增强，世界最多人才的创造力得到充分发挥，培养造就规模宏大、结构优化、布局合理、素质优良的人才队伍，成人平均受教育年限达到 12 年以上。人力资源竞争力大幅提升，人才竞争比较优势得到确立，进入世界人才强国行列，建成世界最大的人力资源强国，为在 21 世纪中叶基本实现社会主义现代化奠定人才基础。

（三）市场化提速现代化

1. 市场机制基本完善

通过“价、税、财、金、法”五联动式的改革，全面完善社会主义市场经济体制。形成更加重视富民惠民，更加重视社会建设，更加重视生态环境，更加重视民主法制，更加重视社会主义精神文明建设的良好氛围。到 2020 年，改革攻坚基本完成，经济、政治、文化、社会等领域的体制机制更加完善，在重要领域和关键环节取得突破性进展。资源性产品价格形成机制进一步完善，民营经济和中小企业发展的体制机制障碍逐步消除。十几亿人民当家作主，拥有不同层级、不同形式广泛的政治、经济、社会、文化民主权利，各级政府决策和执行能力逐步提高，宏观调控方式和手段进一步完善。国家软实力进一步提升。

2. 质量开放格局基本形成

随着我国经济在全球地位的显著上升，对外经济关系有必要做出相应的调整，要推动开放格局向趋于平衡的方向发展，即从扩大出口为主转向扩大出口和扩大进口并重，从吸引外资为主转向吸引外资和资本输出并重。尤其是资本输出，应成为经济大国对外经济关系战略性调整的重要任务，作为实现基本平衡开放格局的突破口。此外，还要促进人民币在国际货币体系中地位的提升，与国家的经济地位相匹配。

未来 10 年，我国的对外经济关系将更趋平衡，更好地融合到全球经济之中，国际影响力迅速上升，国际话语权进一步加强。我国作为国际金融中心的地位得以确立，人民币作为储备货币的地位基本稳固，人民币国际化过程顺利完成。进出口基本平衡，实现开放发展战略由外需向内需转型、由沿海开放向内陆开放转变，区域协作进一步加强，内外联动发展水平进一步提升，在更高层次上参与国际国内合作和竞争。

三、我国经济社会发展的重点任务

围绕经济社会发展的战略目标，我国要建成市场文明、社会文明、生态文明、精神文明、政治文明水平的现代化强国，需在以下几个方面做出努力。

（一）全面完善社会主义市场经济体制，提高市场文明水平

推进价格、税收、金融、监管联动的深度市场化改革，建立充分竞争的市场机制，减少政府对市场的过度干预，切实发挥市场在资源配置中的作用，使我国社会主义市场经济体制走向成熟完善。

价格方面，改革重点是建立新的市场化的要素价格形成机制；税收方面，改革的方向是使税制由以促进效率为主向兼顾效率与公平转变；金融方面，坚持金融领域改革的市场化方向，进一步推进利率和汇率市场化改革，建立市场配置资金的有效机制；监管方面，加快政府监管向市场经济转变的步伐，从制度上避免计划管理手段的应用。

（二）全面创新法治建设，提高政治文明水平

以法治建设促进党、政、法协调统一，形成科学执政、民主执政、依法执政的良好机制，提高政治文明水平，保障经济发展、社会和谐。

法治建设方面，要全面落实依法治国基本方略，加快完善中国特色社会主义法律体系，加强和改进立法工作，建立健全立法后评估制度。维护法制权威，保障司法独立性，促进司法公正性。推进依法行政、公正廉洁执法。依法保护人民群众合法的财产权，注重弱势群体权益保障，加强司法救助和法律援助。深入开展普法宣传教育，增强公众法制观念，提升公民法律素质。

在利益群体多元的状态下，加强民主政治建设是一项重要任务。要积极探索保障人民群众选举权、知情权、参与权、表达权、监督权的有效方式，引导公民依法行使权利和履行义务。大力推进决策科学化、民主化，增强决策透明度和公众参与度，把公众参与、专家论证、风险评估、合法性审查和集体讨论决定作为重大决策的必经程序。建立决策反馈纠偏和责任追求制度。加强基层民主政治建设，健全基层党组织领导的充满活力的城乡群众自治机制。完善以自我教育、自我管理、自我服务为主要目标的城乡居民民主管理制度。积极发展社会组织，发挥专业性社会组织依法参政议政的积极作用。

（三）全面改革社会管理方式，提高社会文明水平

推进收入分配制度改革和公共财政制度建设，缩小城乡间、地区间居民收入差距和福利差距，促进社会和谐发展。

（1）实现收入分配的基本合理，一是要健全有助于劳动者获得合理劳动报酬的一系列制度，包括劳资谈判和工资集体协商、工资支付监控、企业工资支付保证金等。二是要适度降低宏观税负，特别是通过降低流转税税率减轻居民的税收负担。同时，缩小居民内部收入差距，扩大中等收入阶层。

（2）税收、社保等制度充分发挥再分配职能。一是要改革个人所得税制度，尽快开征财产税和资本利得税。二是要完善社会保障制度，对低收入群体的保障标准要与居民收入总规模增长保持同步。

（3）以公共财政制度作为支撑，形成全民福利体系。一是要提高公共服务支出在财政支出中的比率，保障基本公共服务所需资金。二是要协调中央与地方的财政关系，适当上移基本公共服务的支出责任至中央或省级，特别是要逐步提高社会保障统筹层次，为人口流动中的社保转移接续提供条件。

（四）全面繁荣文化市场，提高精神文明水平

加强社会主义核心价值体系建设，大力发展文化产业和文化事业，进一步提高全民族的文明素质，增强国家的文化软实力。

（1）把公民思想道德和文明素质建设放到更加突出的位置，广泛开展社会主义核心价值体系教育实践活动，坚持用社会主义核心价值体系引领社会思潮。大力弘扬爱国主义、集体主义、社会主义思想，增强民族自尊心、自信心、自豪感。倡导社会主义荣辱观，加强社会公德、职业道德、家庭美德、个人品德教育。加快社会诚信体系建设，培育诚信和谐的文化氛围。加大知识产权保护力度，培育创新文化。

（2）发展文化产业和文化事业，繁荣文化市场。完善文化产品评价体系和激励机制，把群众评价、专家评价和市场检验统一起来，形成科学的评价标准。加大优秀文化产品推广力度，发挥其积极的示范、引导作用。以公共财政为支撑，构建公共文化服务体系，满足人民群众精神文化需求。

（五）全面改善生态环境，提高生态文明水平

以资源环境产权制度建设为基础，逐步建立起资源环境产权交易市场和价格形成机制，从制度上保障资源节约型和环境友好型社会的建设，推进可持续发展能力的提升。

在生态环境方面，存在资源利用效率低和生态环境持续恶化两方面的问题。为此，要建立具有基础性作用的资源环境产权制度，要明确各级政府、企业和居民在矿产资源、水资源等开发利用及废气、污水、固体废弃物排放中的责权利，形成产权明晰、权责匹配、利益分配基本合理的制度。在此基础上，加快建立资源和环境要素产权交易市场，逐步形成市场化的资源环境要素价格决定机制。通过市场机制作用、发挥价格调节功能，形成节约利用资源、控制污染排放的有效激励机制，调整资源利用、污染排放主体的行为模式。

同时，要加快完善资源和环境等税收制度，扩大资源税征税范围。在对现行矿产品征税的基础上，将资源税征税范围扩大到水、森林和草场等非矿产资源；

及时推出环境保护税，向排放废气、污水、废渣及产生噪声和电磁波污染的企业征收。以具体的政策措施体现政府在资源节约、环境保护方面的方针和导向，进一步加大对节约资源、保护环境行为的激励作用。

第二节　经济社会发展对矿山事故灾难综合治理的科技需求

一、经济社会发展对矿山工业发展的要求

步入工业社会以来，作为工业赖以生存和发展的粮食，矿产资源成为影响国家经济和国力的重要因素之一。矿业也成为我国经济社会发展的重要支柱，在国民生活和社会经济发展建设中起着至关重要的基础性作用。在未来 5~10 年我国经济社会发展的关键时期，要全面完善社会主义市场经济体制、创新法治建设、改革社会管理方式、全面繁荣文化市场、改善生态环境，必然要对矿山工业发展提出新的要求。

（一）经济社会发展对煤炭工业发展的要求

目前，我国正在大力推进经济发展方式转变和经济结构调整，必须实施创新驱动发展战略，推动以科技创新为核心的全面创新，坚持需求导向和产业化方向，坚持企业在创新中的主体地位，发挥市场在资源配置中的决定性作用和社会主义制度优势，增强科技进步对经济增长的贡献率，形成新的增长动力源泉，推动经济持续健康发展。

煤炭作为我国最大的能源支撑，在今后较长时期内仍然是我国的主体能源。煤炭工业肩负着保障国家能源安全稳定供应的历史责任。所以，今后的经济社会发展对煤矿企业的安全生产必然提出更高的要求。为了进一步加强煤矿安全生产，更好地促进经济社会的发展，应该从以下几点做起。

1. 加快落后小煤矿关闭退出

（1）明确关闭对象。重点关闭 9 万吨/年及以下不具备安全生产条件的煤矿，加快关闭9万吨/年及以下煤与瓦斯突出等灾害严重的煤矿，坚决关闭发生较大及以上责任事故的9万吨/年及以下的煤矿。关闭超层越界拒不退回和资源枯竭的煤矿；关闭拒不执行停产整顿指令仍然组织生产的煤矿。不能实现正规开采的煤矿，一律停产整顿；逾期仍未实现正规开采的，依法实施关闭。没有达到安全质量标准化三级标准的煤矿，限期停产整顿；逾期仍不达标的，依法实施关闭。

（2）加大政策支持力度。通过现有资金渠道加大支持淘汰落后产能力度，地方人民政府应安排配套资金，并向早关、多关的地区倾斜。研究制定信贷、财政优惠政策，鼓励优势煤矿企业兼并重组小煤矿。修订煤炭产业政策，提高煤矿准入标准。国家支持小煤矿集中关闭地区发展替代产业，加强基础设施建设，加快缺煤地区能源输送通道建设，优先保障缺煤地区的铁路运力。

（3）落实关闭目标和责任。各省级人民政府负责小煤矿关闭工作，要制定关闭规划，明确关闭目标并确保按期完成。

2. 严格煤矿安全准入

（1）严格煤矿建设项目核准和生产能力核定。一律停止核准新建生产能力低于30万吨/年的煤矿，一律停止核准新建生产能力低于90万吨/年的煤与瓦斯突出矿井。现有煤与瓦斯突出、冲击地压等灾害严重的生产矿井，原则上不再扩大生产能力。

（2）严格煤矿生产工艺和技术设备准入。建立完善煤炭生产技术与装备、井下合理生产布局以及能力核定等方面的政策、规范和标准，严禁使用国家明令禁止或淘汰的设备和工艺。煤矿使用的设备必须按规定取得煤矿矿用产品安全标志。

（3）严格煤矿企业和管理人员准入。规范煤矿建设项目安全核准、项目核准和资源配置的程序。未通过安全核准的，不得通过项目核准；未通过项目核准的，不得颁发采矿许可证。不具备相应灾害防治能力的企业申请开采高瓦斯、冲击地压、煤层易自燃、水文地质情况和条件复杂等煤炭资源的，不得通过安全核准。从事煤炭生产的企业必须有相关专业和实践经历的管理团队。煤矿必须配备矿长、总工程师和分管安全、生产、机电的副矿长，以及负责采煤、掘进、机电运输、通风、地质测量工作的专业技术人员。矿长、总工程师和分管安全、生产、机电的副矿长必须具有安全资格证，且严禁在其他煤矿兼职；专业技术人员必须具备煤矿相关专业中专以上学历或注册安全工程师资格，且有3年以上井下工作经历。鼓励专业化的安全管理团队以托管、入股等方式管理小煤矿，提高小煤矿技术、装备和管理水平。建立煤炭安全生产信用报告制度，完善安全生产承诺和安全生产信用分类管理制度，健全安全生产准入和退出信用评价机制。

3. 深化煤矿瓦斯综合治理

（1）加强瓦斯管理。认真落实国家关于促进煤层气（煤矿瓦斯）抽采利用的各项政策。高瓦斯、煤与瓦斯突出矿井必须严格执行先抽后采、不抽不采、抽采达标。煤与瓦斯突出矿井必须按规定落实区域防突措施，开采保护层或实施区域性预抽，消除突出危险性，做到不采突出面、不掘突出头。发现瓦斯超限仍然作业的，一律按照事故查处，依法依规处理责任人。

（2）严格煤矿企业瓦斯防治能力评估。完善煤矿企业瓦斯防治能力评估制度，提高评估标准，增加必备性指标。加强评估结果执行情况监督检查，经评估不具备瓦斯防治能力的煤矿企业，所属高瓦斯和煤与瓦斯突出矿井必须停产整顿、兼并重组，直至依法关闭。加强评估机构建设，充实评估人员，落实评估责任，对弄虚作假的单位和个人要严肃追究责任。

4. 全面普查煤矿隐蔽致灾因素

（1）强制查明隐蔽致灾因素。加强煤炭地质勘查管理，勘查程度达不到规范要求的，不得为其划定矿区范围。煤矿企业要加强建设、生产期间的地质勘查，查明井田范围内的瓦斯、水、火等隐蔽致灾因素，未查明的必须综合运用物探、钻探等勘查技术进行补充勘查；否则，一律不得继续建设和生产。

（2）建立隐蔽致灾因素普查治理机制。小煤矿集中的矿区，由地方人民政府组织进行区域性水害普查治理，对每个煤矿的老空区积水划定警戒线和禁采线，落实和完善预防性保障措施。国家从中央有关专项资金中予以支持。

5. 大力推进煤矿“四化”建设

（1）加快推进小煤矿机械化建设。国家鼓励和扶持30万吨/年以下的小煤矿机械化改造，对机械化改造提升的符合产业政策规定的最低规模的产能，按生产能力核定办法予以认可。新建、改扩建的煤矿，不采用机械化开采的一律不得核准。

（2）大力推进煤矿安全质量标准化和自动化、信息化建设。深入推进煤矿安全质量标准化建设工作，强化动态达标和岗位达标。煤矿必须确保安全监控、人员定位、通信联络系统正常运转，并大力推进信息化、物联网技术应用，充分利用和整合现有的生产调度、监测监控、办公自动化等信息化系统，建设完善安全生产综合调度信息平台，做到视频监视、实时监测、远程控制。县级煤矿安全监管部门要与煤矿企业安全生产综合调度信息平台实现联网，随机抽查煤矿安全监控运行情况。地方人民政府要培育发展或建立区域性技术服务机构，为煤矿特别是小煤矿提供技术服务。

6. 提升煤矿安全监管和应急救援科学化水平

（1）落实地方政府分级属地监管责任。地方各级人民政府要切实履行分级属地监管责任，强化“一岗双责”，严格执行“一票否决”。强化责任追究，对不履行或履行监管职责不力的，要依纪依法严肃追究相关人员的责任。

（2）明确部门安全监管职责。按照管行业必须管安全、管业务必须管安全、谁主管谁负责的原则，进一步明确各部门监管职责，切实加强基层煤炭行业管理和煤矿安全监管部门能力建设。

（3）加快煤矿应急救援能力建设。加强国家（区域）矿山应急救援基地建设，加强地方矿山救护队伍建设。煤矿企业按照相关规定建立专职应急救援队伍，没有建立专职救援队伍的，必须建设兼职辅助救护队。

（4）加强煤矿应急救援装备建设。煤矿要按规定建设完善紧急避险、压风自救、供水施救系统，配备井下应急广播系统，储备自救互救器材。煤矿或煤矿集中的矿区，要配备适用的排水设备和应急救援物资。加快研制并配备能够快速打通“生命通道”的先进设备。支持重点开发煤矿应急指挥、通信联络、应急供电等设备和移动平台，以及遇险人员生命探测与搜索定位、灾害现场大型破拆、救援人员特种防护用品和器材等救援装备。

（二）经济社会发展对非煤矿山发展的要求

经过五十多年的努力，我国已成为世界采矿大国。截至 2019 年已有非煤矿山超过 11 万多座，非煤、非油气矿山的工业总产值超过千亿元，占 GDP 的比重超过 1%。但非煤矿山的安全生产形势依然严峻。非煤矿山的安全对于经济社会的发展有重要的影响，若非煤矿山的安全工作做好了，则能促进经济社会的发展，若做不好，则会严重影响经济社会的发展。因此，经济社会的发展在一定程度上依赖于非煤矿山的发展，更大程度上是依赖于非煤矿山的安全生产。为了更好地促进经济社会的发展，非煤矿山应该从以下几点做起，以便更好地保障安全生产，更好地促进经济社会的发展。

1. 提高安全生产准入门槛

（1）严格非煤矿山安全准入。调整产业结构，坚持“关小上大”的原则。大力推进产业结构调整，合理布局非煤矿山采矿权，充分发挥产业政策导向和市场机制的作用，提高矿山产业集中度和集约化发展水平。地方政府要结合本地情况，制定非煤矿山最小生产规模和最短服务年限标准。严格安全审查和许可，认真落实整顿关闭政策。建立完善非煤矿山建设项目安全核准制度，切实做好建设项目安全设施“三同时”审查和安全生产许可证颁发工作，关闭一批规模小、条件差的非煤矿山。云南、河南、湖南、贵州、广西、辽宁等事故控制与资源整合重点地区应制订工作方案，从源头上把好关。建立完善安全避险“六大系统”，提高准入门槛。地下矿山尽快全部建立完善监测监控、井下人员定位、紧急避险、压风自救、供水施救、通信联络等安全避险“六大系统”。露天矿山全部实现机械铲装、液压锤二次破碎。积极推行尾矿充填和尾矿库一次筑坝方式。淘汰落后生产工艺技术和设备。各地区要严格执行相关标准并根据本地区实际，研究制定落后生产工艺技术和设备目录，限定淘汰时间，及时淘汰危及安全生产的落后工艺和设备。制定和实施非煤矿山专业人员配备标准。安全监管部门应根据有关规定和企业规模等情况，确定企业矿山类技术人员和安全管理人员的配备数量和资格标准。非煤矿山企业应按规定配备注册安全工程师，配齐采矿、地质、机电、通风、选矿、安全等专业人员，小型企业可以聘任安全中介机构提供安全技术服务。

（2）实现非煤矿山安全标准化。加强对安全标准化执行情况的监督检查，引导规模大、管理水平高的非煤矿山率先达到相应标准化水平，发挥辐射和示范带动作用；将标准化工作纳入企业安全生产责任制目标考核，促使企业落实安全生产主体责任、规范安全生产行为、严格执行领导带班制度。采取安全生产资金补助、与安全许可制度相结合等多种方式，实施激励措施。加强动态监管，防止标准化工作走过场，特别要防止达标企业放松安全管理。

2. 着力推进安全专项整治

各级安全监管部门要制订专项整治计划，企业要严格落实隐患排查治理制度，加大投入，做到责任部门、分管领导、具体负责人“三落实”。

（1）地下矿山以防中毒窒息、防采空区塌陷、防冒顶片帮、防透水、防火灾、防爆破事故和提升、运输、供电、灾变设施等重点部位和关键设备设施为重点开展专项检查。

（2）露天矿山以整治不分台阶（分层）开采、边坡出现变形和滑动迹象、排土场排土工艺参数不符合设计规定、未建立排土场监测系统、排土场下游有人员聚集和重要设施为重点进行专项检查。

（3）尾矿库以危库、险库、病库的治理，尾矿库隐患排查整治，尾矿库超量储存、排洪设施带病运行作为重点开展专项整治。

（4）石油天然气开采以报废油气井处置、“三高”气田井控装置、含硫油气田硫化氢监控、防火灾爆炸、陈旧老化的海洋石油设施为重点开展专项整治。

3. 进一步完善非煤矿山安全生产法制建设

（1）大力开展法律、法规、规章和标准的制定、修订工作。加快地方非煤矿山安全生产立法工作。具有相应立法权的地方各级人大和政府应大力支持非煤矿山安全生产立法工作，积极开展地方性法规、政府规章和地方标准的制定、修订工作，促进非煤矿山安全生产法制建设。

（2）大力开展安全生产法律、法规、规章和标准宣传贯彻工作。依托国家安全生产信息系统网络，建设非煤矿山法律法规、规章和标准共享平台，地方各级安全监管部门要开辟法律法规、规章和标准的宣传栏目，推进非煤矿山安全生产法律、法规、规章和标准的宣传教育进入各非煤矿山企业和单位。

（3）打击非法违法生产建设行为，严格非煤矿山安全执法。建立打击非煤矿山企业非法违法行为的联席会议制度，重点打击无证照或证照不全、关闭取缔又死灰复燃、拒不执行停产整顿指令擅自生产、私挖滥采、以采代探、超层（深）越界开采等行为。建立企业非法违法生产建设档案制度。坚持“四不放过”和依法依规、实事求是、注重实效的原则，认真查处事故，严肃责任追究。充分发挥事故处理协调机制的作用，公开查处结果，接受社会监督。

4. 加强安全监管能力建设

（1）完善非煤矿山安全监管工作机制。非煤矿山重点乡镇要建立安全监管机构并配备专职非煤矿山安全监管人员。根据区域非煤矿山情况，确定各级非煤矿山安全监管人员的配备数量。进一步完善非煤矿山安全监管工作制度，制定目标管理考核办法，建立激励约束机制，逐步实现非煤矿山安全监管工作规范化、科学化。

（2）提高非煤矿山安全监管人员综合素质和专业素质。探索建立非煤矿山安全监管人员招录办法，优先录用专业人员，进一步提高海洋石油安全监管人员的业务能力，推进非煤矿山专业化安全监管队伍建设。完善监管人员选拔和培养机制，制订培训计划，到 2025 年各级安全监管部门中具备大专以上矿山工程类专业人员应占非煤矿山安全监管人员的 50%以上。

（3）各级安全监管部门要配备适应监管工作需要的设备设施。通过多渠道筹措资金，配备非煤矿山安全监管专用车辆，GPS 系统、摄像机、照相机等调查取证工具，风速测定仪、有毒有害气体测定仪、激光距离测量仪等现场检查装备，呼吸器、防护服等个体防护用品，满足日常监管工作的需要。

（4）加强安全技术支撑能力建设。广泛吸纳社会资源，充分利用中介机构，建立国家、省、市、县非煤矿山安全生产技术支撑体系。努力争取各级政府支持，制定相关经济政策、配套激励措施，提供必要的研究工作经费，进一步加强支撑机构建设，规范技术服务行为。建立非煤矿山安全生产专家队伍选拔、考核机制，充分发挥专家在安全生产法制建设、政策制定、“三同时”审查、隐患排查、事故调查处理等方面的技术支撑作用。

（5）建立联合工作机制。落实国务院安全生产委员会相关成员单位的安全监管职责，加强协调配合，充分发挥涉及非煤矿山安全监管各职能部门的优势互补作用，及时协商解决监管工作问题，进一步提高工作效率。落实和完善各级党委和政府统一领导、相关部门共同参与的联动工作机制，在针对非煤矿山的政策制定、资金投入、源头准入、整顿关闭、打击非法违法行为、监管执法、事故查处等方面，形成齐抓共管的合力。

（6）加强非煤矿山安全监管信息化建设。充分利用“金安”工程和各地安全监管部门网站，建立各级非煤矿山安全监管信息平台及基础数据库，及时全面地收集、统计、整理和处理非煤矿山安全信息资料以及其他相关的信息资料，提高监管效率。同时，加大各级非煤矿山在线监测系统建设，对关键区域实施全方位在线监测，实现矿山潜在危险的提前预警、快速上报和高效处理。

5. 提高安全生产科技水平

（1）加强实验与研发基地建设。主要建设地面实验室设施、露天边坡试验场、地下井巷试验硐室和尾矿库试验场。开展安全生产应用技术基础理论研究和重大科技攻关。各地区要整合资源，继续加强实验与研发基地建设，强化政府对安全科技的引导推动作用。

（2）加强科技成果推广平台建设。建设国家非煤矿山安全科技成果推广平台，主要包括推广信息发布与服务、科技成果管理、科技成果重点推广计划项目申报管理等内容。各平台以科技企业、各类科研机构、高等院校为重点，建立信息收集和发布渠道，促进科技成果向现实生产力转化。

（3）加强先进技术与装备研究。主要包括采空区冒顶与地表塌陷灾害防治、水害防治、通风系统优化、高陡边坡致灾机理及治理与监测、排土场滑坡及诱发泥石流灾害防治、尾矿库尾砂泄漏防治、高含硫油气田硫化氢气体防护检测技术设备、海底输油管道检测设备、深海石油开发安全技术管理、灾害监测物联网和事故模拟仿真等关键技术与装备研究。

（4）推广先进适用技术与装备。在地下矿山推广机械铲装、三维可视化系统、地压和采空区监测监控、提升系统监测监控、机械化装药、通风网络系统优化、尾矿充填、膨胀材料采空区充填等技术与装备；在露天矿山推广非电起爆、高陡边坡安全监测系统、生态护坡防护等技术与装备；在尾矿库推广安全监测预警、干式排尾、尾矿综合利用等技术；在石油天然气开采方面推广含硫油气田井喷事故监测预警系统、出海人员动态跟踪系统、海上设施可视化系统等技术与装备。

6. 提高应急救援能力

（1）完善应急平台网络。大中型非煤矿山企业应建立安全生产应急平台，并与属地政府及相关企业应急平台连接，强化应急联动，重点实现信息报告、综合研判、指挥调度等功能，建立非煤矿山事故预报预警和应急协调等机制。

（2）加强应急救援队伍建设。依托大型国有企业，建设一批非煤矿山应急救援队伍。各地区要结合实际建立非煤矿山骨干应急队伍，其中大型企业、中型地下矿山企业建立专职非煤矿山应急队伍，小型企业建立兼职应急队伍或明确专兼职应急救援人员。

（3）完善应急预案和强化应急演练。各级安全监管部门要结合实际，组织开展应急培训和应急演练。企业应进一步完善应急预案，强化应急培训和演练，提高企业员工应急处置能力。

7. 加强安全生产教育培训工作

（1）加快非煤矿山专业人才培养。协调教育行政管理部门，加大校企联合办学、继续教育和职业技术教育力度，加快培养非煤矿山专业人才和生产一线急需的技能型人才。

（2）强化安全生产培训工作。加强各级非煤矿山安全监管执法人员培训，制订落实本地区非煤矿山安全监管人员培训计划，重点抓好有关法律法规、现场检查和执法等方面的培训；加强对非煤矿山企业主要负责人、安全管理人员、特种作业人员、班组长和农民工的培训，重点抓好员工安全知识、安全意识和技能等方面的培训。

8. 强化职业危害管理

（1）建立健全非煤矿山职业危害管理工作机制。结合安全许可，促进企业落实职业危害防治主体责任，要加大职业危害监管执法力度，完善非煤矿山职业危害监督检查、职业危害申报、事故调查处理的制度和办法，建立职业危害管理档案。加强非煤矿山职业危害防治技术服务机构建设。

（2）加强职业危害防治。企业要加强对尘肺病、中毒等职业危害的防治，配备专业管理人员，制定管理制度和操作规程，为从业人员配备防护用品，推广职业危害防治新技术、新装备。开展非煤矿山职业危害防治和职业健康知识宣传，并在作业场所设置职业危害警示标识。要重点加强作业场所有毒有害气体、粉尘、噪声、井下高温、放射性物质等的监测和治理，开展预测与预警。

二、矿山事故灾难综合治理重大科技问题

矿山事故灾难综合治理是一项系统工程，涉及矿山相关政策法规的制定、矿山安全管理水平的提高、矿山安全技术装备的开发与应用、矿山人才队伍建设乃

至矿山安全文化理念的培养等诸多方面。近年来，我国经济社会飞速发展，矿山事故灾难综合治理技术逐步提高。为适应未来能源消费的需求及社会文明的进步，在科学技术领域，矿山事故灾难综合治理仍急需解决以下五个问题。

（一）提高矿山事故灾难防控水平

随着我国经济下行压力持续加大，社会对煤炭需求放缓，降低了企业的经济效益，严重威胁到一些矿井的生存，一些条件较差的矿井甚至出现了越生产越亏损的局面。经济效益的降低在一定程度上降低了生产压力，矿山企业可以静下心来补还煤矿黄金十年发展的安全欠账，进行必要的安全投入，积极探索新技术、新方法，研制新设备实现矿井的安全生产。而现实的大环境恰恰在某种程度上支持这种转变。长期以来，我国经济社会的发展带动了装备制造业的大发展，对外开放的积极态度使我们能够更深入地了解矿山安全领域的科技发展水平，加之发达国家的去工业化进程，矿山企业能够很容易地接触到国内外最先进矿山安全技术及装备。矿山企业可以通过与国内外企业联合研发或引进国外技术及装备，通过先进的监测仪器仪表监测矿山灾害的演化过程，通过准确的理论确定阻断灾害演化过程解危措施的实施时刻，通过先进的技术装备保证措施的实施以防控灾害的发生，甚至通过技术手段实现井下危险作业区域的远程无人化操作，这是矿山企业避免事故发生、实现可持续发展的必由之路。

保证员工安全不仅是矿山企业的社会责任，同时，如果没有安全，企业自身也难以维持正常运转。一旦发生矿难，企业需要大量的人力、物力和财力进行事故救援与善后处理，这直接影响其经济效益乃至破产。煤矿一旦发生灾难性事故，则需要短则数月长则数年的停产整顿，甚至关停。实践中，安全生产与经济效益的矛盾始终存在，合理的安全投入，能减少和防止事故的发生、保证生产的顺利进行，从而也会提高企业的经济效益。所以，矿山企业应进一步提高矿山安全技术装备水平，实现安全与经济效益的“双赢”。

（二）强化矿山事故灾难应急救援能力

从1949年抚顺、阜新、辽源3个煤矿建立起第1支专职矿山救护队算起，矿山应急救援在我国已有70多年的发展历史。经过多方共同努力，我国已建立了相对完善的矿山应急救援体系。然而，由于我国在该领域起步较晚，加之煤矿井下作业环境恶劣、巷道布置错综复杂、作业地点分散和人员流动性强，目前我国大部分矿井尚未完全建立自动化、智能化的开采，企业应急救援队伍的应急装备和消防系统及器材的欠账较多，与发达国家相比，技术落后，数量不足，且缺乏有效维护，一旦发生事故，应急救援手段落后，救援能力不足。

因此，国家应加大扶持矿山应急救援技术装备的开发力度，更新先进的救援装备和设施，如气体分析化验车、生命探测仪、潜水设备、灾区通信设备、大型灭火装备、多功能支护破拆工具等。以现有国家矿山应急救援技术研究中心为基础，依托企业常态化建设的原则，开展重点高、精、尖救援装备研究，加快救援仓、救援机器人、矿山救援智能化可视化检测监控系统、大型抽排水系统、新型防灭火材料等的研究，提高我国矿山救援智能化、自动化的重大装备、设备和技术的整体水平，不断满足矿山事故应急救援工作的需要，提高国家应对复杂矿山事故的能力。

（三）重视矿山企业工人的职业健康

近年来，党中央、国务院高度重视煤矿安全生产工作，中央领导同志多次就煤矿安全工作做出重要指示和批示；有关部门也采取了一系列的措施，在国家政策的大力支持下，在矿山安全科学领域进行了大量研究工作，研发并投入使用了大量安全新技术、新工艺、新装备，使得我国煤炭生产事故总量、重特大事故、百万吨煤死亡率实现“三个明显下降”，百万吨煤死亡率从2000年的5.86%降至2017 年的 0.106%。这表明，我国在降低煤矿安全生产事故发生方面取得了很大的成就，有理由认为，随着人力、财力的持续投入，我国矿山安全形势必然会持续好转。

然而，尽管经过多年的努力，煤矿安全生产事故得到了有效抑制，保障了煤矿工人工作的大环境安全，但与此同时，人们忽略了煤矿工人工作环境的改善。现实中，煤矿工人井下作业环境非常恶劣，以尘肺病为主的职业病严重威胁着煤矿工人的身体健康，这与我国建设富强、民主、文明、和谐的社会主义现代化国家的目标是背道而驰的。据统计，2016 年全国共报告职业病 31 789 例，其中煤炭开采和洗选业报告 13 070 例，共占职业病报告总数的 41.1%；职业性尘肺病新病例 27 992 例，其中 95.49%的病例为煤工尘肺和矽肺，分别为 16 658 例和 10 072 例[①]。据国家疾病控制中心职业病与中毒控制所测算，全国每年尘肺病造成的直接经济损失达 80 亿元，间接损失达 300 亿至 400 亿元。因此，在努力消除矿山传统灾害威胁的同时，重视对煤矿工人职业健康的保障，这不仅有利于煤矿工人自身的身体健康，也是我国“以人为本”科学发展观的具体体现。

（四）深化矿井瓦斯与矿井水的资源化利用

经济社会发展对能源的需求持续增加，同时对环保的要求也不断提高。煤层气（瓦斯）气体，一方面，是一种具有强烈温室效应的气体，其温室效应是二氧化碳的数倍甚至数十倍；另一方面，又是一种近年来在国际上崛起的洁净、优质

① http://www.zywsw.com/news/7101.html.

能源和化工原料。在当今能源紧缺的背景下，将其作为污染废弃物排入大气具有持续稳定和不可限制性，会加剧全球温室效应，对环境造成污染，同时也是对资源的巨大浪费。《煤矿安全规程》规定，抽放瓦斯利用时浓度不得低于30%，因此绝大部分煤矿都将浓度低于30%的瓦斯直接排入大气。据不完全统计，我国每年排放的纯瓦斯量与“西气东输”量相当。这一方面与瓦斯抽采规模有关，许多矿井主要依靠移动抽放泵抽放瓦斯，造成抽出浓度低；另一方面，许多煤矿企业基于保证煤矿安全生产的目的，存在“重煤轻气”的观念，限制了抽放瓦斯利用率的提高；另外，在技术上，尤其是针对低浓度煤层气的利用，输送及提纯的成熟技术较少，煤层气的利用主要集中于煤层气抽采量及抽采率较高的国有重点煤矿区，且以民用和工业燃气为主。瓦斯气体与煤系地层中相伴而生的，其抽采与利用既可以从根本上预防煤矿瓦斯事故，又可增加清洁能源供应，减少温室气体排放、保护环境。近年来，我国矿井瓦斯抽采利用规模逐年扩大，煤矿瓦斯防治工作取得了显著成效，煤层气地面开发也实现了突破，初步实现了商业化、规模化。总体上看，我国煤矿瓦斯抽采利用有着广阔的发展空间。国家能源局下发《煤层气产业政策》，希望改变煤层气沉寂的发展态势，清理煤层气产业制度障碍，将煤层气产业发展成为重要的新兴能源产业。也就是说，煤层气、致密砂岩气、页岩气等非常规气体已被纳入推动能源生产和消费革命的重要载体。因此，如何实现煤层气的高效抽采与综合利用，是摆在煤矿工作者面前的崭新课题。

与矿井瓦斯类似，从事故灾难的角度，矿井水害不仅容易造成井下作业人员重大伤亡，而且经济损失严重程度、事故抢险救援难度和恢复矿井生产所需时间等在煤矿灾害事故中最为突出。此外，水害事故发生面广，凡涉及矿山开采特别是井工开采的各类矿种的矿山企业或涉及地下工程开挖的各类行业部门均普遍面临该问题，故社会影响面广，国内外关注程度高。但与此同时，矿井水从利用的角度来讲也是一种重要的资源，尤其是西部（晋陕蒙甘宁）的我国煤炭主产区。2013 年该地区煤炭产量约占全国煤炭产量的 70%，但水资源匮乏，仅占全国的3.9%。安全、高效和绿色是当今煤炭开采的三大主题。我国某些矿区煤炭安全和高效指标已经达到世界领先，但亟待推进煤炭绿色开采的技术进步。据统计，我国每年因煤炭开采破坏地下水约 80 亿吨，而利用率仅 25%左右，损失的矿井水资源相当于我国每年工业和生活缺水量（100 亿吨）的 60%。如何实现煤炭开发与水资源保护相协调，是西部煤炭科学开发的重大难题之一，也是煤矿区生态文明建设的核心内容。

（五）加强矿山安全人才队伍建设

人才是矿山安全建设的第一资源，上述目标实现的根本保障在于建设一支高素质专业安全技术人才队伍。党和国家历来十分重视矿山事故灾害综合治理人才队伍的建设工作，通过实施“科技兴安”和“人才强安”战略，矿山安全人才队伍发展取得了一定成效，在人才总量、文化素质、人才培育基地等方面取得了较大突破。他们为促进我国矿山安全生产形势持续稳定好转作出了重要贡献。

同时也要清醒地看到，当前我国矿山安全人才队伍基础仍然比较薄弱，与实现矿山事故灾难综合治理的目标任务要求相比还存在一定差距，主要表现在：矿山安全人才总量不足，占全国人才资源总量比重较小，高层次科技人才尤其匮乏；基层矿山安全监管监察人员、人才紧缺矛盾突出；矿山一线安全人才在布局、学历、专业、职称和技能等级等结构方面不尽合理，专业化、职业化程度不高；人才培养、使用和成长机制不健全，供需矛盾突出，人才培养与实际需求脱节现象较为普遍。

未来 10 年是我国矿山安全生产人才发展的重要战略机遇期。随着我国加快转变经济发展方式和产业结构优化升级，煤矿、非煤矿山安全生产将不断出现新情况、新问题，迫切需要培养造就一大批政治合格、专业素质过硬的矿山事故灾难综合治理人才，一大批既有深厚专业背景又具备先进安全理念和管理能力的优秀技术与管理复合型矿山事故灾难综合治理人才。经济社会持续快速发展，为安全技术装备产业和专业服务带来了广阔的市场空间，为矿山事故灾难治理的人才培养提供了难得的发展条件。因此，必须进一步提高认识，增强责任感、使命感和危机感，抓住机遇，开拓创新，突出重点，整体推进，努力开创安全生产人才事业新局面。

第三节　经济社会发展对化工和危险化学品事故灾难综合治理的科技需求

一、我国化工和危险化学品产业发展趋势

化工和危险化学品行业普遍具有的特点如下：生产环节安全危险性高、流通环节公共安全隐患大、使用环节安全卫生防护要求高。改革开放以来，化工和危险化学品行业发展迅速，尤其是进入 21 世纪以来，化工产品的品种和产量均大幅度提高，化学品运输量大幅上升，化工生产呈现大型化、园区化等趋势，且参与主体也呈现多元化特点。

（一）化工行业发展现状与趋势

1. 无机化工迅猛发展，部分产品的产能已现过剩态势

无机化工主要是“三酸两碱”、合成氨、化肥、无机盐等。改革开放以后，

我国无机化工产业发展迅速，各品种产品产能和产量迅速增加，部分产品已现供应过剩态势。

无机化工行业“三酸”指盐酸、硝酸、硫酸和发烟硫酸。盐酸主要用于制造氯化物以及湿法冶金和金属表面处理过程等，另外还用于印染工业、制糖、制革和离子交换树脂的再生等；硝酸是用途很广的化工基本原料，是制造化肥、染料、炸药、医药、照相材料、颜料等塑料和合成纤维的重要原料；硫酸也是重要的基本化工原料。2000 年以来，“三酸”产量增长迅速，年均增速分别达到 3.2%、8.7%和 10.7%，2014 年，我国盐酸、硝酸、浓硫酸产量分别达到 938 万吨、288 万吨和 8 846 万吨，据中商产业研究院数据，2017 年中国硫酸行业累计产量 8 694.2 万吨。“两碱”指纯碱（碳酸钠）和烧碱（氢氧化钠）。纯碱是基本化工原料之一，广泛用于化工、冶金、国防、建材、农业、纺织、制药和食品等工业，需求量较大；烧碱主要用于生产硼砂、氰化钠、甲酸、草酸和苯酚，造纸、纤维素浆粕，肥皂、合成洗涤剂、合成脂肪酸，以及玻璃、搪瓷、制革、医药、染料和农药，等等。2010 年以来，“两碱”产量也增长迅速，年均增速分别达到 10%和 17%，2014 年，我国纯碱和烧碱产量分别为 2 515 万吨、3 180 万吨，据国家统计局数据，2017 年中国纯碱产量达 2 677.1 万吨，烧碱产量 3 365.2 万吨。

据国家统计局数据，2013 年我国生产化肥 7 000 多万吨，除钾肥外，磷肥和氮肥皆出现产能过剩问题。另外，我国还生产无机盐及化合物类约 530 余种，以及二氧化碳、氢气、氮气、氧气、惰性气体等气体产品，其他无机产品 100 多种，主要有氧化物、过氧化物、氢氧化物、稀土元素化合物和单质等。化肥产量从 2016 年的 7 128.6 万吨降至 2017 年的 6 184.3 万吨，为 2009 年以来的最低值。

2. 石油化工业发展较快，产品种类丰富，产量大幅提高

近十几年以来，我国原油加工能力和加工量迅速提高。我国原油一次加工能力由 2002 年的 2.92 亿吨/年增长到 2013 年的 7.11 亿吨/年，年均增速 8.43%，炼油能力占全球的比例达到 12%以上，仅次于美国，居世界第二位，是近十几年来世界炼油能力增长最快的国家。原油加工量从 2002 年的 2.19 亿吨/年增长到 2017 年的 4.68 亿吨/年，年均增长率为 5.19%。汽油、煤油、柴油、润滑油四大类油品的合计产量由 2002 年的 14 476 万吨/年增长到 2017 年的 30 206 万吨/年，年均增长率为 5.03%。

基本有机化工原料及合成材料产能和产量迅速增加。中国产业信息网数据显示，2015 年我国乙烯生产能力为 2 264 万吨，居世界第二位。2016 年我国合成树脂、合成橡胶、合成纤维三大合成材料产能分别为 8 226.7 万吨、545.8 万吨、4 536.3 万吨，均居世界第一位。

3. 精细化工产品种类和产量大幅提高

精细化工主要包括化学农药、颜料染料、化学试剂、助剂、胶黏剂、信息用化学品和功能高分子材料等。20 世纪，精细化工作为化学工业与石油化学工业的重要组成部分得到了长足发展。进入 21 世纪，精细化工步入快速发展期，国内化工生产技术的进步、化工产品市场需求的快速增长，以及化工原料供应能力的提高，给我国精细化工行业提供了有利的发展机遇。预计未来几年，我国精细化工行业将保持 20%左右的增速。

4. 新型煤化工发展迅速，多项技术取得突破，产能不断增加

新型煤化工产业已具有一定产业规模。煤化工主要包括煤炭的焦化、液化、气化三条产品链，分为传统煤化工和新型煤化工。新型煤化工始于 21 世纪初，近几年，煤制烯烃、煤制油、煤制天然气、煤制乙二醇等产业快速发展。2015 年，我国新型煤化工行业已建成煤（甲醇）制烯烃产能 792 万吨/年，煤制油产能 278 万吨/年，煤制乙二醇产能 212 万吨/年、煤制天然气产能 31 亿米^3/年。

国家产业政策对煤化工产业持谨慎支持态度。国家积极鼓励和支持在符合相关条件的地区大力发展新型煤化工产业，政府制定了二十余份产业规划和政策措施等文件，对煤化工发展做出指导性和规范性要求。煤化工产业将更加注重环境保护、提高系统效能及技术装备创新，并且侧重于在中西部煤炭生产基地发展煤化工。

5. 天然气化工发展受到制约

天然气化工具有一定规模。我国天然气化工发展已有 40 多年的历史，建成了一批竞争力较强的综合性企业，形成了一定的生产规模。目前全国建有 100 多套天然气化工装置，可生产几乎所有主要的天然气化工产品，其中主导产品是合成氨、甲醇、氢气，其次为天然气制乙炔及其衍生品、氢氰酸系列产品和二硫化碳系列产品等，其中合成氨和甲醇装置约有 20%是以天然气为原料。2000～2013 年，我国天然气化工用气总量增长，但在天然气消费总量中所占比例逐年下降。2012 年 10 月，我国发布了《天然气利用政策》，绝大部分以天然气为原料的化工项目均被限制或禁止。2013 年，我国化工用气 218 亿立方米，占天然气总消费量的比例下降至 13%。

2007 年以来，天然气化工发展受资源的制约，国家的宏观政策也进一步限制天然气化工的发展。随着天然气勘探开发技术的进步，我国天然气产量不断增加，并且管道气和液化天然气进口量增加，天然气供应量增加，可供化工利用的天然气资源紧张的局面正在缓解，但是随着天然气价格改革逐步到位，气价不断

上升，天然气化工普遍面临较大的成本压力，天然气化工产品竞争力不足。

6. 生物燃料和生物化工取得进展，部分技术实现工业化生产

生物燃料产业初具规模。目前我液体生物燃料主要有燃料乙醇、生物柴油、生物航煤等，其中生物燃料乙醇的原料主要有小麦、玉米、薯干、木薯等，长远看，需发展纤维素燃料乙醇；生物柴油、生物航煤的主要原料有废弃油脂、木本油料、进口棕榈油等。燃料乙醇按照技术和工艺的发展进程，可分为三类：第 1 代粮食乙醇、第 1.5 代非粮乙醇和第 2 代纤维素乙醇。粮食乙醇（第 1 代）是指以玉米、小麦等粮食为原料，使用传统的发酵法制造的乙醇。非粮乙醇（第 1.5 代）是指使用木薯、甘蔗、甜高粱秆、红薯等经济作物为原料，使用传统的发酵法制造的乙醇。第 1 代和第 1.5 代燃料乙醇均属于淀粉基乙醇，即将原料中的可发酵糖直接发酵制取乙醇。我国生物燃料产业发展起步较晚，与欧美等国家相比尚存在差距。目前我国燃料乙醇产业发展初具规模，2015 年燃料乙醇年产量为 250 万吨左右，主要原料为玉米、木薯等；生物柴油尚处于起步阶段，已具有自主开发的先进工艺，主要原料为废弃油脂。预计 2020 年我国燃料乙醇产量可达到 1 000 万吨/年，生物柴油产量可达到 200 万吨/年。

我国生物化学品技术研发和产业化取得了一定进展，但仍处于初级发展阶段。我国在生物化学品和生物基材料的研发和生产方面进行了多年的探索，形成了一批具有自主知识产品的技术。其中，生物乙醇脱水制乙烯、生物甘油制 1，3-丙二醇、生物基可降解聚酯 PTT、发酵法生产长链二元酸、生物乙醇与苯直接制苯乙烯、乳酸和聚乳酸、生物基 PDO 和 PTT、可降解材料 PBS 等技术已成功实现工业化；生物质制芳烃、生物发酵法制丁二酸、生物基润滑油、发酵法生产乳酸、生物基尼龙材料、生物可降解医用材料 PGA、生物基聚醚多元醇等技术正在进行技术攻关，有望在未来几年取得突破性进展。生物化学品及材料的研发和产业化推广，在缓解化石资源供应紧张、提供环境友好产品等方面具有较大的社会效益。在经济性方面，大部分生物基产品成本仍然高于传统石油基产品。研究攻关方向主要是如何降低原料成本、提高原料利用率、优化制造过程、降低产品成本、提高产品性能等。

（二）化工行业发展特点

1. 城市发展与化工行业的矛盾增加，化工企业呈现园区化发展趋势

化工行业发展与城镇化矛盾增加。由于历史原因，我国化工和化学品行业的发展缺乏统一规划，大部分化工企业成立之初，较为独立地分散在城镇郊区，距离城镇还有一定的距离，随着城镇化进程加快，企业与城镇的距离越来越小，部

分企业已形成被城市包围的局面。一方面，化工企业由于生产过程的危险性较大，一旦发生灾害事故，会威胁到周边社会和居民的安全；另一方面，随着人民生活水平的不断提高，其对环境和自身的健康越来越重视，加之部分企业不重视环境保护工作，对周边环境带来了一定污染，导致部分地区居民要求化工企业搬迁的呼声越来越高，对企业的生存发展也产生了较大影响。

化工园区建设是近年来国际化工发展的主流，也是我国化学工业发展的新型模式。化工园区的主要优点有：集聚发展有利于综合利用资源，减少中间环节，延伸产业链，降低成本；可节约基础设施投资；便于统一规划、便于对“三废”进行集中治理，有效降低社会治理成本；可大幅减少易燃易爆、有毒有害的危险化学品的往返运输，降低运输成本和减少安全隐患等。世界上著名的石化企业都相对集中地布置在一个区域，如美国墨西哥湾化工区，绵延 300 英里海岸线；比利时安特卫普化工区，占地 36 平方千米，年产值超过 110 亿美元；德国路德维希港化工区，占地 7.11 平方千米，建有 350 余套生产装置；新加坡裕廊化工区，围海造地 34 平方千米，66 家企业参与投资。我国化工园区的发展起步于 20 世纪 90 年代初，2000 年以后化工园区的开发与建设进度加快。据中国石油和化学工业联合会化工园区工作委员会统计，截至 2017 年底，全国重点化工园区或以石油和化工为主导产业的工业园区共有 601 家，其中省级以上开发区有 376 家，已初步建成上海化学工业区、南京化学工业区、扬州化学工业园区、惠州大亚湾石油化学工业区、广东省茂名石化工业区等一批石油化工产业较为集中、具备一定规模、发展较为成功的化工园区。

2014 年国家发展和改革委员会印发的《石化产业规划布局方案》中，提出 2020 年我国炼油综合加工能力将达到 7.9 亿吨/年，乙烯、芳烃产能分别为 3 350 万吨、3 065 万吨，集中建设上海漕泾、浙江宁波、广东惠州、福建古雷、大连长兴岛、河北曹妃甸、江苏连云港七大基地，其炼油、乙烯、芳烃的产能分别占全国比重的 40%、50%和 60%。

2. 装置大型化和上下游一体化

化工企业为了提升竞争力，遵循规模经济的原则，不断提升装置规模，并按流程工业的特点，不断推进上下游一体化发展。其中最为突出的是石油化工行业。近十多年来，我国石化产业不断优化产业布局，努力提高产业集中度，基地化布局，不断进行一体化建设。我国已建成了镇海、茂名、大连、惠州等 20 个千万吨级炼油基地，以及茂名、镇海、天津、独山子等 6 个百万吨级乙烯基地。

目前炼化一体化成为石化产业发展的方向之一，而我国石化工业已走在世界的前列，特别是近十几年来，炼化一体化发展模式得到了不断的深化和发展，使原油资源配置和利用更趋优化，有效提升了产业竞争力和抗风险能力。目前，依托千万吨级大型炼厂的建设，结合大型乙烯工程的新建或改扩建，已经形成了镇海炼化、上海石化等 14 个大型炼化一体化基地。

3. 化学品运输量随经济发展增长迅速

我国化学工业已形成了包括无机化学品、有机化学品在内的完整产业，可生产化学产品约 45 000 多种，其中危险化学品有 3 962 种，剧毒化学品 335 种［《危险化学品目录》（2019 版）］。三烯、三苯、化肥、染料、农药、纯碱、硫酸等化工产品的产量位居世界前列，我国已成为仅次于美国的世界危险化学品生产和应用大国。由于这些危险化学品大部分具有有毒有害、易燃易爆、易污染等特点，在生产和运输环节一旦发生较大规模的排放或泄漏，则易引起火灾、爆炸等进而造成人员伤亡，同时会污染空气、水体、土壤等，从而造成影响较大的社会公共安全事故。据观研天下发布的《2018 年中国危化品运输行业分析报告》数据，截至 2017 年底，我国危险货物道路运输单位有 12 525 家，化工物流行业总规模达 1.4 万亿元，占工业行业整体收入的 15%~16%。

4. 调结构、转方式，淘汰落后、优化布局成为常态

我国化学工业年均增速多年居于世界领先地位。我国已成为世界化学工业的大国。1992年至今，化工总产值发展水平年均增长15%，高于整个国民经济平均发展水平，逐步建立起门类齐全，具有相当规模的工业体系。2016 年，我国化学工业主营业务收入达 9.2 万亿元，位居世界第一。

但在化学工业高速发展的同时，先进生产能力与落后生产能力并存的局面加剧，化工产品供不应求，企业利润丰厚。在利益的驱使下，21 世纪开始，我国经济加速发展，从 2008 年起，国内化工项目爆发式增长，产能在近五年集中投放，基本面由之前的供给不足变为供给过剩。部分行业盲目发展、重复建设，同质化现象严重，特别是资源相对丰富的煤化工（电石、甲醇、二甲醚、醋酸）和盐化工（纯碱、烧碱、聚氯乙烯）等扩张过快，造成大量产能闲置。一批规模较小的企业仍在维持生产，主要集中在化肥、甲醇、无机原材料、小炼油及农药行业，资源消耗高，“三废”处理措施不到位，严重制约了行业整体水平的提高。

我国化学工业要实现长期稳定增长，必须由过去外延式的单纯产能扩张转变为充实内涵式的增长，加快产业结构调整，坚决淘汰落后产能，优化产业空间布局，坚持循环经济的发展模式，依靠科技创新驱动，发展高端石化产品，以差异化、高价值的产品技术引领发展，注重“绿色”低碳与环境保护，使我国石油和化学工业的有效供应能力进一步增强，行业内部结构进一步优化，产业规模水平进一步提升，空间区域布局更加合理，自主创新水平和科技贡献率大幅提高，国

际综合竞争力显著增强，实现我国由化工大国向化工强国转变。

5. 生产企业主体多元化

改革开放前，我国的化工企业都是国有企业，产权归国家所有。化工企业规划建设、生产运营等由中央和地方政府负责，完全按照计划经济模式进行。随着我国不断推进市场化改革，民营化工企业蓬勃发展，化工企业的数量和规模不断扩大。2011 年，私人所经营的化工厂超过 4 500 家，资产总额超过了 800 亿元，从业人员超过 50 万人，国企私有化改制、不具规模的小型化工私营企业的从业人员还不包括在这 50 万人当中。我国的民营化工企业已然成为化工行业的重要组成部分。我国的民营化工企业包括三大部分：一是由私营业主创办的私营企业，二是由国有和乡镇集体企业改制而成的民营企业，三是由自然人或私营企业承包、租赁、托管的公有企业，即国有民营企业。

2014 年，私营企业主营收入增幅 9.4%，占石油和化工行业收入总额的 27.3%，同比提高 1 个百分点。非公有控股经济主营收入同比增长 9.7%，占比 57.3%，提高了 2 个百分点。公有控股经济主营收入下降 0.6%，占比 38.0%[①]。2014年，石油和化工行业公有控股经济实现利润2 886.6亿元，同比下降22.8%，其中国有控股经济实现利润 2 693.2 亿元，同比下降 24%；非公有控股经济实现利润 5 024.5 亿元，同比增长 3.2%，其中，私营经济实现利润 3 661.7 亿元，同比增长 3.9%。我国化工行业民营企业大多规模相对较小，但企业有活力，不少企业专注于一些附加值相对较高的专用化学品和精细化学品制造，产品更接近终端市场，或为下游配套供应，有较强的市场应变能力。

不容忽视的是多数民营化工企业技术力量薄弱，员工素质不高，生产设施可靠性差，安全环保技术措施不完整，这是我国化工和危险化学品重大灾难事故治理中必须高度重视的问题。

二、化工和危险化学品重大灾害事故综合治理的重大科技需求

化工和危险化学品行业在近年来的发展趋势呈现出上述特点，相对应地研判该领域的科技需求，开展科技研发工作，是防控重大的化工和危险化学品事故灾难的重要手段。化工和危险化学品重大灾害事故综合治理的重大科技需求主要表现在以下十个方面。

① 中国石油和化工联合会信息与市场部. 2014年石油和化工行业经济运行回顾与展望. 现代化工，2015，35（3）：1-8.

（一）形成覆盖装置/企业/园区三个层面的风险识别、评估与控制技术

为了取得规模效应，化工产业的装置出现了大型化和一体化的趋势，企业之间的上下游产业链的关联也使得化工园区的集中化程度越来越高，政府监管部门对化工企业也要求相对集中管理。从针对装置的风险评估方法深化至企业层面或化工园区层面，不是简单的线性放大关系，还涉及系统的非线性优化以及多目标决策分析等技术。尽管国外化工行业针对装置的风险识别形成的危险性与可操作性分析、保护层分析以及定量风险评估等方法相对成熟，我国也开始推广应用，但安全风险评估工作经常采用计算流体动力学模拟的方法估算化工企业和化工园区及周边的风险。由于缺少相应的规范，此类评估方法受数学模型、计算软件和参数设置的影响较大，实际计算结果的准确性和重复性仍存在较大不确定性。因此，开发出可靠和统一规范的化工装置、化工企业和化工园区三个层面的风险识别、评估和控制技术，对有针对性地完善装置/企业/园区的风险控制措施十分必要和紧迫。

（二）化工过程工艺安全性评估技术

随着市场对化工产品的个性化需求不断增多，煤化工、医药中间体、精细化工等化工行业的新工艺不断涌现，在工艺设计环节中，设计人员关于安全保障条件的设置多基于标准规范或经验，对于新工艺的安全约束条件缺乏传统经验或现成的技术规范。新工艺的安全性评估，需要从物质稳定性、气相爆炸、粉尘爆炸、失控反应危险性、安全仪表、监测检测、复杂体系泄放等多个方面进行系统考虑，需要在广泛的文献调研、数据估算的基础上，结合实验测试甚至动力学数据分析、数值模拟等复杂的计算，才能给出准确的安全临界条件，这涉及多个学科背景知识，技术难度很大。

目前国际上在该领究开展的域研较多，国内仍处于起步阶段。由于相应的专业人才稀缺，工艺安全性评估花费的时间和费用较高，一般中小型化工企业在这方面投入较少，因而埋下了事故隐患。此外，工艺安全性评估主要还停留在研究阶段，缺少标准的技术规范，需要行业协会和学术界合作，制定出推荐性的标准方法，促进化工过程的工艺安全性评估技术进一步完善和大范围地应用。

（三）基于物联网、大数据、云计算的化工设备寿命预测技术

目前化工设备的状态监测基本采用有线的监测方式，即将传感测量元件布置到重要设备的关键测量位点上，采集标识设备运行状态的相关数据，通过电缆线等有线通信方式将采集到的这些数据传输到后端的监控中心，进而实现对设备的

状态监测。这种方案在实际的应用中存在弊端，如在面对一些高温高热、环境复杂等特殊场合，往往会出现传感器布线困难或布线成本过高等问题，这些都限制了设备的数据信息采集和传输。

近年来，自动识别技术在全球范围内得到了迅猛发展，条码识别、磁条（卡）识别、光学字符识别、声音和视觉识别、图像识别及射频识别成为物联网的实现基础；大数据和云计算技术的出现，使得在更大空间内实现设备数据的储存和信息挖掘变得简单高效。

对于化工设备管理可以采用物联网的技术进行实时管理。将物联网应用于设备状态监测中，充分整合设备信息资源，改善设备状态信息的精细化、模型化和可视化程度，实现企业全景信息融合和设备智能化识别、定位、跟踪、监控和管理；通过大数据和云计算技术，理论上将不同企业的海量同类设备的失效数据进行分析和处理，得到各种设备的失效概率，从而建立各种设备的失效概率数据库，不仅能够为开展装置的定量风险评估提供更准确可靠的基础数据，还可以更准确和更高效地预测在役设备的剩余寿命。这样可以有效地提高检维修作业的针对性，提高企业的设备完整性管理水平。

（四）化工过程重大致灾因素实时自动监测与预报技术

化工与化学品生产的特点在于大批量连续生产，以安全、稳定、均衡、长周期、高负荷为目标，物流和能流都是连续的，生产装置各工序间衔接紧凑、严密，开车、停车程序十分复杂而且代价巨大，一般不允许轻易停车。否则不仅会造成经济损失，而且在停车和重新开车的阶段容易出现工艺波动而导致安全事故。化工过程流程复杂、工况的相互影响因素多、隐蔽性强，装置操作人员很难快速、准确地发现异常工况的根本原因，可能造成误判或甚至是误操作，这不仅会导致生产波动，严重时还会造成非计划停车甚至是事故的发生，因此，利用海量的实时生产数据，智能化识别装置的异常工况及可能致灾的因素，并提示操作人员及时采取措施，可避免由异常工况导致的非计划停车和事故。降低事故的概率，保障装置的安全平稳运行是企业需要解决的难题。

为了实现化工过程重大致灾因素的实时监测与预警，要研究开发装置安全运行智能监测预警技术，该技术的目标是判断异常工况产生的根本原因，给出相应的处置方案，该方案集成专家经验和机理知识，为操作人员提供备选的过程故障的处置措施，从而减少因操作人员的经验不足或失误等而造成非计划停工和重大事故发生。装置运行状态智能监测预警的核心和难点在于如何在复杂工况下准确判断发生异常的根源及智能化分析与报警。化工生产过程复杂工况的形成是由于工艺或设备等因素改变引起过程操作条件的变化而导致的，对于多模态过程异常工况的诊断，关键在于如何根据历史数据正确地划分出其所包含的模态，以及如何充分融合工艺知识和诊断模型推断异常工况根源。

在现有的重大危险源监控的技术要求的基础上，利用物联网技术，能将重大危险源的各种重要参数状况通过一定的经验公式转换成重大致灾因素的定量化表征数据，并通过远程监控的方式实现对重大危险源的危险程度的实时监测与预警预报。

（五）危险化学品运输全过程动态监控技术

鉴于化学品运输环节是事故的高发环节，随着现代物流业务的飞速发展，化学品跨区域、跨流域的运输过程势必越来越频繁，必须强化对化学品运输环节的系统监管，有必要建立危险化学品运输的全过程动态监控体系。

利用物联网、移动应用、高安全性标识技术、信息安全芯片技术、北斗等多模导航定位技术、应急通信技术、智能传感技术及云计算等关键技术，实现对营运车辆的人和车辆的动态全过程监控，结合数据的数字化、图形化表达方式，为危化品运输监管人员提供清晰、有效的数据支持。通过移动应用交互，监控系统能自动向运输车辆驾驶员推送事故多发地警告、超速驾驶警告、疲劳驾驶警告、偏离驾驶路线警告等信息，确保运输车辆按指定的行车线路行驶，杜绝超速行驶和疲劳驾驶。还要加强对重点品种、重点路段、重点时段的安全监管。对于易发交通事故路段、时段要加强排查，设置明显提示和告示，多管齐下，防范事故发生。

（六）自然灾害对化工和危险性化学品重大灾害事故的影响与防护技术

化工企业的安全管理工作中，对于雷击、地震、海啸、风暴潮、地面沉降等高后果低概率的黑天鹅事件缺少安全方面的应对策略。日本福岛核电站事故就暴露出了这种黑天鹅事件的灾难性后果，我国沿海沿江的化工企业较多，雷电、台风、风暴潮、地震、海啸等自然灾害的风险较高，不沿海沿江的化工企业也存在地震、洪水、泥石流、雷电、地面沉降等自然灾害的风险。

自然灾害对工业建筑设施的主要破坏作用方式为冲击、水渍、水平垂直震动、竖轴扭曲作用以及电作用；具体包括对化工设备的毁灭性打击以及雷击产生的高压作用和大电流。当这些破坏作用力超出承载体的承载能力极限时，便会造成屏障失效，破坏作用转化为新的能量释放出来，当外在条件具备时便会引发工业灾害。

为了尽可能减少地震等自然灾害的风险，一方面要在化工企业的规划设计方面采取必要的方法措施，如从地形、地貌、地质、气象和水文数据等方面出发选择合适的厂址，合理规划区块功能，在建筑设计方面考虑各种灾害的影响，规划合适的消防通道、疏散通道及避难空间等；另一方面则要根据具体的自然灾害类别，开发针对性的应对重大自然灾害事故的防护技术，如雷电危害消除技术、化工企业防震减灾技术等。

（七）危险化学品空气或水体泄漏的危害性快速评估和应急处理技术

危险化学品泄漏事故是化工事故中最为常见且危害严重的事故之一，频发的危险化学品泄漏事故会给国家和人民的生命财产带来巨大的经济损失和恶劣的社会影响，危险化学品向空气或水体泄漏后更会带来巨大的环境灾难。目前对危险化学品的空气/水体泄漏后果需要经过计算流体动力学技术模拟计算才能得出，计算流体动力学技术的扩散模型选择、参数设定、三维地理信息获取及数学建模都需要至少数天的时间内才能完成，并不能在事故发生后数小时甚至更短时间内迅速提供次生灾难预测信息，指导现场应急处理。而事故处置现场的决策工作必须要在几个小时内做出决定，因此传统的危险化学品空气/水体泄漏后果评估方法难以满足实际工作中的应急处置的需要。

通过对常见大宗危险化学品的物性数据建立数据库，结合典型地形、地貌、气象和水文条件建立模型，为事故条件下快速、科学地评估危险化学品向空气/水体扩散的时间和范围提供技术方法，为紧急情况下的应急处置决策提供快速、准确的指导。

（八）大型易燃易爆液体化学品储罐区火灾灭火新技术与装备

近几年，我国沿海沿江地区新建了很多大型原油商业储备库和国家战略储备库，绝大多数储备库采用了单罐容积 10 万立方米的浮顶储罐，每个油库的总库容多在百万立方米以上，油库的储存量高度密集，火灾风险明显升高，大型石油化工企业的易燃易爆物料储罐区也存在同样问题。从大型原油储罐及石化产品储罐的火灾事故案例看，全面积火灾是大型液态烃储罐的重大风险，尤其是原油及一类大型石化产品储罐在发生全面积火灾后，若不能及时扑灭，将发生沸溢或爆炸事故，喷溅出的油水混合物将严重危及周围储罐的安全，并可能造成群罐火灾事故。

扑救大型易燃易爆化学品储罐的全面积火灾是我国消防界面对的重要难题，目前，国内尚缺乏扑救大型易燃易爆化学品储罐全面积火灾方面的经验。由于开展大尺度的灭火实验研究对实验场地、设备等要求严格，且实验成本较高，还会带来环境污染的问题，因此研究力度和深度都受到限制。

为了防范大型易燃易爆化学品罐区的火灾事故，一方面需要在罐区火灾危害管理方面制定更加合理规范的技术要求，包括可燃气检测、罐区点火源控制、抵御性保护方案、火灾报警系统、紧急停车控制、罐区的门禁控制、消防系统、消防队、移动式消防设备、意外事故处置方案、区域消防联合支援、管理程序简化、溢流控制、生产恢复、操作规程、设备维护、逃生路线、区域划分与规划、生产过程设计与控制、技能培训等内容。另一方面，要加强大尺度的火焰炉热工特性、新型泡沫灭火剂、固定式和移动式泡沫灭火装备等的技术研发。

（九）有毒化学品空间泄漏应急处理专用装备技术

目前国内针对危险化学品发生泄漏事故后的应急处置方法的研究与处置装备的研发相对较少。对于正在和已经泄漏和扩散的有毒有害危险化学品气体，一般采取喷雾稀释的方法来降低危害，通过在现场喷洒大量的水或其他溶液将有毒有害气体驱散和稀释，以期达到降低和减少其进一步危害的目的。但这种方法主要存在三种弊端：一是已经泄漏到大气中未被处理的有毒有害气体逐渐向邻近区域扩散，影响区域变大；二是堵漏过程中有毒有害气体继续泄漏，应急处置人员的安全得不到有效保证；三是喷洒稀释后的液体未经回收处理直接排放到环境中，会造成二次污染。

因此，开发针对有毒化学品空间泄漏应急处置专用技术装备是未来化工和危险化学品安全领域的重要课题，利用此类装备可在第一时间内减少化学危险品气体的泄漏量，及时降低有害气体浓度，迅速控制气体扩散范围，进一步减小危险化学品气体泄漏造成的危害，为空间的危险化学品泄漏等的应急处置提供支持。

（十）国家危险化学品基础信息与管控信息系统

我国在全国范围内的化学品登记系统有两个：一是环境保护部化学品登记中心（现在的固体废物与化学品管理技术中心）；另一个是国家安全生产监管总局化学品登记中心（现在的应急管理部化学品登记中心）。前者建立了《中国现有化学物质名录》，并对我国生产和进口化学品的基础数据和环境危害进行了登记；后者起草了《危险化学品目录》，并对我国生产列入《危险化学品目录》的企业及其危险化学品的生产品种、数量和各种危险性等信息进行了登记。这两个登记中心对化学品的危险性数据都存在同样的问题，一是对数量庞大的混合物的危险性数据绝大部分未进行登记，二是登记的物质的危险性数据不全，特别是在《危险化学品目录》（2015 版）发布后，危险化学品的危险性跟化学品统一分类和标签全球协助（global harmonized system of classification and labelling of chemical，GHS）制度接轨，增加了很多健康危害方面的分类，化工企业并不能提供所要求的 28 项危险性数据，导致登记系统不具备相应的数据。

为了向公众传递化学品的危害信息，一方面，需要化工企业对其生产的化学品进行更全面的物理、健康和环境危险性鉴定，另一方面，急需对现有的化学品登记信息进行进一步完善，建立国家化学品危害信息管理系统，为及时更新《危险化学品目录》提供基础数据，以及向社会公开社会上流通的化学品的危害信息。同时为了加强对危险化学品的监管，还应该建立覆盖全国的危险化学品生产、储存、运输、废弃处理的实时信息系统。

通过该信息管理系统的建设，一方面对危险化学品生产、储存、使用、运输、废气处理等各环节提供完整实时动态信息，为监管机构实现危险化学品的有效监控提供信息支持；另一方面，也可使政府、社会公众和社会企业随时获取危险化学品权威、真实、可靠的信息数据，可大幅提高危险化学品行业的整体社会形象，在相当大的程度上缓解民众“谈化色变”的现状。

第四节 经济社会发展对电网事故灾难综合治理的科技需求

一、我国经济社会发展对电网发展的要求

我国未来经济社会的发展为电网建设带来了新的机遇和挑战，主要体现在以下几个方面。

（一）仍需进一步建设电网主网

2020 年前，我国仍处于工业化和城镇化“双快速”发展阶段，预计 2020 年 GDP 年均增长仍可保持较高增速。2020~2030 年，我国有望处于工业化进程相对稳定和城镇化持续较快推进阶段，未来经济社会的发展仍然需要更多的电力供应作为基本保障。

此外，由于我国东西部能源与经济的不平衡，我国已经建设了一系列的“西电东送”输电工程来保证东西部协调发展、共同富裕。未来经济社会的发展将对电网的远距离输电提出更高的要求，特别是近年来东部地区的京津冀、长三角、珠三角等区域大气污染状况日益严重，作为大气污染防治行动计划的重要措施之一，国家将重点建设多条输电通道，逐步提高这些地区接受外输电比例，从而有效缓解这些地区电力供应紧张的局面，改善生态环境质量。因此，统筹考虑经济社会发展的各个方面，未来仍需进一步建设电网主网。

（二）充分重视配网侧的建设

我国电网的主网建设无论从技术上还是从规模上来看都已经处于世界领先水平，但是相对而言我国电网的配网侧和用电侧发展相对薄弱。这主要是我国长期“重发输电、轻配电、不管用电”的电网经营理念所造成的。长期以来，

对电网供电可靠性的研究也是侧重于发输电系统，配电系统的可靠性未能得到充分的重视。

城市供电可靠性主要取决于相应的城市配电系统。据不完全统计，目前 80% 以上的城市用户停电是由配电系统故障造成的。因此，配网环节已经是影响我国电网整体供电可靠性的主要因素。但是，目前我国城市的供电可靠性水平与国外发达国家的供电可靠性水平相比仍有较大的差距。

城市供电中断不仅会造成巨大的经济损失，而且还会影响社会生活和安定。未来经济社会的发展将要求电网转变运营模式、提高服务质量。今后，我国的电网公司将逐渐由以能源为主体的营利性企业向以服务为主体的公共事业运营单位转变。显然，我国目前薄弱的配网环节已经不能满足经济社会发展的要求，因此今后必须充分重视配网侧的发展和建设。

（三）提高电力设备可靠性

随着科学技术的持续快速发展，电网中设备的规模逐渐增大，设备现代化程度不断提高，其组成及功能也变得越来越复杂。为了确保设备的安全稳定运行和电网安全，需要从提高制造水平、国产化水平和管理水平的角度提高设备可靠性。关键电力设备依靠进口、设备生产线进口等现状使得电网安全存在一定风险，未来需要支持关键电力设备及设备生产线的国产化研发和技术转化。此外，我国对电力企业设备管理的研究和发展一直是以设备本身及维修为主体的，现代化设备管理的应用研究尚处于起步阶段。未来对电网设备的管理要逐渐过渡到以设备完整寿命周期内经济最优为目标的、突破部门间职能界限的设备全寿命周期管理体系，这将是电网设备管理未来的发展方向。

（四）抵御自然灾害对电网安全的影响

电力系统网络是迄今世界上最大的人造工程之一。经过多年的建设，我国电网目前已发展成为世界上电压等级最高、输送容量最大的电网。然而我国幅员辽阔、气候类型多、地形复杂多样，我国电网极易受到各种自然灾害的影响。特别是随着近年来全球气候变化、极端气候事件突发，自然灾害将会对电网的安全、稳定运行造成更多的不利影响。容易对电网造成不利影响的自然灾害主要有：冰雪、台风、地震、雷击、持续高温、太阳风暴、沙尘暴、大雾等。这些自然灾害可以通过直接干扰、损坏电网基础设施及其重要辅助设备，造成电网部分功能或全部功能丧失，威胁电网安全。例如，雷击损坏线路绝缘子，引起线路跳闸；大雾导致雾闪，引起线路跳闸；太阳风暴引发的磁暴干扰电气设备正常工作甚至损坏设备；沙尘暴引发污闪，损坏输电走廊的电力设备；覆冰造成绝缘子串冰闪、倒塔；台风造成电网基础设施损坏；山火导致线路跳闸，引发停电事故；洪涝造成变电站、输电线路和电厂等设备严重损坏。其中某些灾害，如覆冰、台风，更容易造成电网设备大面积损坏，并引起电网大面积的停电事故。

需要强调的是，由于能源资源与电力负荷分布的不均衡，我国建设了一系列的西电东送输电通道。这些输电通道通常跨越多地理条件和气候复杂变化的地域，且输电距离远、容量大，因而各种灾害更容易对这些长距离西电东送工程尤其是超远距离、超大容量的特高压输电工程造成不利影响。

（五）大规模发展新能源发电

发展新能源是我国能源战略调整、转变电力发展方式的重要内容。我国政府已经提出了到 2020 年非化石能源占一次能源消费比重要达到 15%左右，单位国民生产总值二氧化碳排放比 2005 年下降 40%~45%的目标。

因此，为了充分利用新能源发电，实现我国能源的战略调整目标，在保障电网安全、稳定运行的前提下要尽可能吸纳更多的新能源发电。目前，我国的新能源发电受国家产业政策的推动已经得到了迅猛发展，2016 年，风电和光伏发电累计并网容量分别达到 1.49 亿千瓦和 7 742 万千瓦。

二、电网安全事故灾难综合治理重大科技问题

随着我国超大规模、超远距离输电技术的发展，极端自然气候的频发，新能源技术的引入，新复杂社会环境的出现，电网安全事故灾难综合治理技术成为一项复杂的系统性工程。具体来讲，电网安全事故灾难综合治理涉及全国电网构架安全性的提高、高可靠性设备制造及监测预警技术的研究、电网抵御自然灾害技术的研究与应用、大规模新能源并网技术和政策法规制定带来的电网安全风险研究。

我国经济社会近年来的飞速发展在上述方面为电网安全事故灾难综合治理提供了大力的支持，但同时也对其提出了更高的要求。在科学技术领域，为了适应未来 5~10 年经济的进一步发展、社会文明程度的进一步提高，急需解决以下几个问题。

（一）提高电网系统稳定运行水平

电网系统稳定运行还存在以下几方面的技术问题，需要深入研究。

（1）大电网规划技术。在电网规划时应综合考虑多方面因素，规划建设安全、经济的电网。结合电网的特点及外区电力送入的方式及规模，研究其合适的电网规模大小、内部网架结构、外部联络方式等。在规划几大区域的联网方案时，要充分研究不同方案的差异及其安全风险，提高电网安全运行水平，控制事

故影响范围。

（2）大电网仿真分析技术。大电网离线安全技术主要是通过深入研究电力系统动态元件的模型和参数，借助电力仿真软件建立统一的计算分析数据中心，需要开展电力系统电磁暂态和机电暂态混合仿真技术研究，以及电力系统机电暂态及中长期动态的全过程仿真技术研究，加强电网安全的基础理论研究，为电网安全提供研究手段和基础数据。

（3）大电网在线安全防御技术。大电网在线安全防御技术指的是通过广域测量和实时风险预控软件，建立大电网的在线安全防御体系，由被动防御体系转换为主动型和对策型的电网安全防御，将已有的电网静态安全性分析转向电网的在线动态安全分析，研究开发具有实时动态安全分析、预警和辅助决策功能的下一代电网调度自动化系统，以及具有自适应、协调优化的电网动态安全稳定保障系统。

（4）大电网事故应急处理技术。大电网应急处理技术是系统安全领域的又一重大技术问题，电网事故、自然灾害和突发事件有可能对电网安全运行造成致命的破坏，因此必须加强电网黑启动技术研究、重大灾害影响分析和电网应急技术及管理政策的研究，建立电网应急指挥中心。

（二）提高设备可靠性和监测预警水平

设备故障是电网事故的最主要诱因之一，而设备保护等技术措施配置不当或处置不力是事故扩大的直接原因，因此要高度重视一、二次设备的可靠性及其在线监测和预警水平。

（1）提高电网关键设备制造水平，实现设备及设备生产线的国产化。特高压输电技术、柔性直流输电技术中的变压器/换流器、套管和换流阀等关键设备在我国很多依靠进口或生产线依赖进口，这对电网安全有一定的不可控性，因此需要加快实现关键设备的国产化和提高设备可靠性。

以柔性交流输电技术、高压直流输电技术、定制电力技术和能量转换技术为代表的先进电力电子技术越来越广泛地应用到我国电网中。先进电力电子技术智能化是建设智能电网的关键，也是今后世界各国电力系统发展的方向。在电网事故综合治理领域，先进电力电子技术凭借其灵活性，在电力系统主动防范电网事故、快速应对紧急情况中起到了关键的作用。随着我国电力电子装置制造业近年来的快速发展，实现电力半导体国产化，改变核心元器件大量依赖进口的现状，已经成为我国电力电子行业必须面对的一个重要挑战。电力电子设备的发展趋势主要为高频、高压、大电流。

（2）重视关键设备的在线监测及预警技术。经过多年的研究和实践，在线监测技术成为保障电力系统安全可靠运行的关键技术之一。在线监测技术在输变电设备状态检修中的应用上具有实时性、真实性、针对性等方面的特点。随着通信技术和测量技术的发展，电气设备在线监测的真实性、可靠性越来越高，并逐步往智能化方向发展。电气设备在线监测技术与高速计算能力的有机结合将有力地促进电网事故综合治理的前沿技术发展，如关键设备在线监测的传感器技术、大数据分析处理技术、设备状态评估及寿命预测技术等。

（三）重视电网抵御自然灾害技术的研究与应用

从电网应对各种自然灾害的整体出发，防护措施和建议如下：

（1）将抵御重大自然灾害能力分析纳入电网规划。

（2）电网应与气象、地质等部门联合，加强信息沟通，加强气象监测，建立灾害天气、地震地质预测预警协调机制和电网自然灾害事故预测预警平台。

（3）建立、健全我国电网应对重大自然灾害的应急机制和全社会应急联动机制，实现电网应急处置从事发后的应急处置，向预防为主、处置和恢复全过程管理的转变。

（四）大规模新能源接入对电网安全影响的研究

近年来由于风电、光伏等间歇性新能源发电的超常规发展，大规模新能源发电并网对电网的安全稳定运行的影响也开始逐渐显现。典型的新能源发电如风电、光伏发电，其自然特征非常明显，这使得新能源发电具有很强的随机性、间歇性和不可控等特点。在装机规模较小时，新能源发电对电网的冲击不大。但是随着新能源的大量开发和应用，当装机达到一定规模时，电网的调峰和运行压力剧增，大容量集中并网条件下对电网稳定性的影响尚有待进一步深入研究。从德国 2015 年 3 月 20 日在日食情况下光伏发电量突然变化对电网的影响可以看出，大规模新能源的随机性和不可控性对电网的调峰和稳定运行提出了巨大的挑战。

（五）重视政策法规的制定和电力体制改革对电网安全影响的研究

（1）面对电网重大安全事故，需要从电网规划、设计、建设、运行、调度、维护、应急处理、人员培训等各个环节加强相关政策法规的制定工作。

（2）电力体制改革需要考虑电网安全运行及管理的需求。与其他领域不同，电力系统是发、供、用瞬间完成的体系，这一特性正是电力体制改革不敢冒进的原因。美国产业经济学家乔斯科总结各国电力市场改革的经验教训后认为，“电力市场改革被认为是世界上迄今为止最大的单体产业重组”，“创造运行良好的竞争性电力批发和零售市场，是一个重要的技术和制度挑战，很容易搞糟，却很难做好”。这个结论说明电力体制改革风险很大，美国大停电事故也引起了美国对于电网“放松管制”还是“加强管制”的思考。2014 年 12 月

24 日，《关于进一步深化电力体制改革的若干意见》获国务院常务会议原则性通过，2015 年电力体制改革将大力推进。电力体制改革具体改什么、怎么改，都是重大的问题，需要经过十分慎重的技术论证。具体来讲，电力体制改革可能给电网安全造成的不利影响包括：电力市场化驱使电力公司采取节约成本的措施，从而使电力安全保障水平下降；电力体制改革新增的辅助服务增加了电网运行和控制的复杂性，从而增加了导致电网不安全的因素；电力转运引起的远距离大功率传输，使交流弱联系统的安全稳定问题更为突出；市场参与者众多，安全管理分散，难以保证全局协调管理。

电力体制改革进程中，为保证电网安全性，有以下几方面的防范措施：①健全保障安全的法制。通过法律的约束来修补改革带来的漏洞。电力企业因为其行业的特殊性，不能完全按照市场规律办事，国家在必要时刻要进行一定程度上的行政干涉。②用市场行为鼓励安全保障服务的实施，把安全性也当作商品，让其进入市场，只要安全性的价格达到使电力企业满意的程度，自然会有人愿意来维护系统的安全性。③加强直流输送线路的建设，减少交流输电线路长距离输送大功率的安全稳定问题。④建立协调的安全管理系统，各市场参与者之间通过信息交换协调管理。

第五节 经济社会发展对油气管网和生命线工程事故灾难综合治理的科技需求

一、油气管网和生命线发展形势

（一）油气管网

油气资源是一个国家可持续发展的基础，密切关系到国家的工业化、国防实力与人民生活。油气管道是大规模输送石油与天然气的有效手段，是连接资源与市场的桥梁和纽带。管道运输作为五大运输方式之一，以其高效率、低成本和安全可靠的优势，在国民经济发展中起到越来越重要的作用。随着经济发展对油气资源需求的持续增长，我国油气管道行业正呈现出蓬勃发展的态势。但是和欧美等发达国家相比、和石油天然气行业发展的需求相比，我国的油气储运设施发展目前还处于较低水平，还有很大的发展空间。

未来 10~15 年，我国油气管道建设仍将保持较高速度发展，尤其是在全国大面积雾霾致使各地区对天然气等清洁能源需求激增的背景下，天然气管道建设将在新建管道建设中占据主导地位。预计到 2020 年，我国骨干油气长输管道总里程将超过 15 万千米，到 2030 年，骨干油气长输管道总长将达到 20 万千米以上。

管网规模的逐渐扩大在有效保障我国能源供应的同时，也给公共安全带来了更多的隐患。主要体现在以下方面：①随着国民经济的发展和城镇化速度的加快，早期建设的诸多管道已经被城市新区包围，加上部分城市规划不合理，管道占压严重，地下供水等公共设施与管道互相交叉。原本的低风险区域成为高风险区域，一旦管道失效，将带来极为严重的潜在危险， 11·22 青岛输油管道爆炸事件即典型代表。②管网规模的不断扩大，将使管道不可避免地穿越各种复杂地质环境，除人口密集区外，也将与长江、黄河、怒江等重要水源地，大兴安岭等高后果区形成穿越，此类地区的管道一旦失效，也将造成极为严重的社会后果。③随着天然气在我国特别是局部重要地区能源供应中重要性的日益增加，一旦发生区域性供应中断事故，也将是社会和人民生活无法承受之重。

（二）生命线工程

随着我国城市化进程的不断加快，城市化水平越来越高，人民生活水平不断改善，迫切需要采用清洁、高效、便利的优质燃料。

我国城市燃气行业从最初的“跑马圈地”到“群雄逐鹿”，再发展到目前国有燃气企业、外资（港资）燃气企业、民营燃气企业“三足鼎立”的局面，市场竞争格局基本形成。各城市为引入天然气，吸引有实力的企业进行城市燃气基础设施建设，通过引资改制、并购重组、授予城市燃气专营权等市场化的方式，快速推进城市气化。目前，全国共有 800 多家燃气经营企业，已形成跨区经营的燃气公司以昆仑燃气、中华煤气、中国燃气、新奥燃气、华润燃气五家为主。

根据《中国城乡建设统计年鉴 2016》数据，2016 年全国燃气企业销售天然气（包括县城用天然气）约 1 137 亿立方米。在全国 337 个地级区划以上区域中（含北京、天津、重庆、上海四个直辖市），仅有西藏、云南、青海所辖 12 个经济欠发达地级区划没有燃气企业经营。五大跨区燃气企业进入地级区划的企业 239 个，占比 71%。在全国 31 个省会城市和直辖市中，有 16 个以地方燃气企业为主，有 13 个以五大跨区燃气企业经营为主，有 2 个以其他跨区燃气企业经营为主。

《环境保护部发布中国人群环境暴露行为模式研究成果》指出，在水中污染物浓度相同的情形下，我国居民经口饮水暴露的健康风险是美国的 2.4 倍，由于规划布局的历史原因，我国有 1.1 亿居民住宅周边 1 千米范围内有石化、炼焦、火力发电等应重点关注的排污企业。全国 4.6 万多家重点行业及化学品企业中，12%的企业距离饮用水水源地、重要生态功能区等环境敏感区域不足 1 千米。72%的企业分布在长江、黄河、珠江和太湖等重点流域沿岸，50%的企业无事故应急池。这种不合理的工业布局，使我国的饮用水安全问题面临着前所未有的挑战。

二、油气管网和生命线工程安全运行的科技需求

未来 5~10 年，油气管网和生命线工程安全运行的科技需求主要包括以下几个方面：提升管网本质安全；保障供应安全；制定公共安全评价标准；加强信息化建设。

（一）提升管网本质安全

目前，全国在役的 12 万千米长输油气管道中超过一半运行了 15 年以上，城镇燃气管网和输水管道安全形势也不容乐观，一些重大隐息时刻威胁着管道运输安全，主要包括三个方面。

（1）腐蚀是油气管网失效的最主要因素。随着管网逐渐老化，腐蚀缺陷增多，失效风险增大。随着全国高压输电线路和电气化铁路建设的加快，油气管网与高压线路、电气化铁路和城市地铁等并行或交叉敷设，导致对阴极保护系统形式杂散电流干扰，也会导致腐蚀失效的发生。另外，近年来，部分管网内腐蚀情况逐渐暴露，尚无便捷有效的解决手段。

技术需求：油气管道腐蚀缺陷检测与防护技术、管道探测技术、复杂干扰治理技术。

（2）长输油气管道和城市燃气管网等受第三方施工破坏情况时有发生；另外，油品管道易受打孔盗油破坏而出现泄漏失效，目前国内长输油品管道大多已安装泄漏监测系统，少数已安装安全预警系统，但各类产品均有漏报、误报率较高的问题；天然气管道泄漏监测技术无成熟产品，国内天然气管道基本未有这方面的应用。

技术需求：提升油气管道安全预警与泄漏监测技术、城市燃气管网完整性管理技术。

（3）国内油气管道穿越各种复杂地质环境，如东北冻土、西南山区、地震断裂带、大江大河、采空区等，存在冻土冻融、山区滑坡、泥石流、洪水冲刷及地震等导致的管道失效风险。

技术需求：特殊环境下管道地质灾害监测与防护技术。

（二）保障供应安全

油气管网和生命线工程供应安全问题包括以下两个方面：一是在油气资源供应不平衡的情况下，如何从大管网系统的角度保障不出现重点区域供应短缺的问题；二是如何能够在油气管网和生命线工程出现失效后快速抢修，从而不影响下游居民的生活。

技术需求：油气管网系统可靠性技术、油气管网和生命线工程快速抢险技术、溢油回收技术、油品污染环境快速恢复技术、非开挖输水管网改造技术、质监技术。

（三）制定公共安全评价标准

目前油气管网和生命线工程在评价标准方面存在以下问题：一是管网和生命线工程本体安全标准体系不完善；二是油气管网和生命线工程出现失效风险后，如何量化对管道本身和对环境及社会的危害；三是在对城镇输水管道进行改造时，根据服役时间一刀切，缺乏对管材进行检测评价的标准。

技术需求：油气管道定量风险评价技术、油气管道及生命线工程失效可接受标准、生命线工程抗灾设计指标体系、生命线工程失稳评价与失效判定指标体系研究、输水管材失效标准。

（四）加强信息化建设

在信息化方面，油气管网和生命线工程存在的问题：目前国内长输管道、燃气管网和输水管网等由石油公司、地方管网公司、燃气公司、自来水企业等分别管理，缺乏统一的数据库，给事故预警、分析和治理带来了困难；目前没有统一的全国管网数据库，现役管道初始资料缺失现象严重。

技术需求：油气管网统一管理平台、在役燃气管网数字化。

第六章 事故灾难综合治理近中长期发展重点方向与任务

本章结合事故灾难综合治理领域科技发展趋势和领域重大科技需求，提出未来 5~10 年矿山、化工和危险化学品、电网、油气管网和生命线工程等事故灾难四个领域近中长期发展的重点方向和重点任务。

第一节 矿山事故灾难综合治理

一、矿山事故灾难超前综合防控

矿山事故灾难综合治理需遵照“超前、主动、区域”的原则，即应对矿山事故灾难，需由灾害治理向超前预警转化，由被动治理向主动防控转化，由局部措施向区域措施转化。

1. 矿山事故灾难由灾害治理向超前预警转化

对矿山事故灾难危险源进行监测、识别，从而达到超前预警的目的，需开展煤与瓦斯突出区域危险（区域验证）精细探测（监测）技术及装备、冲击地压（岩爆）区域风险动态探测（监测）技术及装备、矿井隐伏导水构造长距离精细探查与空间定位技术及装备、采动条件下矿山动力灾害危险性自动实时监测预警技术及系统，以及动力灾害自动集成监测预警系统等技术及装备的研究工作。

2. 矿山事故灾难由被动治理向主动防控转化

实行以防为主的控制方针，防患于未然，实现从煤矿事故发生后的治理到安全生产超前预警的转变，实现从治到防的转变，化被动为主动，开展矿山各类事故灾难演化机理及灾害评估等基础理论及方法的研究，实现对矿山事故灾难演化期间的有效防控。

3. 矿山事故灾难由局部措施向区域措施转化

目前矿山灾害治理仍以局部措施为主，“头疼医头，脚疼医脚”，今后需开展矿井、矿区大尺度区域预警与防控技术及装备的研究，开展较大尺度区域防治基础理论及方法、技术及装备的研究工作。

另外，鉴于井下环境的复杂性及密闭性，不同灾害之间可能相互影响产生次生灾害，造成更严重的损失，还需开展不同类型灾害耦合致灾的研究工作。

二、矿山应急救援技术装备开发利用

1. 钻孔救援关键技术及装备应用

研究各种灾害情况和不同地质条件下钻孔救援技术和快速施工方法，特别是研究解决以救生为核心的钻孔救援关键技术和配套装备应用技术，钻孔定向及大孔径钻孔快速施工技术，被困人员生命支持、心理疏导和急救方法，形成系统、整体的救援实战能力，切实提高重大矿山事故的应急救援技术水平。

2. 快速掘进修复救援通道成套技术装备

研究开发小断面巷道快速机械化掘进装备，快速清理、修护冒落垮塌巷道机械装置，轻质、高强度救援专用快速支护装备，自带动力源小型装载机，新型铲斗带刮板运输机的双向无轨装载运输设备，新型小曲率半径可弯曲窄溜刮板运输机，形成快速构建救援通道的成套技术装备。

3. 被困人员生命探测与精确定位技术装备

研究长距离和穿透能力强的生命探测技术，遇险人员呼救信号的远距离识别、精确定位技术等，研发先进适用的生命探测和精确定位装备，解决快速救援的目标定位等问题，为救援提供可靠的依据。

4. 灾区侦察技术装备

研究灾后井下红外技术等遥测遥感非接触灾区侦察技术，研发探测和搜救机器人等遥控设备，配套的灾区环境参数自动采集、识别、快速分析及远距离传输技术，远距离掌握灾区情况，避免次生事故。

5. 灾区应急救援通信技术装备

研究矿山救援无线通信系统、无线多媒体通信系统、透地双向通信系统等技术及装备，为井下救援通信提供有力工具，确保应急救援的信息通道畅通。

另外，需进一步研发矿用本安型灾区侦测机器人、智能侦测飞行器等应急救援装备。

三、矿山职业安全与职业健康同步发展

1. 提高对职业危害防治工作重要性的认识

牢固树立“以人为本”的指导思想，通过各种有效手段，积极宣传党中央、国务院关于加强职业病防治工作的重要指示精神，落实国务院领导有关“要推进安全生产工作，从以控制伤亡事故为主向全面做好职业安全健康工作转变，把职工生命健康放在第一位”的指示，提高对做好煤矿作业场所职业卫生工作重要性的认识，建立健全矿山职业安全健康监管体系。

2. 矿山职业病危害预防技术及装备的研究

针对矽尘等高危粉尘，研究职业病危害因素的快速检测技术，研究生物因素等的检测技术方法与管理浓度标准，研究职业病危害的风险评估技术，研究高危粉尘监测预警、防护技术及装备；研究煤矿井下机械化采掘面、锚喷作业区气载粉尘污染机制、抑制技术及装备，研究煤矿呼吸性粉尘浓度和沉积煤尘强度检测监测传感技术与信息共享技术，研究深井高温热害评价、控制技术及装备。

3. 发展职业危害场所少人化、无人化生产新技术

研究高危粉尘、热害、辐射等职业危害场所少人化、无人化生产新技术，替代传统的落后技术与工艺，实现重大职业危险作业区的科学防护。开发煤炭智能化安全无人开采的人员巡视安全保障技术、基于环境的安全自动生产技术、装备自动找直技术，建设基于大数据的全国远程智能服务平台和安全无人开采示范工程。

四、矿井瓦斯与矿井水的资源化综合利用

1. 煤系地层“三气”共探共采及低浓度气体资源化利用

研究煤矿区煤层气、致密砂岩气、页岩气（“三气”）共生特点及共生机理，研究开发“三气”共探共采成套技术及装备，发展地面抽采技术特别是结合采动效应的地面抽采技术。研究开发低浓度煤层气安全输送、除氧和浓缩富集技术及方法，突破低浓度煤层气的应用瓶颈；研究开发煤矿乏风氧化技术及装备，

研究超低浓度煤层气燃烧利用技术及装备，探索超低浓度煤层气的开发利用。

2. 矿井水的资源化利用

进一步研究小型隐蔽性致灾通道的超前精细探测定位技术及装备，研究形成完整有效的老空区和积水老空区探测与定位技术方法体系；研究以煤矿地下水库为代表的新型“煤-水”双资源型矿井建设和开发理论与技术，形成采煤、控水、保生态三者优化组合的管理理论和成套技术方法；探索“煤-水-气-热”多资源型矿井建设与开发理论与技术，实现对传统灾害源（矿井水、瓦斯、地温）的综合利用。

综上，我国矿山事故灾难综合治理近中长期发展重点方向与任务如表 6-1 所示。

表 6-1 我国矿山事故灾难综合治理近中长期发展重点方向与任务

类型	近期发展方向任务	中期发展方向任务	长期发展方向任务
矿山事故灾难预测与评价	①研究深部矿井矿山复合事故灾难的演化过程、作用机制及耦合致灾机理；②研究煤与瓦斯突出区域危险精细探测技术及装备、冲击地压（岩爆）区域风险动态探测技术及装备、矿井隐伏导水构造长距离精细探查与空间定位技术及装备	研究事故灾难定量风险灾害评估等基础理论及方法	研究建立矿山重大危险源与重大隐患风险评估及管理平台，构建基于定量风险评估的矿山事故灾难闭环动态管理体系
矿山事故灾难预防与预警	①研究矿井多尺度区域防治基础理论、方法及装备；②研究矿山动力灾害精细探测（监测）技术及装备，研究灾害演化过程自动化、智能化、动态连续监测预警技术及方法	①结合物联网、云计算、大数据等研究基于矿山复杂环境的“人、机、环”信息泛在感知技术，研究矿山重大事故灾难大数据实时监测预警方法；②研究应力场、渗流场、温度场等多场耦合作用下矿山事故灾难的多级响应与主动控制技术	研究能够实现煤矿重大灾害多因素全过程监控的预警及响应系统，实现矿山事故灾难的超前预警、多级响应与主动控制
矿山应急救援技术与装备	①研究各种灾害情况和不同地质条件下钻孔救援技术和快速施工方法，特别是研究解决以救生为核心的钻孔救援关键技术和配套装备应用技术、钻孔定向及大孔径钻孔快速施工技术、被困人员生命支持、心理疏导和急救方法；②研究开发小断面巷道快速机械化掘进装备，快速清理、修护冒落垮塌巷道机械装置，轻质、高强度救援专用快速支护装备	①研究长距离和穿透能力强的生命探测技术，遇险人员呼救信号的远距离识别、精确定位技术等，研发先进适用的生命探测和精确定位装备；②研究灾后井下红外技术等遥测遥感非接触灾区侦察技术，研发探测和搜救机器人等遥控设备，配套的灾区环境参数自动采集、识别、快速分析及远距离传输技术；③研究矿山救援无线通信系统、无线多媒体通信系统、透地双向通信系统等技术及装备	研发矿用本安型灾区侦测机器人、智能侦测飞行器等应急救援装备

续表

类型	近期发展方向任务	中期发展方向任务	长期发展方向任务
矿山职业安全与健康	①研究开发矿山井下职业病危害要素监测监控网络化技术及装备，研究新型通风除尘、湿式作业、净化风流等技术及方法；②研究矿山井下职业病（尤其是粉尘职业病）重大危险源（重要设备、关键部位等）职业危害风险评估技术及方法；③研究开发矿山井下工人新型个体防护技术及装置	①研究职业病危害因素的快速检测技术，研究生物因素等的检测技术方法与管理浓度标准，研究职业病危害的风险评估技术，研究高危粉尘监测预警、防护技术及装备；②研究煤矿井下机械化采掘面、锚喷作业区气载粉尘污染机制、抑制技术及装备，研究煤矿呼吸性粉尘浓度和沉积煤尘强度检测监测传感技术与信息共享技术，研究深井高温热害评价、控制技术及装备	①研究高危粉尘、热害、辐射等职业危害场所少人化、无人化生产新技术，替代传统的落后技术与工艺；②开发煤炭智能化安全无人开采的人员巡视安全保障技术、基于环境的安全自动生产技术、装备自动找直技术，建设基于大数据的全国远程智能服务平台和安全无人开采示范工程
矿井瓦斯与矿井水的资源化综合利用	①研究开发适用低透气性煤层的煤层气高效抽采技术及装备，研究开发中高浓度煤层气利用大型化、成套化、高效化技术及装备，研究开发大功率、高参数、高效率瓦斯发电技术及装备；②进一步研究小型隐蔽性致灾通道的超前精细探测定位技术及装备，研究形成完整有效的老空区和积水老空区探测与定位技术方法体系	①研究低浓度煤层气安全输送、除氧和浓缩富集技术及方法，研究开发低浓度煤层气利用的技术及装备；②研究以煤矿地下水库为代表的新型“煤-水”双资源型矿井建设和开发理论与技术，形成采煤、控水、保生态三者优化组合的管理理论和成套技术方法	①研究开发煤矿乏风氧化技术及装备，研究超低浓度煤层气燃烧利用技术及装备；②研究“煤-水-气-热”多资源型矿井建设与开发理论与技术，实现对传统灾害源（矿井水、瓦斯、地温）的综合利用

第二节 化工和危险化学品事故灾难综合治理

一、化工和危险化学品事故灾难综合治理的中长期发展目标

我国化工和危险化学品事故灾难综合治理的中长期发展总目标为化工和危险化学品的重大燃烧、爆炸、环境污染事故发生率每年下降 10%左右，到 2025 年杜绝化工和危险化学品引发的重大恶性事故；化工和危险化学品企业形象明显改善，逐步消除社会上流行的“化工恐惧症”。

具体目标包括：

（1）2020 年完成“化学品安全法”的制定。

（2）到 2020 年所有化工企业和园区完成基于现有技术的安全环境风险和控

制评估，此后化工企业每 2 年进行一次安全风险评估，化工园区每 5 年开展一次风险评估。

（3）未来 5 年内，所有化工装置都根据本装置的实际建立重大致灾因素实时自动监测系统。

（4）到 2020 年，基本建成较为完善的“全国化学品危害信息数据库”，并实现系统上线运行；2025 年实现全国重点监管危险化学品生产、储存、运输、使用和处置全过程的信息监控。

二、化工和危险化学品事故灾难综合治理的中长期发展的重点措施

1. 完善法律法规，实现依法依规治理

国家《安全生产法》和《环境保护法》为化工和危险化学品重大灾害事故的综合治理提供了基础法律依据，借鉴国外发达国家的经验，我国还应在《安全生产法》和《环境保护法》的基础上，针对化工和危险化学品行业的特点，制定更有针对性的法律法规，如“危险化学品管理法”，从而进一步规范化工和危险化学品企业与从业人员、监管机构和执法者的行为与责任，减少重大灾害事故的发生。

2. 改革监管模式，强化细化政府监督

长期以来，我国政府对化工和危险化学品行业的监管一直沿袭计划经济体制下的模式，根据下发文件定期或不定期开展安全生产大检查，这种运动式的检查方式很难发现和解决化工和危险化学品行业重大灾害事故隐患，必须改变监管思路，改革监管模式。

积极培育从事化工和危险化学品安全环保咨询的专业公司，由政府通过竞标购买第三方服务，委托有资质的咨询公司定期对化工企业进行安全环保审计，出具审计评估报告，提出整改意见，交由政府主管部门监督执行。

3. 坚持多措并举，建设本质安全、本质环保的化工企业

化工企业实现本质安全与本质环保是杜绝化工和危险化学品重大灾难事故的根本，企业必须严格遵守国家法律法规，自觉坚持多措并举，努力建设成本质安全、本质环保的企业。

要从企业的规划、设计、建设上下功夫，建立针对规划布局、设计方案、建

设工程全过程的风险评估技术方法，提出有针对性的系统解决方案，实现源头上的本质安全；要从企业的设备可靠性上下功夫，结合装置风险评估技术，制订科学合理的设备维护和检维修方案，确保生产装置的安稳长满优运行；要从企业的工艺技术上下功夫，科学论证化工生产过程的安全约束条件和安全泄放装置的可靠性，实现生产过程参数的实时获取和挖掘，利用现代信息技术建设智能化企业，从而达到安全生产状态的实时监控和快速预警功能；要从企业的安全环保设施上下功夫，要根据风险评估结果，科学估算最坏事故场景下需要的应急资源，制订科学的应急预案，建立畅通的企地联动机制；要从企业人员的培训上下功夫，使员工具备识别初期事故的能力，具备应对典型事故的基本应急救援知识和技能，同时避免应急救援过程中发生的人身伤害事故。

4. 加大科技投入，开发重大灾害事故综合治理的工程技术

在国家层面，设立化工和危险化学品重大灾害事故综合治理的工程技术的研究专项，凝练研究子项，组织国内有研究开发能力的科研院所、高等学校和企业进行联合开发；在企业层面，从本企业的实际出发，凝练研究课题，主动寻找有能力的研究院所和高等学校进行合作研究，从事化工新工艺研究和新化学品开发的科研单位都要把新工艺和新化学品的安全性（包括火灾爆炸危险性、对人体健康与环境的影响）的研究作为必须进行的研究内容，新工艺新化学品工业转化时必须提供安全环保技术手册。

第三节　电网事故灾难综合治理

一、电网系统稳定运行技术

经济社会发展需求对电网稳定性提出了更高的要求，在电网系统稳定运行方面重点发展方向和任务如下。

（1）加强大规模联网、特高压联网技术带来的电网系统稳定运行风险研究。随着我国特高压输电技术的广泛应用和大区域电网间联网的潜在需求，需要从基础理论、离线仿真和在线仿真等多方面共同着手，开展电网系统稳定性研究，指导设计安全可靠的电网网架结构。

（2）建立大电网在线安全防御系统。基于电力设备和电力系统的在线监测技术、计算机技术、大数据获取分析处理技术和智能控制技术，研究开发具有实时动态安全分析、预警和辅助决策功能的电网调度自动化系统，以及具有自适应、协调优化的电网动态安全稳定保障系统。

（3）大电网事故应急处理技术。加强电网黑启动技术、重大灾害影响分析和电网应急技术的基础研究。

二、设备可靠性及监测预警技术

1. 从制造技术和全寿命周期管理上提高设备可靠性

积极推动电网关键设备及设备生产线的国产化技术研究，从根本上保证电网安全，降低电网稳定运行风险。

开展设备全寿命周期管理，在规划、设计、施工、新设备投产验收、维护和检修各阶段严格管理，落实各环节设备缺陷的治理。合理安排检修计划，对重负荷、重要设备按计划保证检修消缺，使设备在大负荷期间处于良好状态。最大限度从制度上避免由设备故障引发电网连锁事故。

2. 设备故障在线监测及预警技术

开展电气设备在线监测技术的基础理论研究；开展关键设备的多功能综合监测和诊断以同时获取多维不同特征参数便于故障诊断；基于人工智能/模糊理论/神经元网络等建立诊断专家系统，以实现电气设备的故障诊断自动化和预警；结合大数据技术、网络技术建立整个电网系统关键设备的故障在线监测和预警系统。

该方向的研究重点在设备故障监测基础理论、高可靠性长寿命的新传感器材料、大数据处理技术、准确诊断技术和高可信度的故障预测预警技术。

三、电网抵御自然灾害技术

引起电网重大安全事故的自然灾害包括覆冰、台风、地震、雷击、持续高温、太阳风暴、沙尘暴、大雾等，其中以覆冰、台风和地震三种自然灾害对我国电网安全影响最大。

1. 覆冰对于电网安全的影响及重要研究方向

覆冰对于电网的危害分为机械性能和电气性能的危害，覆冰对电网的影响有：①线路过荷载。当覆冰质量进一步增大时，可能会使导线外层断裂、钢芯抽出，甚至导致杆塔折断甚至倒塔。②相邻档不均匀覆冰或不同期脱冰。③绝缘子串冰闪，绝缘子的覆冰闪络则是覆冰对电网最普遍的一种危害。④输电导线舞动损坏电力设备。输电导线覆冰后在风力作用下会发生低频（通常 0.1~3 赫兹）、大幅度（振幅为导线直径的 5~300 倍）的振动或者舞动。

针对覆冰对电网安全带来的影响，未来重点发展方向及任务如下：加强有关中度覆冰闪络机理、动态模型建立的研究；加强输电线路及绝缘子的覆冰增长模型的研究；在覆冰严重的重要线路推广使用覆冰监测预警系统，提高电网防冰抗冰的灾害预防能力，其中加大光纤传感器的研究力度；研究新型输电线路防覆冰涂料；适当提高重冰区输电线路的设计标准，深入研究输电线路抗冰融冰技术；开展基于新技术、新材料的抗冰防冰措施研究，因地制宜采用抗冰融冰技术；研究完善的电网恢复决策支持系统，当输电系统发生断线、倒塔和停电事故时，能整合资源，高效有序地开展抢修工作，迅速恢复电力供应。

最后，需综合考虑电网工程在系统中的地位和作用、不同区段、个别地形条件以及个别电气设备等因素，科学论证工程的建设标准，提高电网安全。

2. 台风对于电网安全的影响及重要研究方向

台风灾害主要以影响电网线路设施为主，受损的部件主要集中在杆塔、线路、地线、绝缘子等裸露在外部自然环境的设备上。当台风风力超过线路或杆塔的设计标准时，可能引发断线、倒塔事故等事故。同时，台风往往伴随着暴雨，暴雨影响杆塔的基础，可能进一步引发倒塔断线事故，同时也会给故障恢复和抢修带来困难。

针对台风的影响，可在规划阶段避开容易发生台风的线路走廊；已建成线路可根据实际情况研究台风期间运行方式安排、调度调整原则和电网事故的处理原则；适当提高台风高发区域的电网设计标准。

3. 地震对于电网安全的影响及重要研究方向

地震造成的电力系统破坏是灾难性的，高昂的设备维修、重建费用及停电会造成巨额损失。因此，针对当前电力设施地震易损性高、抗震相关研究较弱的现状，积极研究采用抗震新技术、新方法，设法降低电力系统的地震易损性、减少地震造成的损失非常必要。例如，安装减震器和阻尼器减轻设备的地震反应，优化变电站内部布置提高整体抗震能力，建立设备、厂站、系统模型综合研究损失和效益等。

同时，需要加强与地震科学研究专家之间的合作，提高地震灾害的预警能力，提前做好应对地震灾害的准备。

总体来说，不管是哪种自然灾害，都需要重视以下几个方向。

（1）开展气候变化趋势下，电力系统抵御未来灾害能力的基础理论研究，包括灾害连锁传导机制、动态扰动对电网系统稳定性的影响、新型材料、新标准等的研究。

（2）加强设计规划，优化路径，改进抗风防冰能力设计，适当提高电网设计和建设标准，并根据极端气候发生区域因地制宜。

（3）气象/地质信息与电网运行维护的深度融合，包括大数据技术、气象预测技术、电网安全与电源安全技术等相互融合，形成广义智能电网或广义智能能源网络，形成气象灾害预测、电网安全预警一体化防护系统，同时完善应急管理机制。

四、大规模新能源并网对电网安全影响的研究

为了充分并安全利用新能源，需要对新能源发电及其并网技术进行系统而深入的研究。

（1）开展太阳能和风能等间歇性新能源技术、储能技术及新能源并网对电网系统稳定性影响的基础理论研究。

（2）开展分布式新能源接入、集中大容量新能源接入等不同方式对电网系统稳定运行带来的风险研究，重点研究大容量新能源集中并网对电网系统稳定性影响的基础理论。

（3）研究新能源发电接入地区电网时的电源规划、继电保护配置与配合、运行分析和控制等涉及地区电网安全稳定运行的相关问题。

五、政策法规的制定和电力体制改革的影响

（1）制定应急管理机制和政策法规。从国家层面制定电网灾害过程中（包括灾前、灾中和灾后）国家、社会和企业共同参与治理的政策法规。

（2）电力体制改革应考虑电网安全。在研究电力体制改革的过程中，应充分考虑电力体制改革对电网安全可能造成的各种影响。

第四节　油气管网和生命线工程事故灾难综合治理

一、提升安全维护技术水平，保障管网本质安全

（1）油气管网失效控制技术。分析管道失效影响因素，研究各因素导致的管道失效机理，提出失效控制措施；研究高精度的管道探测识别技术和缺陷检测技术，识别油气管道缺陷；完善缺陷评价技术，提出缺陷修复方案。

（2）油气管网（含燃气管网）安全监测技术。集成现有基于负压波、音波

及流量平衡法等油品管道泄漏监测技术，实现小泄漏和缓慢泄漏的有效监测；提升并推广基于相干瑞利的安全预警技术，实现对人工和机械油气管道破坏的报警；发展基于次声波的天然气管道泄漏监测技术，实现对长输天然气管网和燃气管网的泄漏监测。

（3）特殊地区管道地质灾害防护技术。研究地震、冻土、黄土、泥石流等地质灾害对管道安全的影响，并制订有效的防护方案。

（4）城市燃气管网完整性技术。形成统一协调的城市管网系统完整性管理流程，开展城市管网及其系统完整性管理技术标准对标工作，形成城镇管道系统完整性管理技术体系，并制定相关标准规范。研究燃气安全监控数据采集技术，在线监测信息数据处理分析方法及燃气输配系统在线预警技术等。

二、加强管网系统可靠性研究，保障能源供应安全

（1）油气管网系统可靠性。综合考虑油气管道、站场、储气库、液化天然气接收站等油气管网物理系统及资源供应和市场需求，建立设备单元和管网系统可靠性理论与评价体系，并发展基于管网系统可靠性的支持技术体系，最终建成覆盖油气管网规划、设计、施工、运行、报废等全生命周期的可靠性管理体系，保障油气供应安全。

（2）应急维抢修技术。研究长输油气管网、燃气管网和输水管道的快速抢险堵漏、溢油回收和环境恢复技术，保证在油气管网和生命线工程出现泄漏失效等事故后，应急维抢修不影响下游生产、生活供应，并将对周边环境和社会的影响控制在可接受范围内。

（3）非开挖输水管道改造技术。研究输水管道非开挖改造技术，改变目前采用的拆排方式，减少改造对下游供应的影响。

（4）水质监测技术。发展高精度的水质监测技术，保障居民饮水安全。

三、制定评价标准，量化公共安全影响水平

（1）油气管网和生命线工程公共安全评价方法及标准。研究制定油气管道和燃气管网、输水管道等事故对周围环境和社会安全、居民生活的影响程度的评价方法，建立评价指标体系，并根据不同地区特点制定公共安全可接受标准。

（2）管道定量风险评价技术。开发定量风险评价技术，定量度测风险发生概率及后果，为管道风险消减提供科学依据，提前治理，保障安全。

（3）输水管材失效标准。在监测结果的基础上，根据管材完好程度制定输水管材判废和改造标准，改变目前根据材质和管龄“一刀切”的做法。

（4）生命线工程抗灾设计指标体系。研究生命线工程抗灾设计指标体系，确定抗灾设计标准。

（5）生命线工程失稳评价与失效判定指标体系。以提升城镇既有管道利用水平和能力，增强管道安全运行与应急抢险能力为目标，开展管道复杂地质条件或土壤扰动条件下的应急抢险、安全管理标准、安全科技提升的基础理论与事故模拟试验平台建设、减灾防灾的监测检验技术等研究。进行事故模拟与应急处置技术实验平台研究；泄漏及爆炸的危险性分析；城镇管道安全应急措施有效性评估技术研究。以提升输配系统的全流程、全寿命周期安全运行保障能力为目标，开展在运行系统健康诊断技术研究、重大安全装备及产品功能技术提升的研究。并进行基于管道本质安全的现场监测检测方法、技术及装备研究；事故快速响应与应急处置安全技术研究；燃气介质高、中压非停输管道低阻力连通和应急快速阻断技术与设备研究；既有燃气失稳管道再用安全评价技术研究。

四、加强信息化建设，提高油气管网和生命线工程管理水平

（1）建立全国统一的油气管网数据库。整合目前各石油企业和省级区域管网数据平台，建设全国统一的油气管网数据库，实现管道基本信息、事故信息的共享，为全国油气管网运行优化、供应安全应急维抢修提供支持，并为管网与高压线路、公路、铁路等其他公共设施的交叉建设提供数据支持。

（2）在役燃气管网数字化。建立燃气管网数字化标准体系，建立省级统筹的燃气管网数据库，绘制城市燃气管网地图。

五、发展目标

到 2020 年，油气管道失效控制、泄漏监测等技术水平进一步提升，管道失效频率持续降低，系统可靠性研究取得重要突破，实现区域管网应用，城市燃气管网完整性管理体系全面建成并实现应用；油气管网和生命线对公共安全应用的评价标准体系初步建成；形成全国范围的油气管网数据库建设方案和城市燃气管网数字化方案。

到 2030 年，油气管网和生命线工程本质安全水平实现根本转变，失效频率比 2015 年降低 50%以上，管网系统可靠性实现全面应用，保障全国油气资源供应安全；形成完善的油气管网和生命线工程安全评价体系；建成全国统一的油气管网数据信息平台和区域化城市燃气管网信息平台。

第七章　新时代事故灾难综合治理的核心关键技术及风险防护体系

第一节　新时代事故灾难综合治理的核心关键技术

一、核心关键技术

（一）风险评估技术

研究矿山、化工和危险化学品、电网、油气管网和生命线工程等工业生产事故灾难产生机理，建立多因素耦合作用下工业事故定量风险评估新方法，基于物联网、大数据、云计算等现代信息技术建立动态风险评估系统，为实现对事故灾难的风险预控奠定基础。

（1）研究深井多场多相耦合作用下煤与瓦斯突出、冲击地压、突水等事故灾难重大致灾因子的非线性动力学行为及灾变演化机制，研究矿山事故灾难定量风险评估新技术及基于动态风险的安全完整性管理方法，结合物联网、云计算、大数据等建立矿山重大危险源与重大隐患风险评估和管理平台，构建基于定量风险评估的矿山事故灾难闭环动态管理体系。

（2）建立针对化工装置-企业-园区三个层面的安全风险识别、评估和控制技术体系，包括安全规划优化指标体系、风险评价模型和可接受风险标准、安全容量计算与分析软件、与不同脆弱性目标之间安全距离确定方法，以及地震、台风、洪水、雷电等自然灾害的多灾种耦合定量风险评估技术。

（3）研究电网故障类型、自然灾害条件和社会环境因素对电网安全的单因素影响机理、多因素耦合影响机理，建立电网安全的定量风险评估系统，实现电网安全分级动态管理和安全防护。

（4）研究腐蚀、地质灾害、第三方破坏等因素对油气管网和生命线的破坏机理，形成油气管道隐患超前辨识及风险预控技术，建立定量风险评价方法及失效数据库，实现管网系统的本质安全。

（二）风险预控技术

基于物联网的信息感知技术，研究矿山、化工和危险化学品、电网、油气管网和生命线工程等工业生产重大致灾因素实时监测预警新技术，结合大数据与人工智能建立故障诊断与识别系统，研究预警危害的防护与在线控制技术，实现对重大事故灾难的精细化主动预警与实时防控。

（1）研究基于矿山复杂环境的“人、机、环”信息泛在感知技术，提出矿山重大事故灾难大数据实时监测预警方法，研究应力场、渗流场、温度场等多场耦合作用下矿山事故灾难的多级响应与主动控制技术。

（2）研究化工过程和危险化学品运输过程重大致灾因素的实时自动监测与预警技术。利用物联网技术，实现化工过程重要参数转换成重大致灾因素的定量化表征技术，开发事故状态监测及态势分析系统，利用远程监控和智能连锁实现对化工过程事故风险的实时监测、预警和预防。

（3）研究复杂大电网在线监测和防御控制技术，结合大数据技术、云计算技术和信息处理技术，建立电网安全事故的在线监测、故障识别和预警系统，实现对电网安全事故的预警和智能控制。

（4）基于物联网及信息感知技术，研究油气管网探测识别技术、缺陷检测定位技术，研究油气在线泄漏监测和安全预警技术，研究油气管网安全事故智能控制技术，研究管网系统可靠性技术，保障管网运行安全和供应安全。

（三）应急关键技术

研究矿山、化工和危险化学品、电网、油气管网和生命线工程等工业生产领域集事故场所环境与生命自动探测、灾害与次生灾害预报防止、智能通信通道与救援通道自动化构建及医疗救护于一体的综合性救灾技术与装备，研究重大事故情景构建及应急演练关键技术，构建科学的应急救援体系与指挥调度系统，极大地降低灾害损失。

（1）研究矿山事故灾难通信定位及快速智能搜寻技术与装备，研究灾变环境下应急救援装备性能检验测试技术，研发大型高精尖救援装备在各种极端情况下所需的辅助设备，提高应急救援装备的可靠性、适应性和成套性。

（2）针对重点致灾因素，研发化工生产企业应对地震等自然灾害的安全与环境保护技术；研究针对重大隐患，尤其是大型易燃易爆化学品储罐、仓库，研发火灾灭火的新技术与装备；防控化工和危险化学品事故次生风险，研究危险化学品空气/水体泄漏快速评估与应急处置技术，建立综合应急救援体系。

（3）研发基于大数据分析的区域级应急资源优化配置关键技术，大型易燃易爆化学品储罐及罐区火灾灭火新技术与装备，危险化学品空气/水体泄漏快速评估与应急处置技术。研究事故现场的地面、空中、地下等多方位的事故动态监测技术方法，研发自主移动式及基于无线自组网的便携式监测装备。

（4）研究油气管网、燃气管网泄漏燃烧、爆炸，输水泄漏等灾害应急响应与应急处置技术，形成快速抢修、灾害控制、灾后评估和环境恢复技术。

（四）优先核心关键技术选择

（1）研究矿山职业病危害因素的快速检测、风险评价及控制、防护技术与装备，研究高危粉尘、热害、辐射等职业危害场所少人化、无人化生产新技术，以替代传统的落后技术与工艺，实现重大职业危险作业区的科学防护。

（2）建立国家级的化工和危险化学品安全技术支撑体系，完善化学品危害信息统一数据库，建立全国化学事故应急资源统一协调网络，成立专业化、中立的化学事故调查和研究组织。

（3）研究复杂大电网事故的关键诱因、级联传递机理和电网大面积停电的防范技术，建设电网实时可靠性指数和风险等级监测平台，为全国电网安全可靠运行及事故应急处理提供技术支撑。

（4）研究油气管网和生命线工程探测定位、缺陷检测等技术，研发三维数字管网构建技术，建设国家级精细化数字管网图，实现管网信息动态更新与实时监控，为全国管网安全可靠运行及应急救援提供有效支撑。

二、核心关键政策建议

（1）制定有利于培育以事故灾难风险评估、信息感知、超前预警及智能防控为核心的高新技术企业的政策，大力提倡和鼓励企业开展事故灾难综合治理高精尖技术装备的探索与创新，发展一批创新能力强、专业素质高的高新技术与服务企业，为生产领域事故灾难综合治理提供智力保障与技术支持。

（2）基于大数据、云计算等现代信息技术绘制城市油气管网及电网等生命线工程布局图，建设全国统一的油气管网数据库和区域统筹的燃气管网数据库，并统筹油气管网与电网长期规划；制定相关法律法规及技术标准，指导城市油气管网及电网的铺设；优化油气管网与电网布局，提高油气管网、电网等生命线的安全水平。

（3）制定更高规格的化工和危险化学品安全领域法律法规，尝试引入安全环保成本补偿、安全保险等机制，促进化工园区与城镇其他功能区的和谐发展；同时，促进化工和危险化学品行业的安全知识共享，推动对公众的化工和危险化学品安全的科普教育。

（4）制定生产领域不同情景灾难性事故应对政策、法规及标准，建立事故应对程序，鼓励社会力量特别是企业力量积极参与事故应对，并协调政府、社会和企业共同应对事故灾难。

（5）进一步完善现有的生产领域职业安全与健康政策法规，制定有利于职业健康技术方法快速推进普及的政策；提倡高校及科研院所探索矿山职业健康新技术、新方法的研究，鼓励矿山安全服务企业职业健康技术及装备的研发，形成一批适应我国目前经济社会发展阶段的职业健康技术装备。

第二节　矿山事故灾难风险评价与预防体系

一、应用目标

矿山事故灾害问题一直困扰着煤炭企业。建立矿山事故灾害风险预防与评估体系，系统地对煤矿安全进行风险预防与评估，这对于保障煤矿生产，减少和规避煤矿生产事故所造成的政治和社会风险极具意义。

二、关键技术攻关任务与路线

在体系建设中，要做好任务规划，健全责任机制，夯实工作基础。同时也要强化源头治理，实施超前预控，做到强化重大危险源辨识与风险评估，为实施超前预控提供科学依据。体系建设所要达到的工程目标与效果（2035 年前实现）包括以下三个方面。

（1）研究多场耦合下矿山事故灾难演化规律及致灾机理，研究矿山事故灾难定量风险评估新技术及基于动态风险的安全完整性管理方法，结合物联网、云计算、大数据等建立矿山重大危险源与重大隐患风险评估与管理平台，构建基于定量风险评估的矿山事故灾难闭环动态管理体系。

（2）研究基于矿山复杂环境的“人、机、环”信息泛在感知技术，提出矿山重大事故灾难大数据实时监测预警方法，研究应力场、渗流场、温度场等多场耦合作用下矿山事故灾难的多级响应与主动控制技术。

（3）研究矿山事故灾难通信定位及快速智能搜寻技术与装备，研发地面大功率大孔径顶驱式车载钻机、适用于井下复杂环境的井下应急救援钻机，研发灾区自动处置技术及装备。

三、工程技术目标与标志性成果

建立健全综合矿山事故灾害风险预防与评估体系，建立长效机制，加强对煤矿瓦斯、火灾、冲击地压、水害等重大灾害的评估与控制，提高煤矿安全生产保障能力，落实职业危害防治规定，健全职业安全健康监督管理体系。

第三节 化工和危险化学品事故灾难风险评价与预防体系

一、应用目标

在生产、加工处理、储存、运输、经营过程中，化学品的固有危险性给人类的生存带来了极大的威胁，并导致了众多安全事故的发生，往往造成二次事故，影响周边大面积人民群众的生命和财产安全。

因此有必要建立化工和危险化学品事故灾难风险预防与评估技术体系，以分析评估理论、风险影响因素、风险准则为基础，应用选定的评估指标体系，将模糊综合评判运用到工厂的风险评估中，对化工厂的事故概率及事故后果严重程度进行研究，并结合工程实际，确定风险等级。最后，根据评估结果，探讨风险管理相关问题。

二、关键技术攻关任务与路线

体系建设所要实现的工程任务（2035年前实现）包括以下三个方面。

（1）研究化工和危险化学品动设备以可靠性为中心的评估技术、静设备基于风险的检验技术、安全仪表系统完整性等级评估技术，构建故障数据库，建立设备完整性管理体系，保障化工和危险化学品设备设施本质安全。

（2）研究化工和危险化学品生产、储存、使用、运输等全过程实时监测技术及装备，研究灾害源诊断与事故预警技术及装备、事故控制方法与技术，实现对化工和危险化学品事故灾害的主动防护和控制。

（3）研究化工和危险化学品事故致灾范围快速检测技术，研究化工和危险化学品泄漏物公共安全危害评价技术，研究应急处置技术，建立综合应急救援体系。

三、工程技术目标与标志性成果

扭转我国危险化学品安全管理落后的局面，需要完善国家危险化学品安全保障体系，建立危险化学品安全技术研究保障体系，重点完善危险化学品风险评价及安全性质检测技术研究，最终形成危险化学品安全信息和管理技术平台，将外来危险化学品对人、动植物及生态环境的威胁降低到可接受程度，保护我国人民健康及生态环境安全。

第四节　油气管网和生命线工程事故灾难风险评价与预防体系

一、应用目标

近 20 年我国城镇燃气进行了大规模建设发展。我国的油气管道存在系统庞大、储运工艺复杂、线路长、管道沿线区域自然条件多样等特点。因此，有必要依据法律规范，总结过往经验，研发新型工程技术，对可能存在的风险进行预防和评估，正确识别发生危害事件的可能性及严重后果，对于不可接受的风险制定相应的控制措施，以实现减少与控制事故伤亡的目的。

二、关键技术攻关任务与路线

研究油气管网和生命线工程探测定位、缺陷检测等技术，研发三维数字管网构建技术，建设国家级精细化数字管网图，实现管网信息动态更新与实时监控，为全国管网安全可靠运行及应急救援提供有效支撑。未来 5~10 年，油气管网和生命线工程安全运行的科技需求主要包括以下四个方面。

（1）研究腐蚀、地质灾害、第三方破坏等因素对油气管网和生命线的破坏机理，形成油气管道隐患超前辨识及风险预控技术，建立定量风险评价方法及失效数据库，实现管网系统的本质安全。

（2）基于物联网及信息感知技术，研究油气水管网探测识别技术、缺陷检测定位技术，研究油气在线泄漏监测和安全预警技术，研究油气管网安全事故智能控制技术，研究管网系统可靠性技术，保障管网运行安全和供应安全。

（3）研究油气管网、燃气管网泄漏燃烧、爆炸，输水泄漏等灾害应急响应与应急处置技术，形成快速抢修、灾害控制、灾后评估和环境恢复技术。

（4）提升管网本质安全，保障供应安全，制定公共安全评价标准，加强信息化建设，建立油气管网统一管理平台，实现在役燃气管网数字化。

三、工程技术目标与标志性成果

油气管网和生命线工程本质安全水平实现根本转变，管网系统可靠性实现全面应用，形成完善的油气管网和生命线工程安全评价体系，建成全国统一的油气管网数据信息平台和区域化城市燃气管网信息平台。

第五节 高危行业风险评估、安全监管与预防体系

一、必要性

对矿山、化工园区、油气管道、交通等高危行业，建立多灾害耦合的风险预防与评估技术。研究高危行业及重大危险源作业场所的风险源快速检测、动态监测、风险评价、危险预警及控制、防护技术及装备，研究高危作业场所少人化、无人化生产新技术，替代传统的落后技术与工艺，实现重大职业危险作业区的科学防护。

二、工程任务

研究高危行业工业生产事故（灾难）产生机理，建立多因素耦合作用下工业事故定量风险评估新方法，基于物联网、大数据、云计算等现代信息技术建立动态风险评估系统，为实现对事故灾难的风险预控奠定基础。

研究高危行业工业生产领域集事故场所环境与生命自动探测、灾害与次生灾害预报防止、智能通信通道与救援通道自动化构建及医疗救护于一体的综合性救灾技术与装备，研究重大事故情景构建及应急演练关键技术，构建科学的应急救援体系与指挥调度系统，最大限度地降低灾害损失。

优先建设社会化、网络化的安全生产科技中介服务体系，以实时监测、智能诊断、超前预警和综合防治为目标，研究生产安全保障与重大事故防控关键技术。

三、工程目标与效果

基于物联网的信息感知技术，研究高危行业工业生产重大致灾因素实时监测预警新技术，结合大数据与人工智能建立故障诊断与识别系统，研究预警危害的防护与在线控制技术，实现对重大事故灾难的精细化主动预警与实时防控。

充分应用互联网+云计算+大数据技术，建立安全生产云应用与分析服务平台；利用信息化手段，构建安全风险管控和隐患排查治理双重预防性工作体系、源头治理体系、基础保障体系、惩治违法违规行为制度机制体系、应急救援体系，努力实现安全生产形势稳定好转、根本好转。

第六节 城市综合风险评估、预防与控制体系

一、必要性

当前条件下，随着国家城市化（城镇化）进程和现代化程度的加快，大城市、特大城市及城市群逐步形成，灾害风险源类型增加，面临综合灾害风险防范与控制的压力。且由于城市实际人口容量程度的急剧增加，同时面临着在公共场所、大型活动区域等人员聚集区发生事故造成重大灾害的压力。城镇风险防范与控制技术的发展趋势是从单一灾害风险防范与控制发展到综合灾害风险防范与控制，从减轻灾害风险发展到转移灾害风险，从区域灾害风险防范与控制发展到全球灾害风险防范与控制。即在纵向方面，需要从区域尺度到全球尺度，全面理解灾害风险的形成与扩散过程，构建考虑不同空间尺度的综合灾害风险防范与控制体系；在横向方面，要从政府、企业与社区多个要素入手，系统整合各方面的减灾资源，完善利益相关者共同参与的综合灾害风险防范与控制系统。整合纵向、横向两个方面的过程与机制，形成集综合灾害防范与控制体系及系统为一体的地方、区域与全球综合灾害风险防范模式。通过对风险的空间动态、智能识别、耦合分析、早期断源等多种综合灾害风险防范与控制技术进行研究，促进主要高风险行业和地区的综合灾害风险防范体系的建设。

二、工程任务

研究城镇化进程中的风险隐患动态识别与规避技术，研究城镇多源动态实时风险隐患排查及监测技术，研究基于物联网、互联网全覆盖的城镇动态风险隐患识别技术，以及基于大数据挖掘的危险源识别技术等，为今后全面的风险隐患识别做出技术准备。另外，由于城镇化速度的加快，风险源种类日益增多，现有的风险流程图及风险列表远不能满足复杂的非常规突发事件预防的需要。需要利用调查问卷、头脑风暴、专家讨论等方法，对整体的风险列表进行扩充及完善，将非常规突发事件的风险源尽量囊括。同时，利用层次分析法、遗传算法、模糊理论等，针对特殊灾害场景进行风险源识别，建立风险评价指标体系，科学量化各风险因素权重，对综合风险进行定量评估。

亟须在城镇社会安全综合规划、风险评估与预防体系方面开展深入研究并示范应用。将物联网、大数据、无线网络通信等技术应用到消防、交通管理技术领域；构建高度感知的消防基础环境，实现实时、动态、互动、融合的消防信息采集、传递和处理；研究城镇交通需求预测与分析、客运交通结构管理与优化、慢

行交通设计与安全保障、社区宁静交通规划、绿色交通运行组织、交通管理安全评价等关键性技术，开发城镇交通安全管理系统，建立全国城镇交通管理安全规划指南和技术标准体系；研究城镇重点区域暴力冲击与突发事件有效预警与防护、处置技术。

加强城市安全风险信息与舆情研究。在应对和处理城市安全事件过程中，能够做到“主动、及时、准确”三原则，保障安全信息收集渠道多样性，信息沟通畅通，尤其是研究网络舆情生成与传播机理、演化规律、监测与预警、导控策略、舆情热度、安全事件网络谣言及舆情治理等方面。

三、工程目标与效果

针对以城市（城镇）为载体的高密度人员聚集区域的公共风险，建立符合我国各类人群特征的行为库，研究高密度人群行进、滞留及突变等状态的远程监控及行为干预技术；研究典型公共聚集场所区域的安全防控时空效能模型、三维快速建模方法、快速部署和模拟仿真算法，建立人群-场所-环境耦合下的综合风险评估方法及技术，实现针对高风险大型活动区域和人员聚集区人员伤亡的风险预先评价和有效防控。加强城市安全评价指标体系开发研究，在“大安全观”视野下，针对城市安全问题的多样性复杂性，构建一个包括源头治理、动态管理、应急处置等方面的完善系统；实现城市安全风险检测、评估、预测、预警、救助等全过程的智能化、自动化和网络化，切实提升城市安全治理能力和城市安全治理现代化水平。

安全既是一个城市发展的保障，也是一个城市生活质量和水平的重要影响因素。当前城市运行系统日益复杂，安全风险不断增大，应该在“大安全观”指导下，构建一个以安全生产为基础的综合性、全方位、系统化的城市安全发展体系。